Inhaltsverzeichnis

1. Einstieg in Zoom 9

1.1 Das kann Zoom 9
1.2 So können Sie Zoom verwenden 10
1.3 Registrieren 13
1.4 Zoom-Website 14
1.5 Ein erster Blick auf Ihr Zoom-Profil 19

2. Ein erstes Zoom-Video-Meeting in fünf Minuten 23

2.1 Start über die Zoom-Website 23
2.2 Die Audiofunktionen des Computers nutzen 25
2.3 Audiokomponenten testen 27
2.4 Teilnehmer einladen 29
2.5 Blitzschneller Zugang mit Zoom-Meeting-Link 30
2.6 Ansichtssteuerung 31

3. An einem Zoom-Video-Meeting teilnehmen 36

3.1 Einladungslink verwenden 37
3.2 Ad-hoc-Einladung annehmen 37
3.3 Installation der Zoom-Software 37
3.4 Über die Zoom-Website 43
3.5 Browser vs. Zoom-Software 44

4. Die für Sie passende Zoom-Version 48

5. Die Zoom-Software 56

5.1 Download 56
5.2 Anmelden 57
5.3 Windows vs. macOS-Version 58
5.4 Zoom-Software aktualisieren 67

6. Ein zukünftiges Meeting planen 69

6.1 Planen mit der Zoom-Software 69

6.2 Einladung mit anderen Messengern verschicken 74
6.3 Meeting-Vorlagen nutzen 74

7. Zoom in andere Programme integrieren 78

7.1 Plug-in-Download 78
7.2 App Marketplace 81

8. Einladungen anpassen 84

8.1 Beschränkung auf das Wesentliche 86
8.2 Einwahlnummern 86
8.3 Logo und eigene Kontaktdaten in der Einladungs-E-Mail 88

9. Vorbereitung ist alles 91

9.1 Digitale Inhalte bereithalten 91
9.2 Präsentation spezieller Inhalte vorher testen 91
9.3 Webcam auf Augenhöhe platzieren 91
9.4 Webcam vor Beginn des Meetings ausrichten 92
9.5 Augenkontakt-Gefühl 92
9.6 Setzen Sie sich ins rechte Licht 92
9.7 Angemessenen Hintergrund verwenden 93
9.8 Kopfhörer bzw. Headset verwenden 93

10. So starten Sie ein geplantes Meeting 94

10.1 Der Warteraum 94
10.2 Warteraumansicht anpassen 96

11. So verhalten Sie sich in einem Meeting 100

11.1 Handy aus- oder stummschalten 100
11.2 Pünktlichkeit 100
11.3 Hallo und guten Tag 100
11.4 Bei Sendepause Mikrofon stummschalten 101
11.5 Frage bzw. Redebeitrag ankündigen (Hand heben) 101

11.6 Geben Sie Feedback ... 101
11.7 Frage bzw. Redebeitrag zurückziehen (Hand senken) ... 102
11.8 Symbole verwenden ... 103
11.9 Achten Sie auf Sicherheit ... 105

12. Bild und Ton im Griff ... 108

12.1 Die Mikrofon-Schaltfläche ... 108
12.2 Webcam ein- und ausschalten ... 110

13. Allgemeine Einstellungen ... 112

13.1 Zoom starten, sobald ich Windows starte ... 112
13.2 Doppelmonitore verwenden ... 113
13.3 Beim Start oder Betreten eines Meetings auf Vollbildmodus schalten ... 114
13.4 Automatisch den Einladungslink kopieren, sobald das Meeting beginnt ... 115
13.5 Meeting-Kontrollleiste immer anzeigen ... 115
13.6 Meine Verbindungszeit anzeigen ... 115
13.7 Hauttonreaktion ... 116
13.8 Teilnehmernamen ändern bzw. anpassen ... 117
13.9 Verschlüsselung ... 118

14. Optimieren Sie Ihr Videobild ... 119

14.1 Bild aufhellen ... 120
14.2 Zusätzliche Beleuchtung verwenden ... 120
14.3 Fältchen und andere Hautprobleme retuschieren ... 121
14.4 Video spiegeln ... 121
14.5 HD ... 122
14.6 Wenn Sie mehr in Sachen Videoauflösung wissen möchten ... 122

15. Meeting aufzeichnen ... 124

15.1 Videoqualität ... 124
15.2 Einstellungen ... 124
15.3 Lokal oder in der Cloud speichern ... 126

15.4 Aufzeichnung starten ... 127
15.5 Aufzeichnung ankündigen ... 129
15.6 Meetings grundsätzlich bzw. automatisch aufzeichnen ... 130
15.7 Aufzeichnungen speichern ... 130
15.8 E-Mail informiert über verfügbare Cloud-Aufzeichnung ... 131

16. Virtuelle Hintergründe ... 135

16.1 Eigene Bilder verwenden ... 137
16.2 Video als Hintergrundbild ... 139
16.3 Hochgeladene Bilder und Videos löschen ... 143
16.4 Virtueller Smart-Hintergrund vs. Greenscreen ... 143
16.5 Witzige Videofilter und Studioeffekte ... 146

17. Bildschirminhalte mit anderen teilen ... 148

17.1 Das Auswahlfenster ... 148
17.2 Kontrolle über die Bildschirmfreigaben anderer Teilnehmer ... 150
17.3 Voreinstellung anpassen ... 151
17.4 Musik und Videos freigeben ... 151
17.5 PowerPoint-Präsentation im Hintergrund ... 152
17.6 iPhone/iPad freigeben ... 153
17.7 Freigaben aus Dropbox, OneDrive und Co. ... 154
17.8 Kommentieren ... 156
17.9 Aus mehreren Freigaben auswählen ... 160

18. Fernbedienung eines anderen Computers ... 162

18.1 Voreinstellungen überprüfen ... 163
18.2 Fernbedienung ... 164
18.3 Fernbedienung beenden ... 165
18.4 Zoomfaktor ... 166
18.5 Tastaturlayout ... 167

19. Chat 168

19.1 Chat-Bereich ein- und ausblenden 168
19.2 Ab- und Andocken des Chat-Bereichs 170
19.3 Chat-Nachrichten 171
19.4 Nachricht nur einem bestimmten Empfänger schicken 172
19.5 Vereinfachte Empfängerauswahl 172
19.6 Fragen per Chat formulieren 173
19.7 Chat-Funktion freigeben, einschränken oder deaktivieren 173
19.8 Anhänge 174
19.9 Chat-Verlauf speichern 175

20. Gruppenarbeit – Breakout-Räume 177

20.1 Voreinstellungen erforderlich 178
20.2 Dauer der Breakout-Session absprechen 178
20.3 Optionen 180
20.4 Teilnehmer nachträglich in einem anderen Raum platzieren 182
20.5 Als Moderator einen Breakout-Raum betreten 183
20.6 Breakout-Räume nutzen 183
20.7 Breakout-Session beenden 184

21. Die Zoom-App 186

21.1 Android-Version 186
21.2 iOS-Version 190
21.3 Die Oberfläche 195
21.4 Telefonieren 196
21.5 App-Einstellungen 200

22. Ihr eigener Zoom-Raum 204

22.1 Ihre persönliche Meeting-ID (PMI) 204
22.2 Anzeige der persönlichen Meeting-ID 205
22.3 Einstellungen des persönlichen Meeting-Raums 206
22.4 Einstellungen auf der Zoom-Website anpassen 206

22.5 Einstellungen in der Zoom-Software anpassen ... 207
22.6 Sofort-Meeting im eigenen Meeting-Raum starten ... 209

23. Benutzerverwaltung ... 212

23.1 Benutzertyp ... 213
23.2 Einen neuen Benutzer anlegen ... 213
23.3 Kanäle (Benutzergruppen) ... 219

24. Mit angelegten Kontakten kommunizieren ... 224

24.1 Verfügbarkeitsstatus ... 224
24.2 Blitzschnelles Zoom-Meeting ... 225
24.3 Kanal-Video-Meeting ... 226
24.4 Favoriten oder Nervensägen ... 231

25. Umfragen ... 233

25.1 Funktion aktivieren ... 233
25.2 Umfrage erstellen ... 234
25.3 Umfrage starten ... 238

26. Lizenzanpassungen und Abrechnungen ... 240

26.1 Weitere Moderatoren-Lizenzen buchen ... 242
26.2 Moderatoren-Lizenzen reduzieren ... 244
26.3 Zoom-Lizenz kündigen ... 244

27. Webinare ... 245

27.1 Zoom-Webinar vs. Zoom-Meeting ... 245
27.2 Webinar-Lizenz hinzubuchen ... 246
27.3 Berichte ... 247
27.4 Livestreams ... 248

28. Tastenkürzel ... 249

Stichwortverzeichnis ... 252

1. Einstieg in Zoom

Zoom ist ein Produkt des US-amerikanischen Software-Unternehmens Zoom Video Communications. In erster Linie wird Zoom dazu genutzt, Videokonferenzen in Unternehmen, Bildungseinrichtungen oder im privaten Rahmen abzuhalten. Die Software ist in verschiedenen Lizenzvarianten erhältlich, wobei insbesondere viele private Anwender Zoom weitgehend kostenlos nutzen (können). Nicht zuletzt wohl auch deshalb hat sich die Zahl der Zoom-Anwender mit dem Beginn der Corona-Pandemie vervielfacht. Vor einiger Zeit wurde das Unternehmen für seinen vermeintlich laxen Umgang mit Datenschutz- und Sicherheitsfragen kritisiert. Zoom hat in der jüngsten Vergangenheit viele Verbesserungen in Sachen Datenschutz erfahren. Beispielsweise hat der Hersteller das Programm erst jüngst mit einem hochwertigen Verschlüsselungsstandard ausgestattet (siehe Kapitel 13.8). Während für viele Privatanwender das Thema Datenschutz nicht die höchste Priorität hat, sieht das bei professionellen Nutzern naturgemäß etwas anders aus, da insbesondere Firmen und Institutionen (auch) beim Abhalten von Videokonferenzen der Datenschutz-Grundverordnung (DSGVO) entsprechen müssen. Um diese Anforderungen bei der professionellen Nutzung von Zoom zu gewährleisten, ist eine entsprechende Expertise notwendig. Daher empfiehlt es sich, den jeweiligen Datenschutzbeauftragten und /oder andere beratende Stellen hinzuzuziehen.

Zoom-Video-Videokonferenz

1.1 Das kann Zoom

Bei Bedarf kann eine solche Videokonferenz aufgezeichnet und anschließend gezielt geteilt werden. Zusätzlich bietet Zoom auch die Möglichkeit, mithilfe einer integrierten

Chat-Funktion zu kommunizieren und dabei digitale Dokumente jedweder Art auszutauschen. Diese Funktion steht sogar außerhalb von Videokonferenzen zur Verfügung. Das gilt auch für eine integrierte Telefonie-Anwendung, über die sich bei Zoom registrierte Anwender auch telefonisch austauschen können.

1.2 So können Sie Zoom verwenden

Zoom kann über eine auf dem Computer installierte Software, eine App oder direkt im Webbrowser genutzt werden. Die Nutzung im Webbrowser ist allerdings einigen Einschränkungen unterworfen.

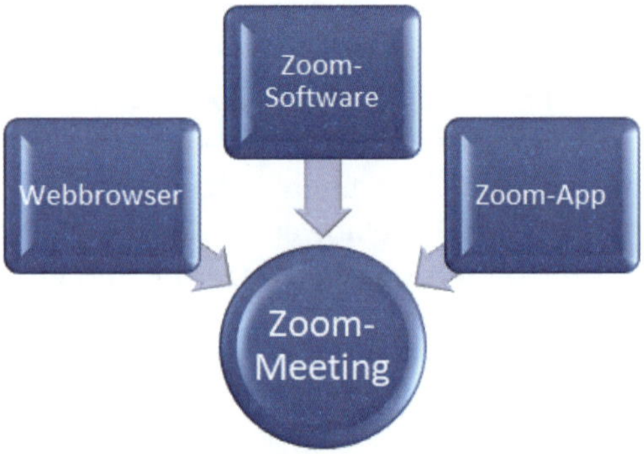

Nutzen Sie die Zoom-Software, die Zoom-App oder arbeiten Sie direkt im Browser

Die Zoom-Software (Zoom-Client für Meetings)

Darüber hinaus spielt die Zoom-Website (www.zoom.us) eine zentrale Rolle. Hier können Sie eine Vielzahl von Voreinstellungen vornehmen, die dann die Funktion der Zoom-Software und der Zoom-App maßgeblich beeinflussen. Wenn bestimmte Dinge nicht so funktionieren sollten, wie Sie sich das vorstellen, werden Sie das in vielen Fällen mit der Anpassung der entsprechenden Voreinstellung beheben können.

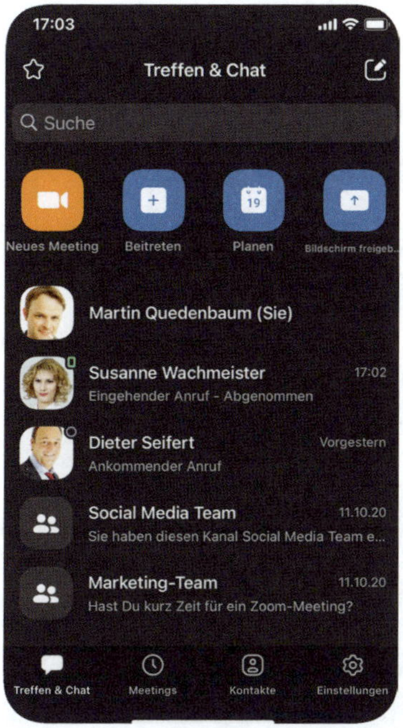

Die Zoom-App (Zoom-Cloud-Meetings)

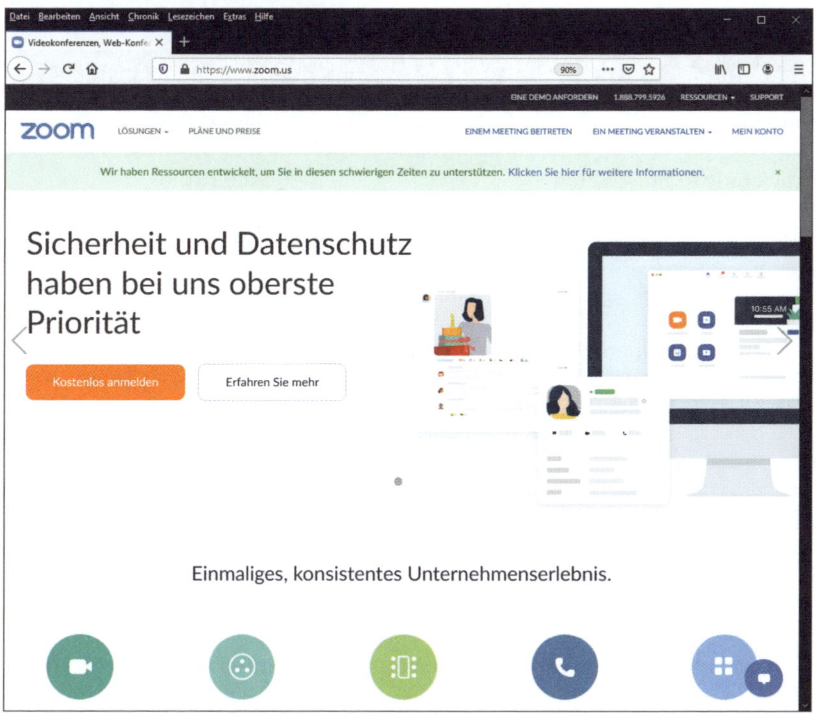

Die Zoom-Website www.zoom.us

Das Zoom-Fenster

	Funktion/Bedeutung	Hier finden Sie Infos
1	Meeting-Kontrollleiste	Seite 115, 160
2	Mikrofon aktivieren/stummschalten	Seite 101, 108
3	Webcam aktivieren/deaktivieren	Seite 110
4	Mikrofon-, Lautsprecher-, allgemeine Audioeinstellungen	Seite 93
5	Webcam-, Hintergrund-, allgemeine Videoeinstellungen	Seite 124
6	Name des aktuell dargestellten Teilnehmers	Seite 117
7	Sicherheit	Seite 105
8	Teilnehmer	Seite 29, 169
9	Chat	Seite 168f.
10	Bildschirmfreigabe	Seite 148
11	Aufnahmen	Seite 124

	Funktion/Bedeutung	Hier finden Sie Infos
12	Breakout-Session	Seite 177
13	Reaktionen	Seite 103
14	Beenden	Seite 135
15	Verbindungsdauer	Seite 32
16	Ansichtssteuerung	Seite 33
17	Informationen rund um das aktuelle Zoom-Meeting	Seite 34

1.3 Registrieren

Alles beginnt mit einem ersten Schritt. Das gilt auch für die Nutzung von Zoom. Wenn Sie ein Zoom-Meeting planen bzw. abhalten möchten, besteht der erste Schritt darin, sich bei Zoom zu registrieren. Das können Sie wahlweise über einen Webbrowser oder die Zoom-Software bzw. die Zoom-App machen.

Die Anmeldung über den Webbrowser wird nachstehend erläutert. Informationen zur Nutzung der Zoom-Software bzw. der Zoom-App finden Sie in Kapitel 5 sowie in Kapitel 21.

> **Teilnahme ohne Registrierung**
> Für die reine Teilnahme an einem Zoom-Meeting müssen Sie sich als Anwender hingegen nicht registrieren.

1.4 Zoom-Website

Gehen Sie auf www.zoom.us und klicken Sie auf *Kostenlose Registrierung*. Geben Sie im dann erscheinenden Fenster Ihr Geburtsdatum ein und klicken Sie anschließend auf *Fortfahren*.

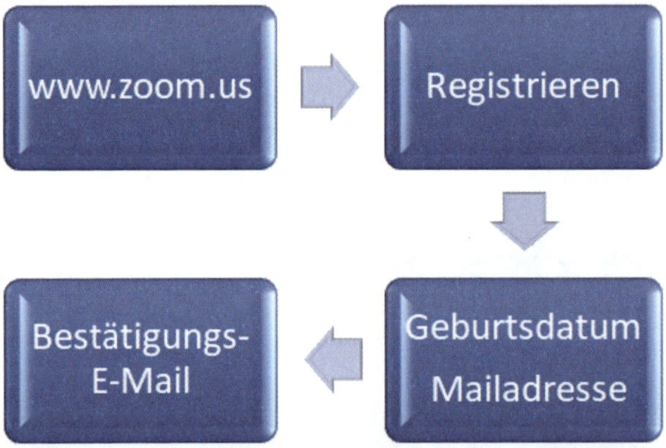

So registrieren Sie sich

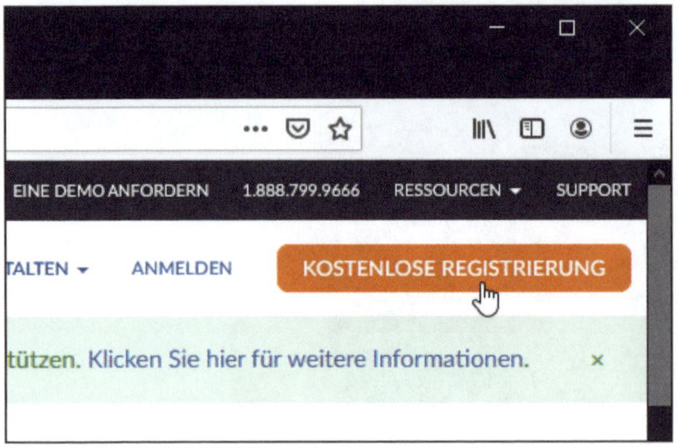

Auf www.zoom.us die Registrierung starten

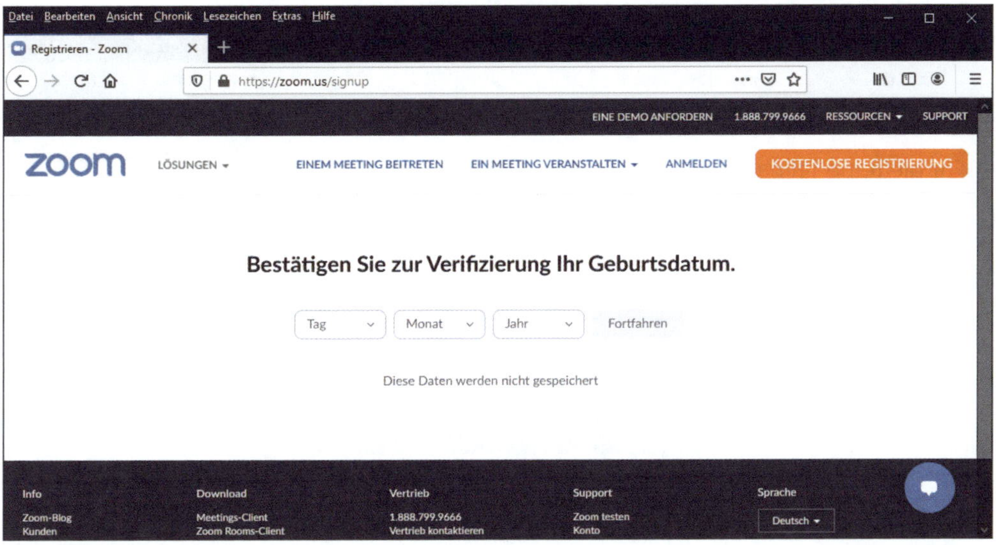

Geburtsdatum eingeben

Andere Sprache

Unten rechts können Sie die Zoom-Website auf eine andere Sprache umstellen.

Bei der Nutzung von Zoom spielt Ihre E-Mail-Adresse eine zentrale Rolle. Daher müssen Sie im nächsten Fenster eine bzw. Ihre E-Mail-Adresse eingeben und auf *Registrieren* klicken.

Wenn Sie bei Google oder Facebook registriert sind, können Sie sich auch mit Ihrem Google- oder Facebook-Account registrieren bzw. anmelden. Zudem wird die Anmeldung über SSO unterstützt.

Single Sign-on

SSO (**S**ingle **S**ign-**o**n) ist ein insbesondere in größeren Firmen verwendetes System, bei dem ein Anwender nach einer einmaligen Authentifizierung auf verschiedene Portale bzw. Dienste ohne eine jeweils erneute Anmeldung zugreifen kann.

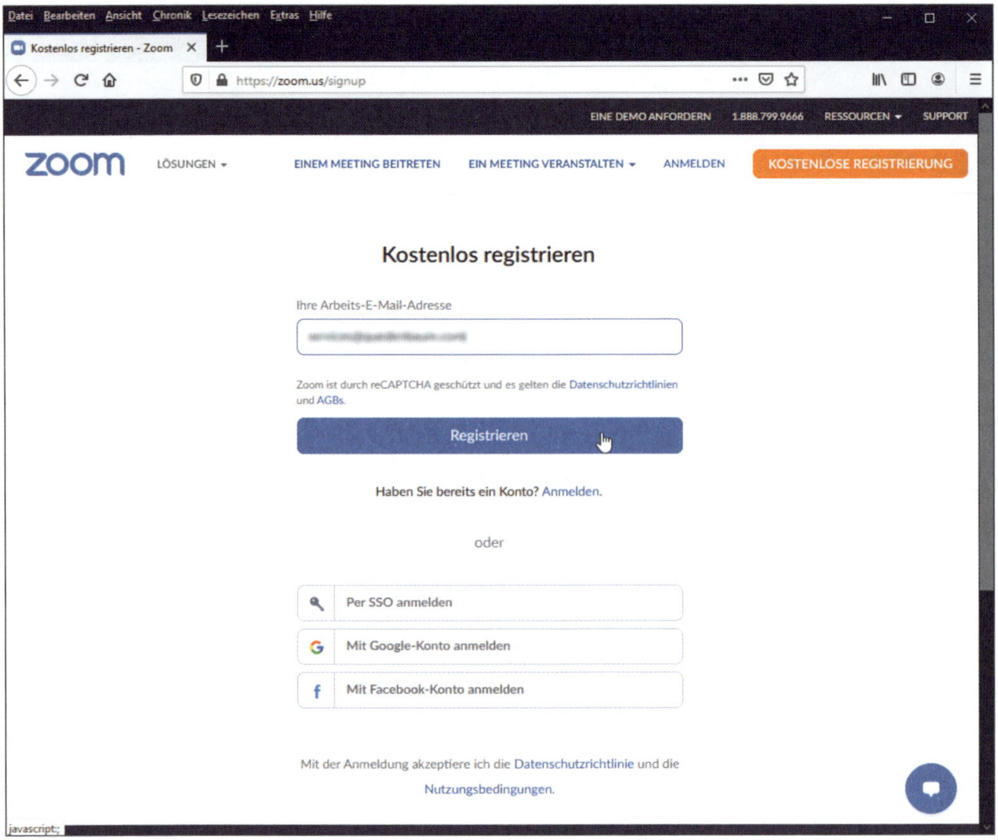

E-Mail-Adresse eintragen und registrieren

Weitere Informationen gefällig?

Anschließend erscheint ein Hinweis, dass Zoom Ihnen zukünftig gern Informationen an Ihre E-Mail-Adresse schicken möchte. Wenn Sie damit grundsätzlich einverstanden sind, können Sie das Fenster mit einem Klick auf *Bestätigen* schließen. Sollten Sie hingegen nicht damit einverstanden sein, können Sie darunter auf *Einstellungen festlegen* und anschließend auf *Ich möchte ganz abgemeldet werden* klicken.

Alternativ zur vollständigen Ablehnung können Sie sich hier auch für eine wöchentliche oder monatliche Informations-E-Mail entscheiden und mit *Absenden* bestätigen.

Abschließend wird ein Hinweis in einem neuen Browser-Tab angezeigt (z. B. *Gute Wahl*). Dieser Tab hat keine weitere Bedeutung und kann daher geschlossen werden.

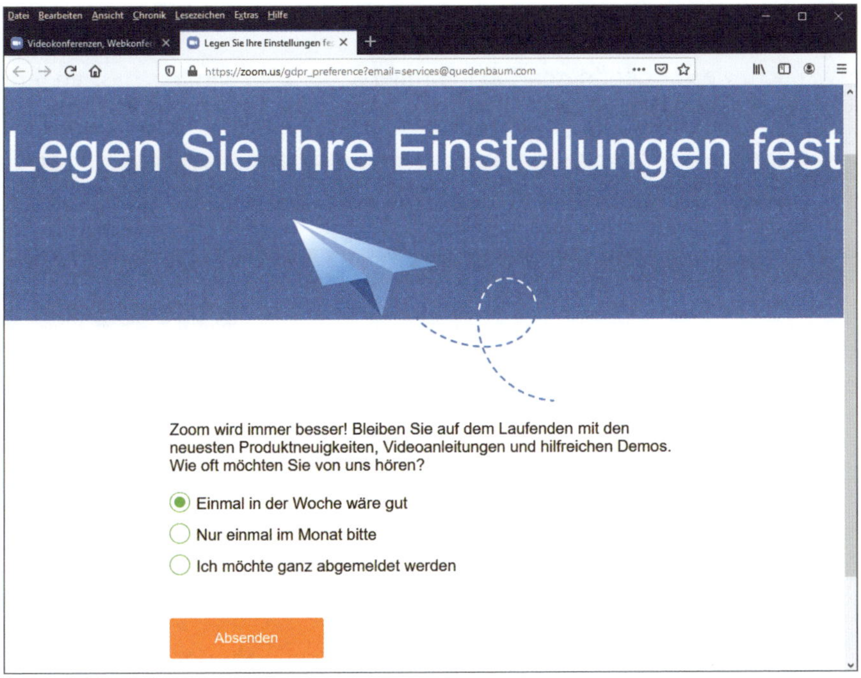

Eine der Optionen auswählen und auf »Absenden« klicken

Den Browser-Tab mit diesem Hinweis schließen

Bestätigungs-E-Mail

Im zweiten bzw. nach wie vor geöffneten Tab informiert Zoom Sie darüber, dass an Ihre E-Mail-Adresse eine Mail versandt wurde.

Zoom hat Ihnen eine E-Mail geschickt

Zoom möchte auf diese Weise verifizieren, dass die zuvor angegebene E-Mail-Adresse auch wirklich zu Ihnen gehört. Öffnen Sie die E-Mail und klicken Sie auf die in der Mail abgebildete Schaltfläche *Anmelden*.

In der E-Mail auf »Anmelden« klicken

1.5 Ein erster Blick auf Ihr Zoom-Profil

Anschließend wird Ihnen Ihr Zoom-Profil angezeigt. Ihr Zoom-Profil beinhaltet unter anderem die von Ihnen im Rahmen der Registrierung angegebenen Informationen. Hier können Sie zudem ein Profilbild hochladen.

> **Grundeinstellungen**
> Zusätzlich finden Sie hier eine Vielzahl von Einstellungen zu allen Bereichen von Zoom, die sich unmittelbar auf die Nutzung von Zoom auswirken.

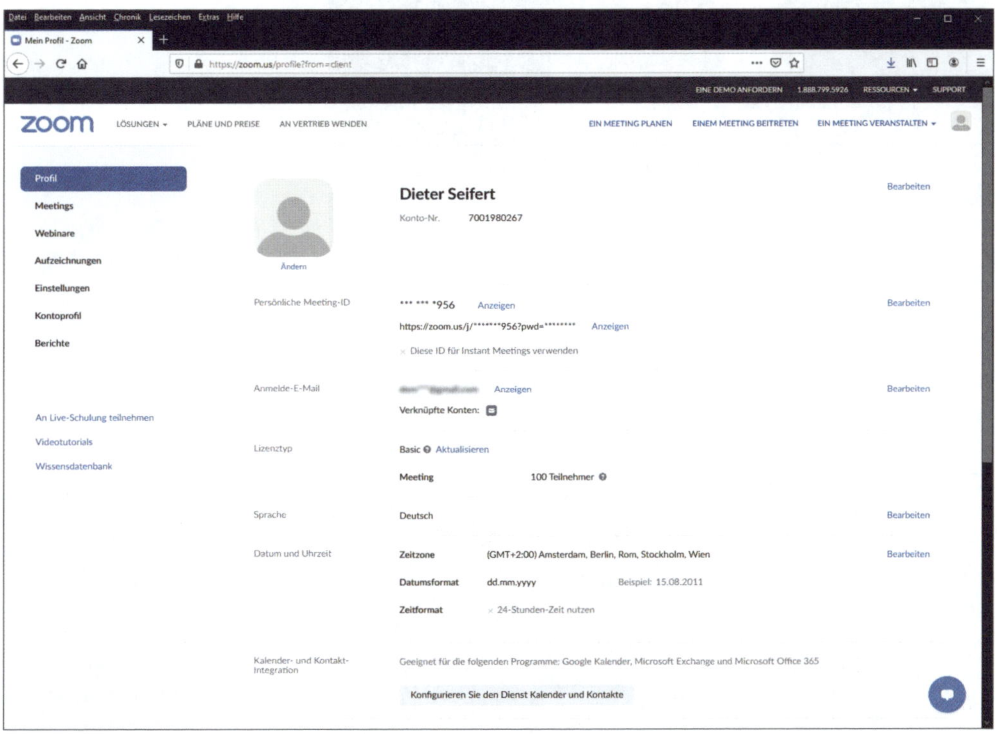

Zoom-Profil

Zugriff auf die eigenen Profileinstellungen

Wenn Sie zukünftig auf Ihre Profileinstellungen zugreifen möchten, können Sie das zum Beispiel über www.zoom.us machen oder indem Sie im Startdialog der Zoom-Software (*Zoom-Client für Meetings*) auf das Zahnradsymbol und dann auf der linken Seite auf *Profil* klicken.

Bedeutung des eigenen Profilbildes

Die Bedeutung des eigenen Profilbildes ist für einen professionellen bzw. gelungenen Auftritt nicht zu unterschätzen. Denn wann immer Sie Ihre Webcam deaktivieren, wird den anderen Teilnehmern stattdessen Ihr Profilbild gezeigt. Wenn kein Profilbild hinterlegt ist, wird an dieser Stelle nur Ihr Name eingeblendet. Zudem erscheint Ihr Profilbild auch im Chat- und Teilnehmerfenster. Mehr Informationen zu diesen Fenstern finden Sie in Kapitel 19 sowie in Kapitel 13.7.

Wenn Ihre Webcam deaktiviert ist, sehen andere Teilnehmer Ihr Profilbild

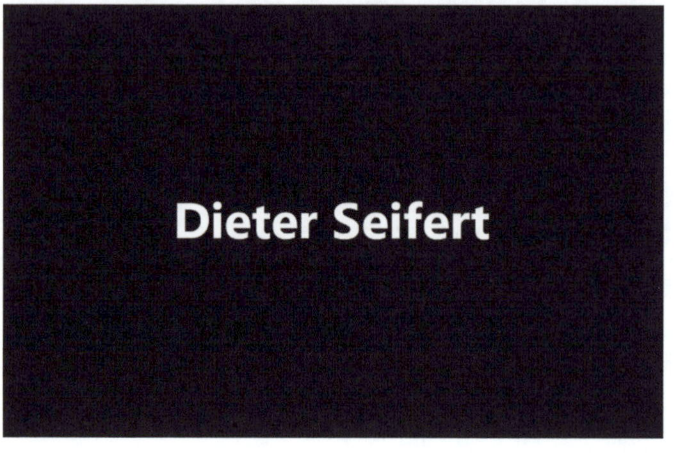

Ist Ihre Webcam deaktiviert und kein Profilbild hinterlegt, sehen andere Teilnehmer nur Ihren Namen

Profilbild hochladen

Klicken Sie auf das Porträt-Icon und wählen Sie im dann erscheinenden Dialogfenster das Foto aus, das Sie als Profilbild verwenden möchten. Da Zoom ein mehr oder weniger quadratisches Format (mit abgerundeten Ecken) nutzt, werden Sie das Bild in den meisten Fällen etwas anpassen bzw. beschneiden müssen, was Sie hier an Ort und Stelle erledigen können.

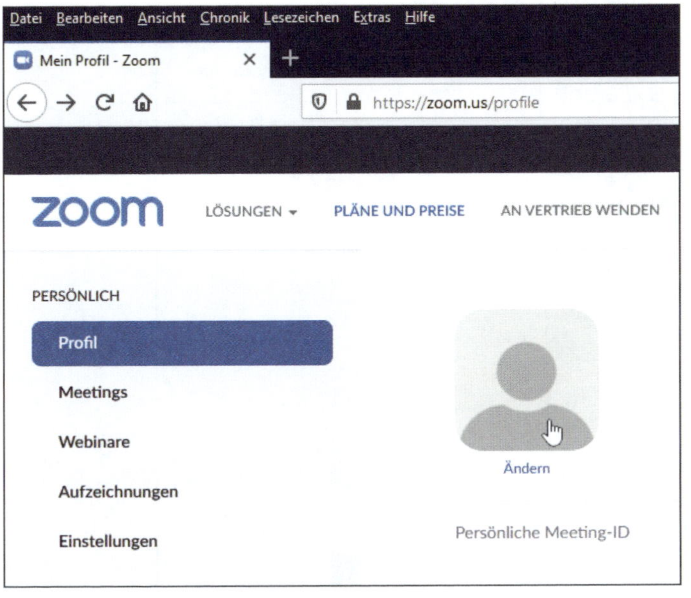

Klick auf das Porträt-Icon

Auf Hochladen klicken und das gewünschte Bild auswählen

Klicken Sie dazu in den Auswahlrahmen, um den Bildausschnitt zu verschieben. Eine Vergrößerung oder Verkleinerung des Bildausschnitts erreichen Sie mithilfe der seitlichen Anfasserpunkte. Auf der rechten Seite des Fensters wird Ihnen dabei eine Vorschau der aktuellen Einstellungen angezeigt. Wenn Sie mit dem Ergebnis zufrieden sind, können Sie das Fenster mit einem Klick auf *Speichern* verlassen.

Das hochgeladene Bild anpassen

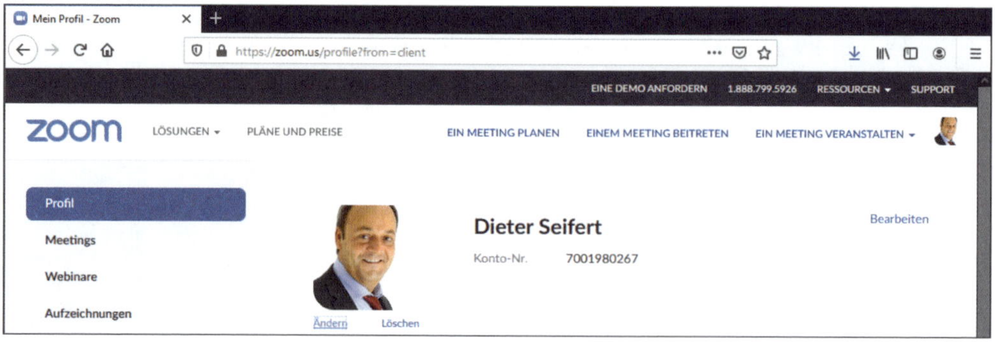

Ergebnis

2. Ein erstes Zoom-Video-Meeting in fünf Minuten

In diesem Kapitel erfahren Sie, wie Sie ein Ad-hoc-Meeting einrichten und den oder die gewünschten Teilnehmer einladen.

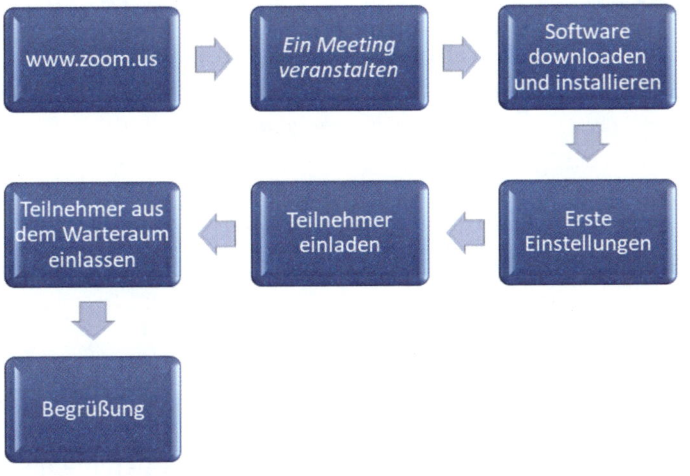

Nachdem Sie sich registriert haben, können Sie auch schon loslegen, und zwar, ohne dass Sie auch nur einen Cent bezahlen müssen, denn Sie werden zunächst automatisch in den kostenlosen Basic-Tarif eingestuft. In diesem Tarif sind Zoom-Meetings, an denen lediglich zwei Personen teilnehmen, zeitlich unbegrenzt gratis. Sobald eine weitere Person hinzukommt, bildet sich eine sogenannte Gruppe. Ein solches Meeting ist für die Zeit von 40 Minuten gratis. Dann wird die Verbindung von Zoom getrennt. Damit Sie von der Trennung nicht überrascht werden, können Sie sich die Verbindungszeit anzeigen lassen (siehe Abschnitt 2.5).

Stellen Sie jetzt erst einmal sicher, dass Ihre Webcam, Mikro und Lautsprecher – am besten verwenden Sie ein Headset – bereit sind.

2.1 Start über die Zoom-Website

Gehen Sie dazu auf www.zoom.us, klicken Sie rechts oben auf *Ein Meeting veranstalten* und wählen Sie im sich dann öffnenden Menü *Mit eingeschaltetem Video* aus.

Daraufhin erscheint ein Fenster, in dem Zoom Sie dazu auffordert, eine Datei herunterzuladen. Bei dieser recht kleinen Datei handelt es sich um die Zoom-Software (*Zoom-Client für Meetings*).

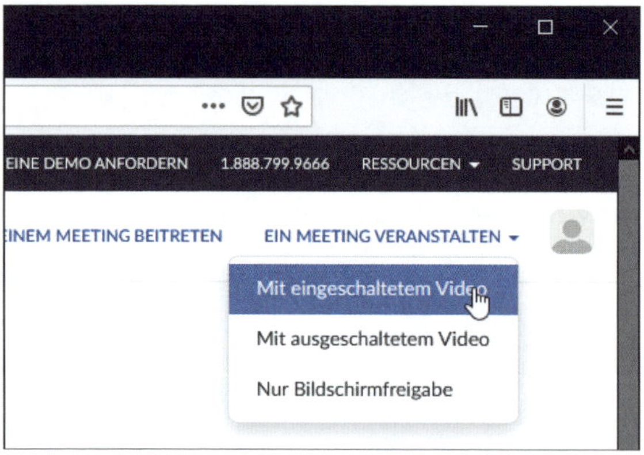

Ein Meeting starten

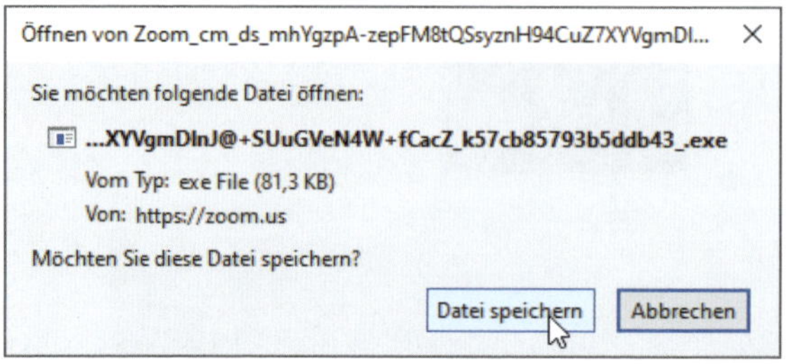

Die Zoom-Software herunterladen (hier die Windows-Version)

Klicken Sie auf *Datei speichern* und doppelklicken Sie anschließend auf die heruntergeladene Datei.

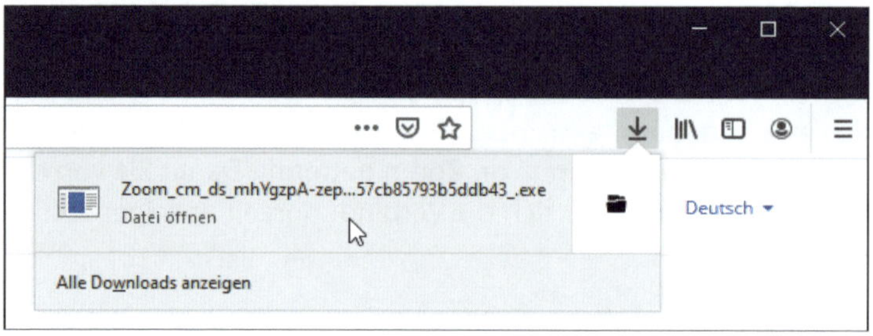

Die Installation mit einem Doppelklick starten

Danach erscheint für wenige Sekunden ein Statusbalken, der den Verlauf der Installation anzeigt.

Statusbalken

Hinweis

In Kapitel 3 erläutere ich die Installation der macOS-Version.

2.2 Die Audiofunktionen des Computers nutzen

Anschließend öffnet sich automatisch das Zoom-Meeting-Fenster und Sie sehen sich selbst bzw. das von Ihrer Webcam stammende Bild. Eventuell sehen Sie sich noch nicht vollständig, da zudem ein Dialogfenster angezeigt wird.

In diesem Dialogfenster geht es darum, wie Sie es mit dem Audio halten möchten. In den meisten Fällen werden Sie dazu die Audiofunktionen Ihres Computers nutzen wollen, also beispielsweise ein an Ihren Computer angeschlossenes Headset. Wählen Sie daher *Per Computer dem Audio beitreten* aus.

Per Telefon teilnehmen

Sie können am Meeting auch per Telefon teilnehmen. Dazu steht eine Einwahl- oder eine Rückruf-Option zur Verfügung.

Diese Option ist in erster Linie für Situationen gedacht, in denen Ihnen kein Mikrofon und/oder kein Lautsprecher bzw. Headset zur Verfügung steht, beispielsweise wenn der jeweilige Computer bzw. Firmenarbeitsplatz nicht über eine entsprechende Ausstattung verfügt.

Weitere Informationen dazu finden Sie in Kapitel 12.1.

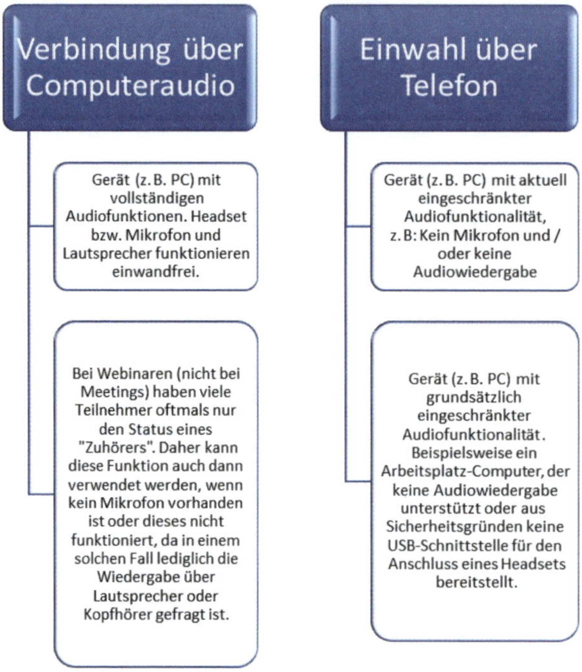

Varianten der Audioverbindung

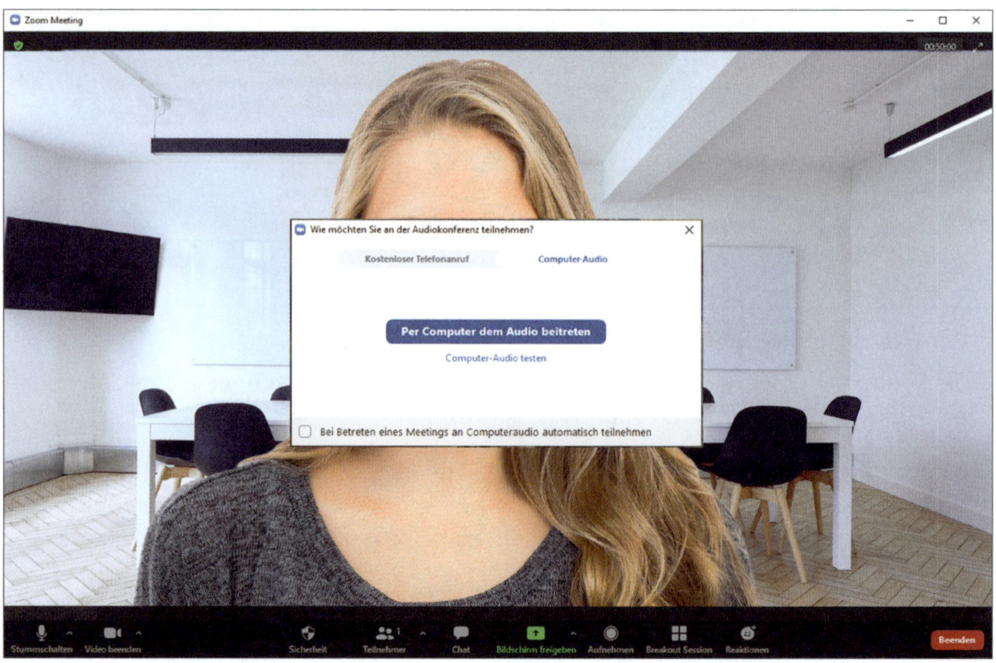

Nach der Installation wird das von Ihrer Webcam aufgezeichnete Bild angezeigt

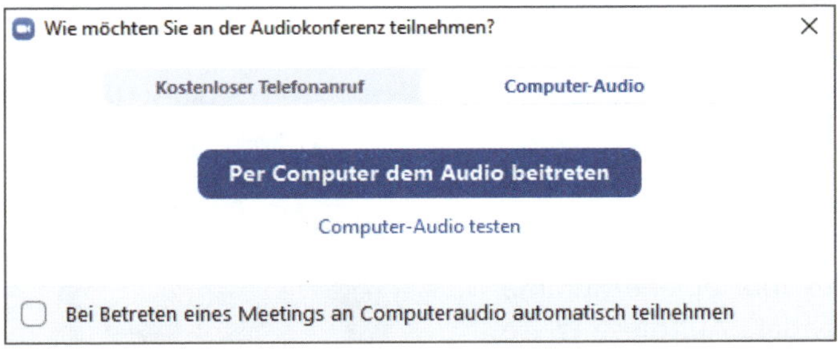

Diverse Funktionen rund um das Thema Audio

2.3 Audiokomponenten testen

Wenn Sie Ihre Audiokomponenten erstmalig im Rahmen eines Zoom-Meetings einsetzen, können Sie diese zunächst einmal testen.

Klicken Sie dazu auf *Computer-Audio testen*. Daraufhin spielt Zoom eine kurze Musikpassage (Klingelton) ab. Wenn alles gut läuft, sollten Sie das nun hören. Zudem wird Ihnen das von Zoom für die Wiedergabe verwendete Gerät angezeigt.

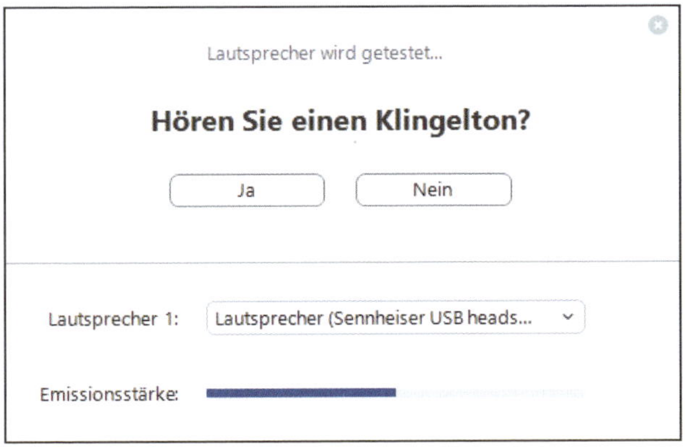

Zoom spielt eine kurze Musikpassage ab

In diesem Beispiel ist das genutzte Gerät ein USB-Headset der Marke Sennheiser. Sollte die Wiedergabelautstärke zu leise oder zu laut sein, können Sie diese nun direkt an Ihrem Wiedergabegerät oder mit den entsprechenden Funktionen Ihres Betriebssystems einstellen.

Wenn nichts zu hören ist

Sollten Sie wider Erwarten nichts hören, können Sie das Listenfeld öffnen und (wenn vorhanden) einen anderen Eintrag (z. B. ein Headset oder ein anderes Lautsprechersystem) auswählen. Sollte das immer noch nicht den gewünschten Erfolg bringen, empfiehlt es sich, den Status (ist das Gerät eingeschaltet?) und die Verkabelung Ihres Wiedergabegerätes zu überprüfen.

Test des Mikrofons

Wechseln Sie mit einem Klick auf *Ja* zum Test des Mikrofons. Folgen Sie jetzt der Aufforderung des Dialogfensters und sprechen Sie etwas in das Mikrofon (z. B. »das ist ein Test«) und pausieren Sie anschließend.

Nach wenigen Sekunden wird Ihre eigene Stimme bzw. Ihr »Testsatz« wiedergegeben. Auf diese Weise können Sie kontrollieren, wie Sie später von anderen Meeting-Teilnehmern gehört werden. Insbesondere bei Verwendung eines UBS-Headsets wird das in der Regel problemlos klappen.

Sollte das auch bei Ihnen der Fall sein, klicken Sie hier auf *Ja* und im anschließend erscheinenden Dialog auf *Per Computer dem Audio beitreten*.

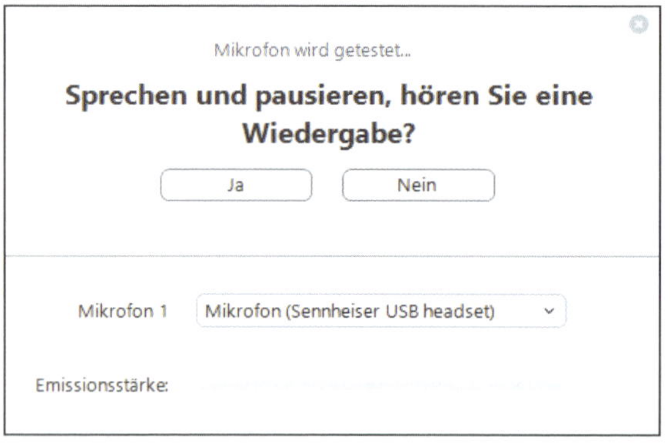

Hier können Sie Ihr Mikrofon testen

Headsets bzw. Mikrofone, die nicht über USB angeschlossen sind, müssen Sie möglicherweise hinsichtlich des Aufnahmepegels anpassen. Nutzen Sie hierzu beispielsweise die entsprechenden Funktionen Ihres Betriebssystems.

Per Computer dem Audio beitreten

2.4 Teilnehmer einladen

Einladungen zu einem Zoom-Meeting können auf allen gängigen digitalen Wegen verschickt werden. Ein Klassiker ist die Einladung per E-Mail.

Klicken Sie dazu an der Unterseite des Zoom-Meeting-Fensters auf die Schaltfläche *Teilnehmer* bzw. auf *Einladen* oder verwenden Sie die Tastenkombination Alt+I.

Einladen eines oder mehrerer Teilnehmer

In dem sich daraufhin öffnenden Fenster können Sie einen der hier angebotenen E-Mail-Dienste auswählen.

Einen der drei E-Mail-Dienste festlegen

Gmail und Co.

Wenn Sie Ihre Einladungs-E-Mail mit Gmail oder Yahoo verschicken möchten, müssen Sie sich vorher im von Ihnen genutzten Webbrowser auf dem jeweiligen Portal anmelden. Ansonsten hat Zoom keine Möglichkeit, die Einladungs-E-Mail automatisiert zu erstellen.

Die Schaltflächen *Gmail* und *Yahoo Mail* öffnen das jeweilige Mailportal und legen automatisch einen neuen E-Mail-Entwurf auf Ihrem Gmail- bzw. Yahoo-Portal an. Dieser E-Mail-Entwurf enthält dabei bereits alle für das Zoom-Meeting relevanten Details.

Mit einem Klick auf *Standard-E-Mail* können Sie hingegen ein auf Ihrem Computer installiertes E-Mail-Programm (z. B. Outlook) starten. Dann wird ebenfalls automatisch ein neuer E-Mail-Entwurf erstellt bzw. geöffnet, der alle relevanten Einladungsdetails enthält.

2.5 Blitzschneller Zugang mit Zoom-Meeting-Link

In dem jeweils automatisiert von Zoom erstellten E-Mail-Entwurf befindet sich ein Link. Mit einem Klick auf diesen Link gelangt der Empfänger direkt zu Ihrem Meeting bzw. in dessen Warteraum. Zoom ist so voreingestellt, dass die Teilnehmer dabei die ebenfalls in der Mail übermittelte Meeting-ID und den Kenncode nicht eingeben müssen. Nach dem Klick auf den Link findet sich der Teilnehmer zunächst aber erst im sogenannten Warteraum wieder. Hier müssen Sie ihn zu Beginn des Meetings abholen bzw. in das Meeting einlassen. Mehr Informationen dazu finden Sie in Kapitel 6.

Wenn der oder die von Ihnen eingeladenen Teilnehmer bereits über Erfahrung im Umgang mit Zoom verfügen, kann das Meeting jetzt direkt beginnen. Sie können also unmittelbar loslegen. Sollten der oder die von Ihnen eingeladenen Teilnehmer mit Zoom noch völlig unerfahren sein, können Sie diese nach der Lektüre des nächsten Kapitels im Zweifelsfall tatkräftig unterstützen.

Verbindungszeit anzeigen lassen

Damit Sie die Zeit im Auge behalten, haben Sie als Veranstalter des Meetings (Host) die Möglichkeit, die laufende Verbindungszeit einzublenden. Das bestimmen Sie über *Einstellungen/Allgemein/Meine Verbindungszeit anzeigen.*

Die Meeting-Dauer im Blick zu behalten, geht einfacher …

Rechts oben kann die Verbindungszeit dargestellt werden

Diese Funktion ist vor allem für Nutzer der kostenlosen Basisversion nützlich, wenn diese ein Gruppen-Meeting (also ab insgesamt drei Personen) abhalten, da Zoom die Sitzung nach 40 Minuten unterbricht.

Zunächst die Videoeinstellungen aufrufen

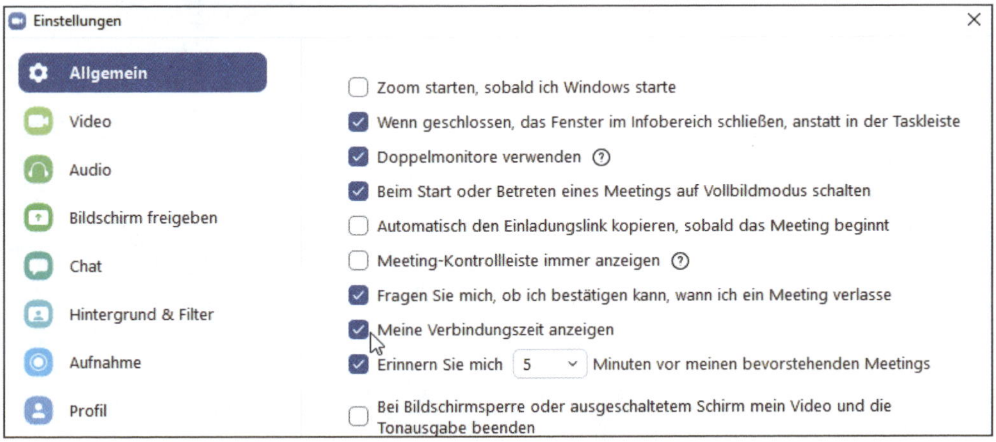

Sicherstellen, dass hier »Meine Verbindungszeit anzeigen« aktiviert ist

2.6 Ansichtssteuerung

Sie können zwischen den beiden Fensterlayouts *Sprecheransicht* und *Galerieansicht* mit der rechts oben dargestellten Schaltfläche *Ansicht* hin- und herschalten. Mac-Anwender können zwischen der Galerie- und der Sprecheransicht mit dem Tastenkürzel [⇧]+[cmd ⌘]+[W] wechseln. Unter Windows funktioniert der Wechsel mit dem Tastenkürzel [Alt]+[F1] für die Sprecheransicht und [Alt]+[F2] für die Galerieansicht.

Vollbildmodus verlassen

Mit [Esc] können Sie in Zoom den Vollbildmodus verlassen.

Galerieansicht

In der Galerieansicht werden alle Teilnehmer eines Meetings in Form gleich großer Videodarstellungen angezeigt, wobei der jeweils Sprechende gelb eingerahmt erscheint.

Galerieansicht

Es liegt auf der Hand, dass bei sehr vielen Teilnehmern nicht alle in einem solchen Galeriefenster dargestellt werden können. Daher können Windows-Anwender mit den beiden Tasten [Bild↓] und [Bild↑] auf ihrer Tastatur jeweils zur vorherigen Seite oder Folgeseite der aktuell dargestellten Galerieseite wechseln, um auf diese Weise auch die anderen Teilnehmer zu Gesicht zu bekommen. Mac-User verwenden hierfür [ctrl]+[P] bzw. [ctrl]+[N].

Sprecheransicht

Bei dieser Ansicht wird der Sprecher in der Fenstermitte bzw. in einer großen Videodarstellung gezeigt. An der Oberseite erscheinen dabei einzelne andere Teilnehmer.

Sprecheransicht

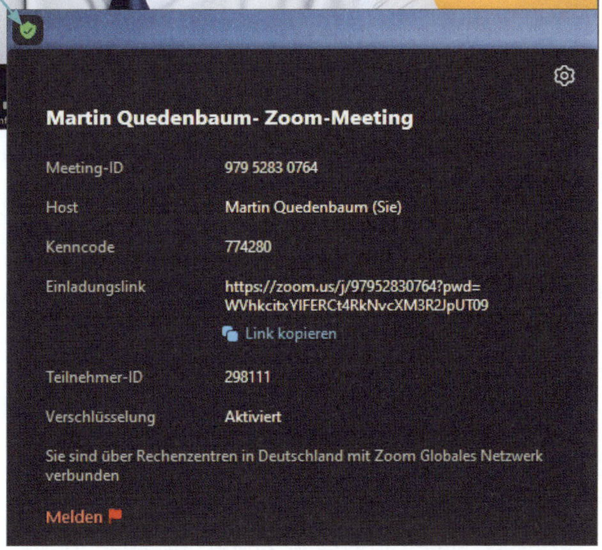

Das grüne Icon enthält Hinweise zum laufenden Meeting

Einzelne Videos gezielt positionieren

Wenn Sie den Cursor über einem der dargestellten Videos platzieren, erscheint ein blaues, aus drei Punkten bestehendes Symbol. Hier stellt Zoom sogenannte Pin-Befehle zur Verfügung, mit denen einzelne Videos im unteren Bereich angebracht bzw. vergrößert dargestellt werden können. Bei Verwendung mehrerer Monitore können Videos so gezielt auf einem der Monitore »angepinnt« werden.

Diese Pin-Befehle stehen sowohl dem Host bzw. Moderator als auch den »normalen« Teilnehmern zur Verfügung.

Aufgaben verteilen (Co-Host)

Insbesondere bei Meetings mit vielen Teilnehmern hat der Moderator (Host) alle Hände voll zu tun. Beispielsweise müssen verspätete Teilnehmer eingelassen, über die Chat-Funktion auflaufende Fragen beantwortet oder Umfragen gestartet und ausgewertet werden. Ab einer gewissen Teilnehmerzahl bzw. Komplexität des Meetings sollten Sie solche Dinge besser delegieren. Zu diesem Zweck können Sie in Zoom einen oder mehrere Teilnehmer zu Co-Hosts machen. Diese werden daraufhin mit erweiterten Rechten ausgestattet, wobei Co-Hosts selbst kein Meeting starten können.

So aktivieren Sie die Co-Host-Funktion

Melden Sie sich zunächst auf www.zoom.us an und wählen Sie auf der linken Seite *Einstellungen*. Klicken Sie dann auf das Register *Meeting* und navigieren Sie etwas nach unten. Stellen Sie sicher, dass hier die Funktion *Co-Moderator* aktiv ist.

So machen Sie einen Teilnehmer zum Co-Host

Rechtsklicken Sie dazu einfach auf das Video des jeweiligen Teilnehmers, wählen Sie im dann erscheinenden Kontextmenü den Befehl *Zum Co-Host ernennen* und klicken Sie in der dann erscheinenden Bestätigung auf *Ja*.

Dem Teilnehmer wird daraufhin die Meldung *Sie sind jetzt der Co-Host* angezeigt. Wenn erforderlich, können Sie dem Teilnehmer an gleicher Stelle den Status auch entziehen und ihn somit wieder zu einem gewöhnlichen Teilnehmer machen.

Hinweis

Die Funktion zur Co-Host-Ernennung finden Sie auch in der Teilnehmerliste bzw. über die dort verfügbare *Mehr*-Schaltfläche des jeweiligen Teilnehmers.

Host (alternativer Moderator)

Co-Hosts können Sie zwar während des Meetings unterstützen, ein Meeting selbst starten können Co-Hosts allerdings nicht. Legen Sie daher idealerweise auch einen alternativen Host bzw. Moderator fest. Dieser kann Sie im Fall der Fälle vollumfänglich vertreten und das Meeting im Zweifelsfall auch ohne Sie abhalten bzw. starten.

Diese Funktion ist insbesondere dann sinnvoll, wenn Sie das Meeting früher als geplant verlassen müssen oder das geplante Meeting selbst nicht durchführen können. Auch bei technischen Problemen kann ein zuvor bestimmter alternativer Host die Dinge in die Hand nehmen. Sollte beispielsweise Ihr Rechner oder Ihre Internetverbindung ausfallen, kann der alternative Host das Meeting für Sie starten bzw. weiterführen. Sie können einen alternativen Moderator bereits bei der Planung eines Meetings festlegen (siehe Kapitel 6), während des Meetings oder wenn Sie ein Meeting verlassen möchten. Wenn Sie den Stab bereits während des Meetings übergeben möchten, rechtsklicken Sie einfach auf das Video des jeweiligen Teilnehmers, wählen im dann erscheinenden Kontextmenü den Befehl *Host erstellen* und klicken in der dann erscheinenden Bestätigung auf *Ja*.

Meeting beenden/verlassen

Um das Meeting zu beenden, klicken Sie rechts unten auf *Beenden* oder wählen Alt+Q. Wenn Sie als Moderator bzw. Host das Meeting nicht beenden, sondern lediglich verlassen möchten und das Meeting unter der Leitung eines anderen Host weiterlaufen soll, erscheint nach dem Klick auf die Schaltfläche *Meeting verlassen* ein weiteres Dialogfenster, in dem Sie einen neuen Host ernennen können.

Hier können Sie sich als Moderator entscheiden

Einen neuen Host (Moderator) benennen

Co-Host

Nachdem Sie auf diesem Weg einen anderen Host benannt und das Meeting verlassen haben, ist diese Übergabe aber nicht unumkehrbar. Vielmehr gilt: Wenn Sie (als der ursprüngliche Host) in ein solches Meeting zurückkehren, werden Sie automatisch erneut zum Host und gewinnen auf diese Weise die Kontrolle über das Meeting zurück. Der von Ihnen zuvor ernannte Host wird auf diese Weise erneut zum normalen Teilnehmer. Hierbei gibt es allerdings eine Ausnahme. Wenn für das Meeting die Co-Host-Funktion aktiv ist, wird der von Ihnen zuvor ernannte Host zum Co-Host. Aufgrund der damit verbundenen Rechte kann dieser Sie im Rahmen des Meetings weiterhin tatkräftig unterstützen.

3. An einem Zoom-Video-Meeting teilnehmen

Zoom-Meetings können auf unterschiedlichen Wegen betreten werden. Das funktioniert beispielsweise über die auf der Zoom-Website prominent platzierte Funktion *Einem Meeting beitreten* oder über die im Startfenster der Zoom-Software bzw. der Zoom-App angebotene Schaltfläche *An Meeting teilnehmen*. Am schnellsten geht der Beitritt, wenn Sie auf den in der Einladungs-E-Mail oder Messenger-Nachricht (z. B. WhatsApp) vorhandenen Zoom-Meeting-Link klicken. Wenn Sie vom Moderator (auch Host genannt) ad hoc eingeladen werden, geht die Sache ebenfalls sehr schnell. Ihnen wird daraufhin ein Dialogfenster angezeigt, in dem Sie nur auf eine Schaltfläche klicken müssen.

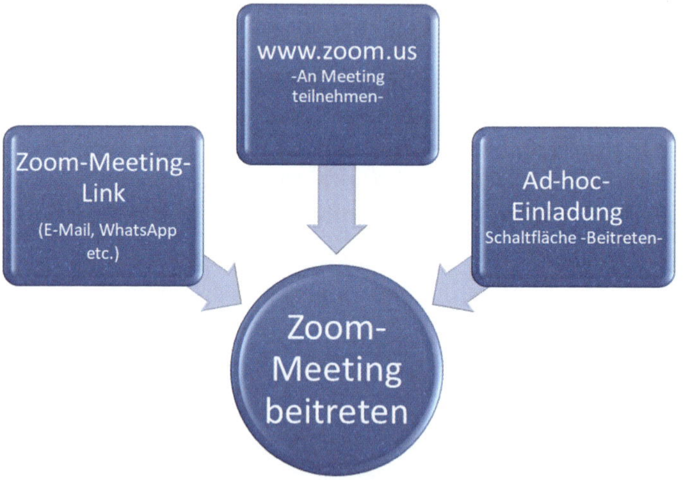

3.1 Einladungslink verwenden

In dem jeweils von Zoom erstellten E-Mail-Entwurf befindet sich ein automatisiert erstellter Link. Mit einem Klick auf diesen Link gelangt der E-Mail-Empfänger direkt zum jeweiligen Meeting (bzw. in dessen Warteraum). Mehr Infos dazu finden Sie im vorherigen Kapitel.

3.2 Ad-hoc-Einladung annehmen

Einladungen, die Sie per E-Mail oder über eine Messenger-Nachricht erreichen, werden Ihnen in den meisten Fällen wohl mit einem gewissen zeitlichen Vorlauf zugehen. Für Ad-hoc-Meetings können Moderatoren ihre Teilnehmer auch mit wenigen Klicks einladen. In einem solchen Fall erscheint dann ein entsprechendes Dialogfenster, in dem Sie lediglich auf *Beitreten* klicken müssen.

Damit diese praktische Sache funktioniert, müssen bestimmte Bedingungen erfüllt sein. Zum einen muss der Eingeladene die Zoom-Software bzw. den *Zoom-Client für Meetings* (siehe nachstehende Erläuterungen) auf seinem Computer oder die Zoom-App (siehe Kapitel 21) auf seinem Smartphone bzw. Tablet installiert haben. Zum zweiten muss er als Zoom-Kontakt beim Einladenden gelistet sein (mehr Informationen dazu finden Sie in Kapitel 24).

Mit einem Klick dem Meeting beitreten

Wenn der eingeladene Teilnehmer noch keine Zoom-Software installiert haben sollte, muss er dies zunächst nachholen. Sie wird ihm unmittelbar nach dem Klick auf den Link zum Download angeboten und ist in wenigen Sekunden heruntergeladen bzw. installiert.

3.3 Installation der Zoom-Software

Zoom erkennt das jeweils verwendete Betriebssystem automatisch und stellt einen mit dem jeweiligen Betriebssystem (Windows, macOS, Linux) kompatiblen Installer bereit. Während beispielsweise Windows-Anwender hierzu eine EXE-Datei (12,5 MB) downloaden, stellt Zoom den Mac-Usern eine PKG-Datei zum Download bereit. Das Betriebssystem Linux wird ebenfalls unterstützt. Der Installer wird wie üblich mittels Doppelklick gestartet. Anschließend werden Sie durch einige selbsterklärende Dialogfenster geführt. Dabei gilt es unter anderem, Zoom den Zugriff auf Ihre Webcam und Ihr Mikrofon zu gestatten.

Hinweis

Nachfolgend wird der Installationsprozess am Beispiel des Apple-Betriebssystems macOS erläutert. Die Installation der Windows-Version wird in Kapitel 2 beschrieben.

1. Für die Installation auf einem PC mit dem macOS-Betriebssystem doppelklicken Sie auf die heruntergeladene Datei.

2. Im nächsten Dialogfenster klicken Sie auf *Fortfahren*.

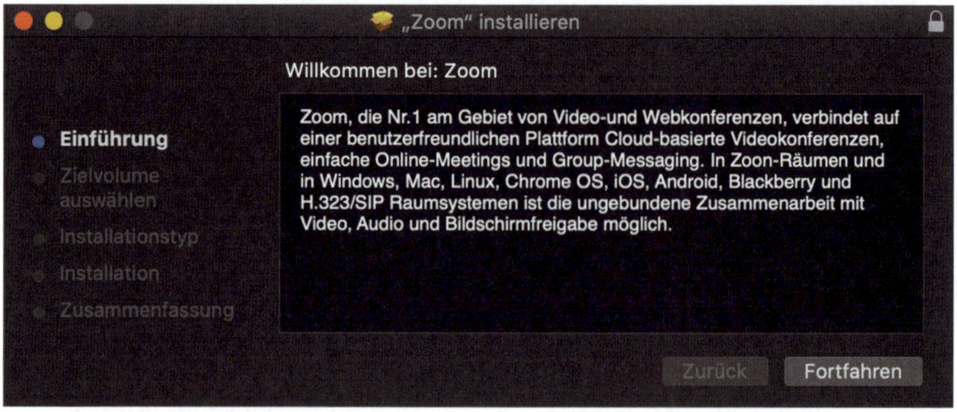

3. Optional kann der Installationsort angepasst werden.

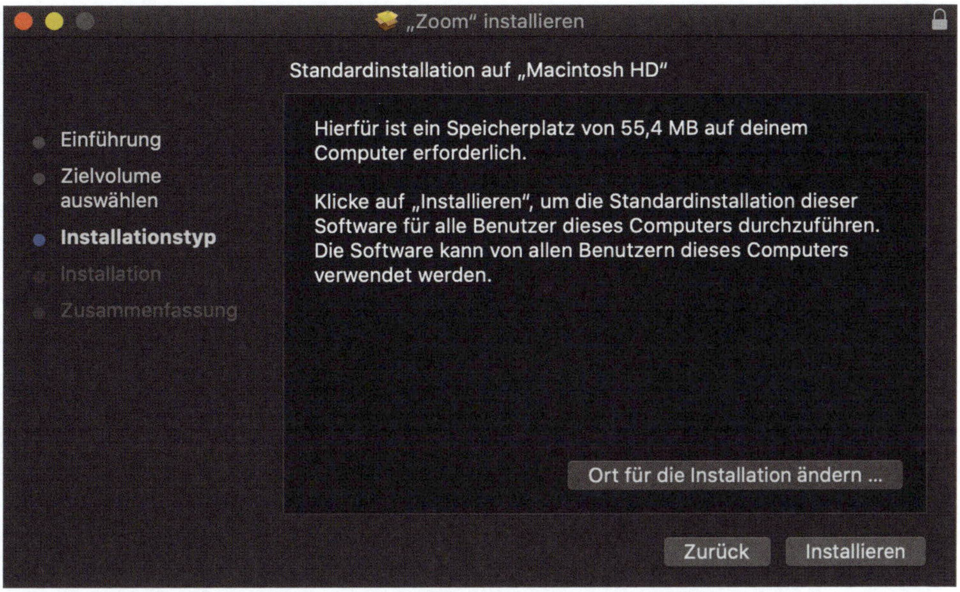

4. Danach müssen Sie sowohl den Zugriff auf Ihr Mikrofon als auch auf Ihre Kamera gestatten.

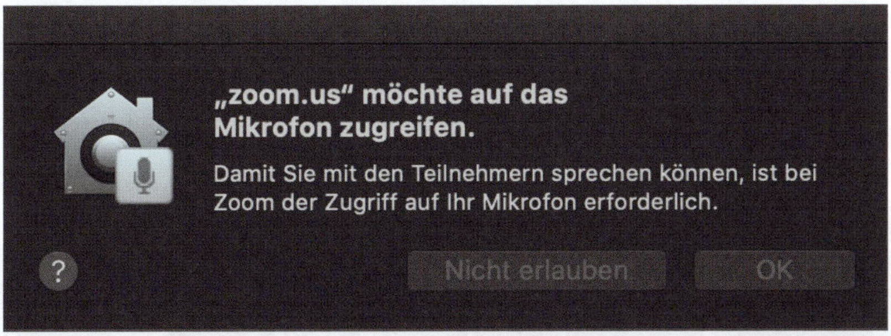

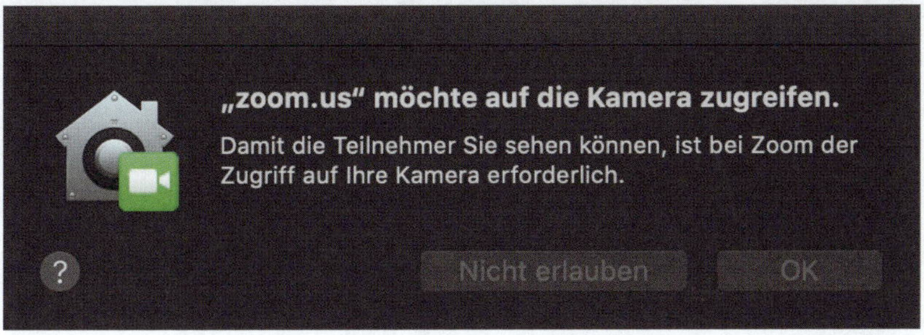

5. Nun wird die Meldung eingeblendet, dass Zoom erfolgreich installiert wurde.

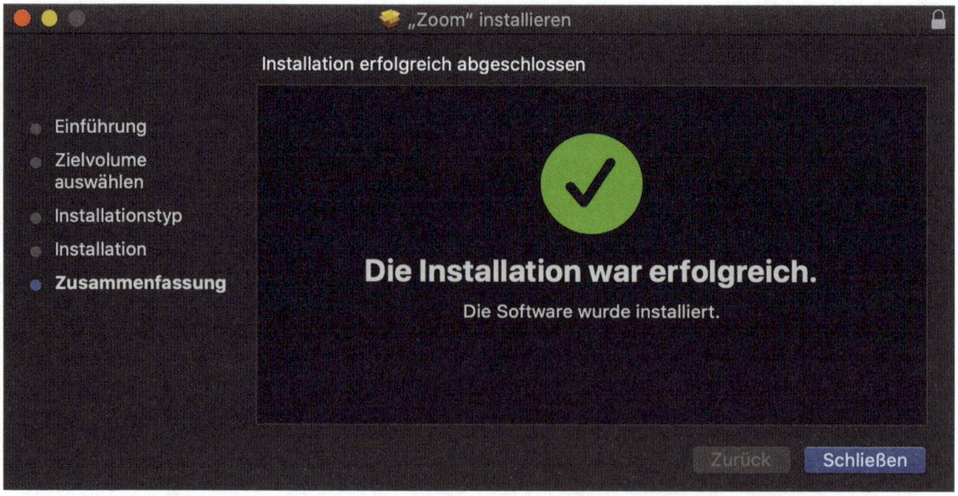

Klicken Sie abschließend auf die Schaltfläche *Schließen*. Daraufhin erscheint das nachstehende Fenster. Vorausgesetzt, die Teilnehmer verwenden zukünftig auch jeweils einen Zoom-Meeting-Link, erscheinen die nächsten vier Fenster zukünftig nicht mehr.

In diesem Fall ist das Erscheinen der Fenster dem Umstand geschuldet, dass die Software noch nicht auf dem Computer vorhanden war und der Link noch nicht direkt ausgewertet werden konnte.

Daher gilt es, in diesem Fall bzw. im nächsten Fenster auf *Einem Meeting beitreten* zu klicken und in den dann folgenden Dialogfenstern die ebenfalls in der Mail übermittelte Meeting-ID, den Kenncode sowie Ihren Namen einzugeben.

Auf »Einem Meeting beitreten« klicken

Meeting-ID und Namen eingeben

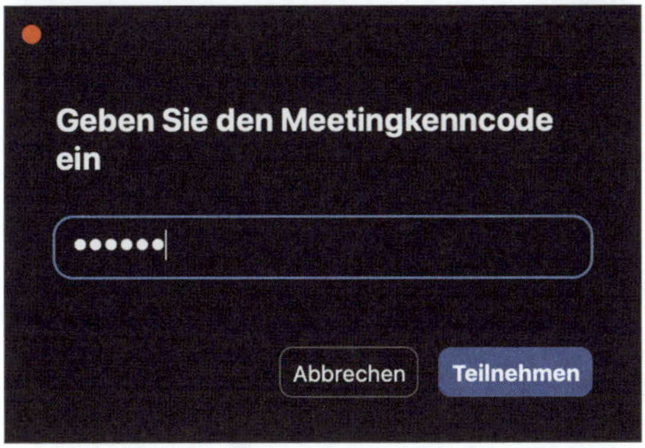

Der hier einzugebende Code findet sich in der Einladungs-E-Mail

Ihre Zustimmung ist gefragt

Wie bereits erläutert: Wenn der Teilnehmer in Zukunft auf einen Zoom-Meeting-Link klickt, entfallen die letzten vier Fenster. Stattdessen erscheint das nachfolgend gezeigte Fenster. Nach einem Klick auf zoom.us wird zunächst ein Fenster eingeblendet, in dem der Teilnehmer noch mal bestätigen muss, dass er dem Zoom-Meeting mit aktivierter Webcam beitreten möchte. Im Anschluss folgt dann noch eine Abfrage, mit welcher Audiofunktionalität man am Meeting teilnehmen möchte. Im Regelfall wird hier Computer-Audio gewählt (mehr Informationen dazu finden Sie in Kapitel 12).

Hinweis

Wenn im hier abgebildeten Dialogfenster das Kontrollfeld *Auswahl für zoommtg-Links speichern* aktiviert wird, entfällt in Zukunft auch dieser Schritt, wenn der Teilnehmer zuvor auf einen Zoom-Meeting-Link geklickt hat.

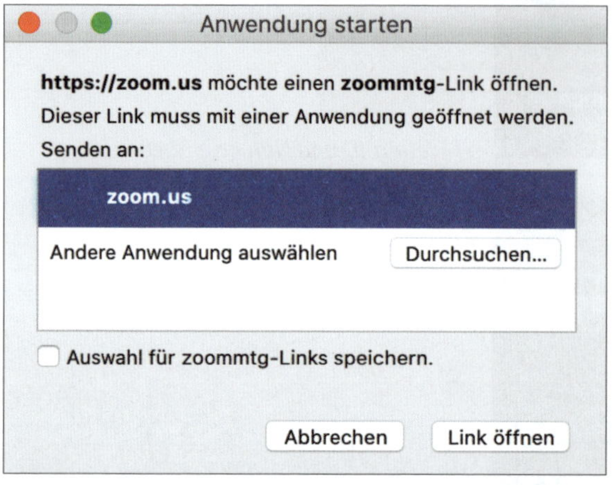

In Zukunft reicht ein Klick auf die Schaltfläche »Link öffnen«

Dem Meeting beitreten

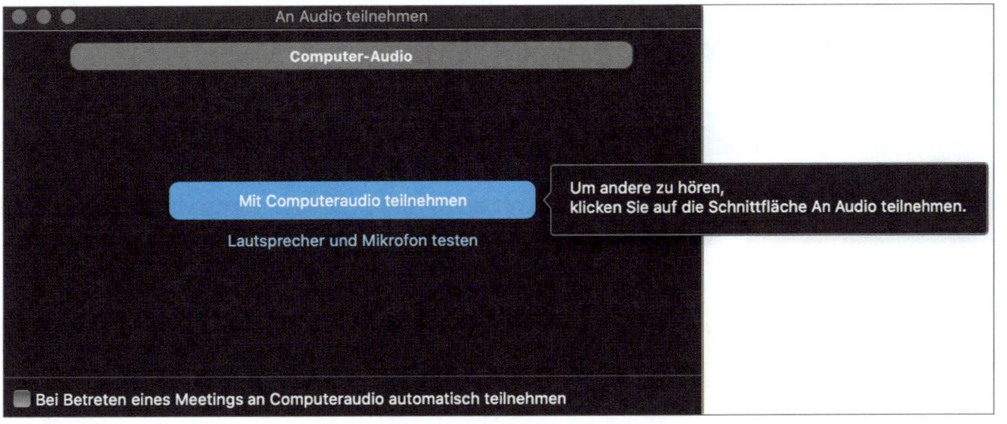

»Mit Computeraudio teilnehmen« ist mehr oder weniger der Regelfall

Anschließend kommt der Teilnehmer aber erst einmal im Warteraum des Meetings an. Über seine Ankunft wird der Host (der Moderator) des Meetings automatisch informiert. Mit einem Klick kann dieser den Teilnehmer dann in das Meeting einlassen.

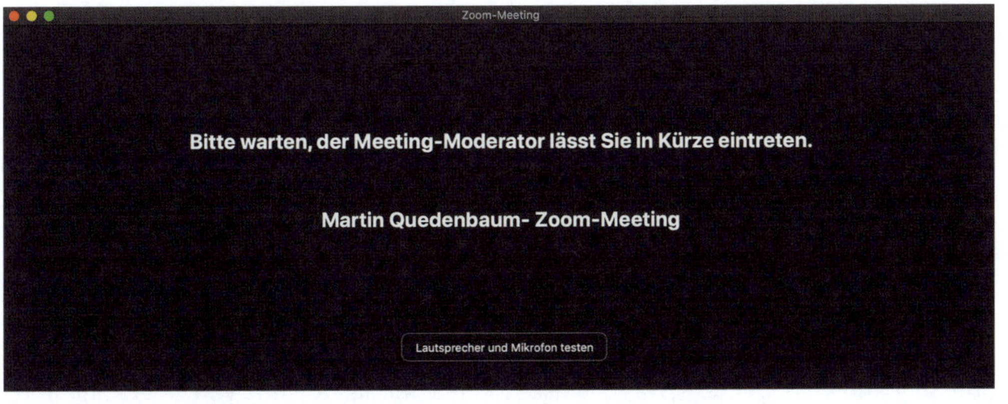

Sie befinden sich zunächst im Warteraum

> **Hinweis**
> Mehr Informationen zum Warteraum finden Sie in Kapitel 10.

3.4 Über die Zoom-Website

Alternativ zum Zoom-Meeting-Link kann ein Teilnehmer auch über die Meeting-ID in Verbindung mit dem Kenncode Zugang erhalten. Hierzu muss der Teilnehmer auf dem Zoom-Portal auf *Einem Meeting beitreten* klicken. Das ist beispielsweise dann sinnvoll, wenn der Teilnehmer aktuell keinen Zugriff auf den jeweiligen Zoom-Meeting-Link hat, aber über die notwendige Meeting-ID und den (eventuell) erforderlichen Kenncode verfügt.

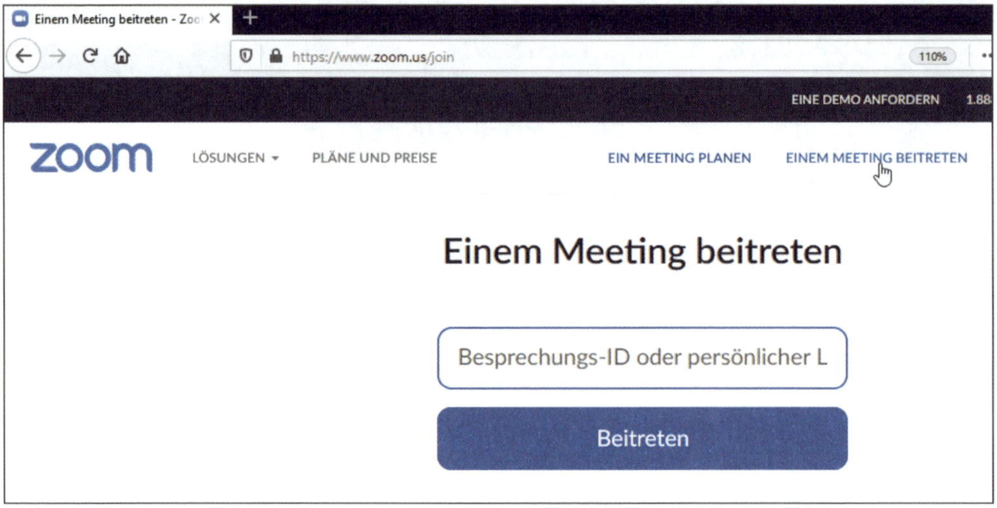

Eine weitere Variante: einem Meeting über die Zoom-Website beitreten

3.5 Browser vs. Zoom-Software

Viele in einer Firma oder Institution tätigen Mitarbeiter verfügen nicht über die Rechte zur Installation von Software bzw. Plug-ins und müssen daher für ein Zoom-Meeting oder ein Zoom-Webinar den Systemadministrator des Hauses mit der Installation des *Zoom-Client für Meetings* beauftragen. Mit einem gewissen zeitlichen Vorlauf ist das oftmals sicher möglich. Viele Firmen und Institutionen stehen der Installation von zusätzlicher Software aber sehr kritisch gegenüber. Das gilt insbesondere für die Nutzung von Videokonferenz-Software. Vermutlich auch aus diesen Gründen hat Zoom eine sehr einfache Möglichkeit geschaffen, an einem Zoom-Meeting teilnehmen zu können. Diese Nutzungsform setzt lediglich einen Webbrowser voraus. Dabei wird für das Zoom-Meeting ausschließlich die Funktionalität des von Ihnen verwendeten Webbrowsers genutzt. Die Sache funktioniert insbesondere mit Google Chrome und Mozilla Firefox, ist aber mit einigen Einschränkungen verbunden. Beispielsweise kann ein Teilnehmender nicht an Umfragen innerhalb des Zoom-Meetings oder Zoom-Webinars teilnehmen. Aus diesem Grund ist die Sache auch eher als Notnagel zu verstehen.

Damit einem Teilnehmer diese Möglichkeit angeboten wird, muss der Host – also der Moderator bzw. Veranstalter des Meetings – diese Funktion in seinen Zoom-Einstellungen vor der Eröffnung des Meetings aktivieren. Gehen Sie dazu auf die Zoom-Website (www.zoom.us), klicken Sie rechts oben auf *Mein Konto* und anschließend auf der linken Seite auf *Einstellungen* bzw. *In Meeting (Erweitert)*. Scrollen Sie anschließend noch etwas nach unten. Stellen Sie sicher, dass hier die nachstehende Abbildung aktiviert ist.

Rechts auf »Mein Konto« klicken

Hier »Einstellungen/In Meeting(Erweitert)« auswählen

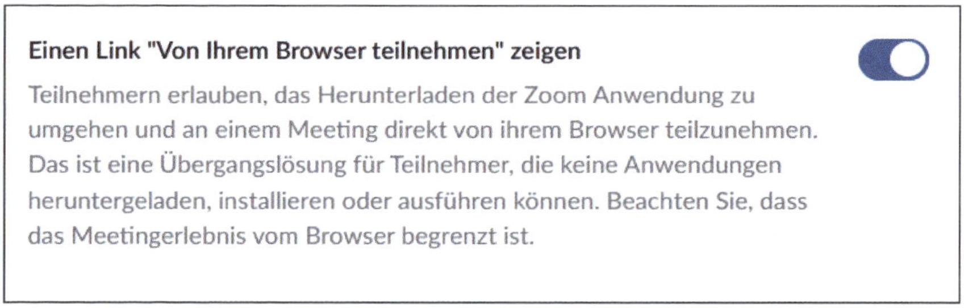

Diese Funktion muss der Host aktivieren

Wenn ein Teilnehmer nun auf der Zoom-Website auf die Funktion *Einem Meeting beitreten* klickt, wird ihm zunächst der Download des Zoom-Programms (*Zoom-Client für Meetings*) angeboten. Wenn er den Download ausschlägt, wird ihm zudem ein unscheinbarer Link (*starten Sie sie über Ihren Browser*) angeboten.

Auf »starten Sie sie über Ihren Browser« klicken

Nach dem Klick auf den Link muss der Teilnehmer seinen Namen eintragen und den hier unter dem Eingabefeld (etwas verfremdet) dargestellten Captcha-Code eingeben.

Captcha-Code

Der hier leicht verfremdet dargestellte und vom Anwender einzugebende Code dient dazu, sicherzustellen, dass es sich bei dem Teilnehmer um einen »echten Menschen« und nicht etwa um einen schädlichen Algorithmus handelt. Der Ansatz dahinter ist ganz einfach. Menschen können die geringfügige Verfremdung (hier die Striche über den Zahlen und Ziffern) erkennen. Algorithmen können das im Regelfall nicht.

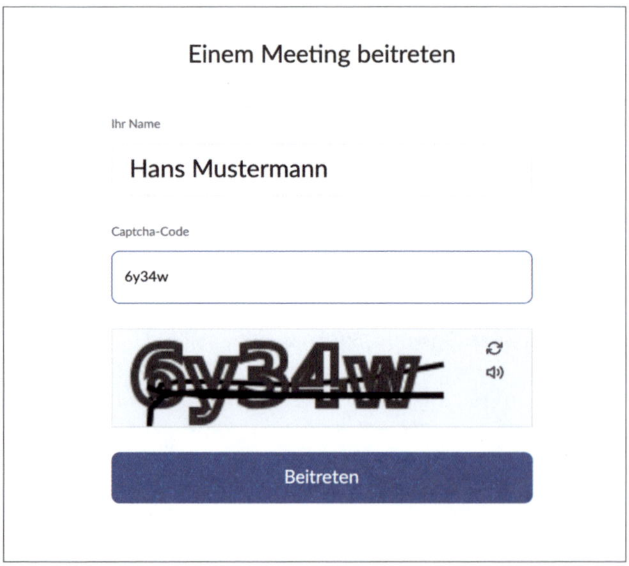

Den dargestellten Captcha-Code eingeben

Zustimmen

Wenn Sie dem Teilnehmer die von Zoom im Rahmen der Einladung generierte Einladungs-E-Mail geschickt haben und dieser auf den Zoom-Meeting-Link klickt, verzichtet Zoom voreingestellt auf das nachstehende Fenster. Der Teilnehmer muss somit den Meeting-Kenncode nicht eingeben und wird direkt zum Meeting geleitet.

Der hier einzugebende Meeting-Kenncode geht dem Teilnehmer im Rahmen der Einladung zu

Sie können das Meeting jederzeit mit einem Klick auf die gleichnamige bzw. unten rechts dargestellte Schaltfläche verlassen. Schneller geht es mit dem Tastenkürzel [Alt]+[Q].

Über die Schaltfläche rechts können Sie das Meeting jederzeit verlassen

4. Die für Sie passende Zoom-Version

Zoom bietet verschiedene Lizenz- bzw. Abo-Varianten an. Diese unterscheiden sich neben der Anzahl der maximal unterstützten Teilnehmer auch durch die Art der Aufzeichnung (lokal und/oder in der Cloud) und die Anzahl der Hosts (Anzahl der Einzellizenzen). Die wesentlichen Unterscheidungsmerkmale finden Sie in der nachfolgenden Tabelle.

	Basic	Pro	Business	Enterprise
Preis	Gratis	13,99 Euro	18,99 Euro (mindestens 10 Hosts	18,99 Euro (mindestens 50 Hosts)
Mögliche Teilnehmer	Meetings bis zu 100 Teilnehmer	Meetings bis zu 100 Teilnehmer	Meetings bis zu 300 Teilnehmer	Meetings bis zu 500 Teilnehmer bzw. 1.000 Teilnehmer (Enterprise Plus)
Zeitlimit	Limit von 40 Minuten bei Gruppen-Meetings (Moderator plus zwei andere Teilnehmer). Im Anschluss kann aber gleich wieder ein neues Meeting begonnen werden. Besprechungen mit jeweils einem anderen Teilnehmer (1:1-Meetings) sind zeitlich unbegrenzt möglich.	Kein Zeitlimit		

	Basic	Pro	Business	Enterprise
Anzahl der Besprechungen unbegrenzt	Unbegrenzt			
Erweiterte Funktionen	–	Benutzerverwaltung Administratorfunktionen Ernennen eines Planers Persönliche bzw. individuelle Meeting-ID Berichterstellung (Report)		
Aufzeichnung	Meetings können lokal aufgezeichnet werden.	Meetings können lokal und in der Cloud aufgezeichnet werden. Dazu wird 1 GB Cloud-Speicher bereitgestellt.		Unbegrenzter Cloud-Speicher
Möglichkeit, kostenpflichtige Zusatzfunktionen (Add-ons) freizuschalten	–	Ja		
Telefonsupport	–	–	Ja	
Administrator-Dashboard	–	–	Ja	
Vanity-URL	–	–	Ja	
Option für Bereitstellung vor Ort	–	–	Ja	
Verwaltete Domains	–	–	Ja	
Einmaliges Anmelden SSO	–	–	Ja	
Unternehmens-Branding	–	–	Ja	
Benutzerdefinierte E-Mails	–	–	Ja	
LTI-Integration	–	–	Ja	

	Basic	Pro	Business	Enterprise
Transkripte der Cloud-Aufzeichnung	–	–	Ja	
Eigener Manager für den Kundenerfolg	–	–	–	Ja
Überprüfung durch Geschäftsleitung	–	–	–	Ja
Paketrabatte bei Webinar- und Zoom-Rooms	–	–	–	Ja

Funktionsumfang der verschiedenen Zoom-Lizenzen

Zur Auswahl der für Sie passenden Zoom-Version klicken Sie im Zoom-Portal auf *Pläne und Preise* und in der daraufhin angezeigten Übersicht auf die gewünschte Lizenz. Sie können das Abo monatlich oder jährlich bezahlen, wobei die Preise bei der jährlichen Zahlungsweise etwas niedriger ausfallen. Die Abos selbst sind jeweils monatlich kündbar.

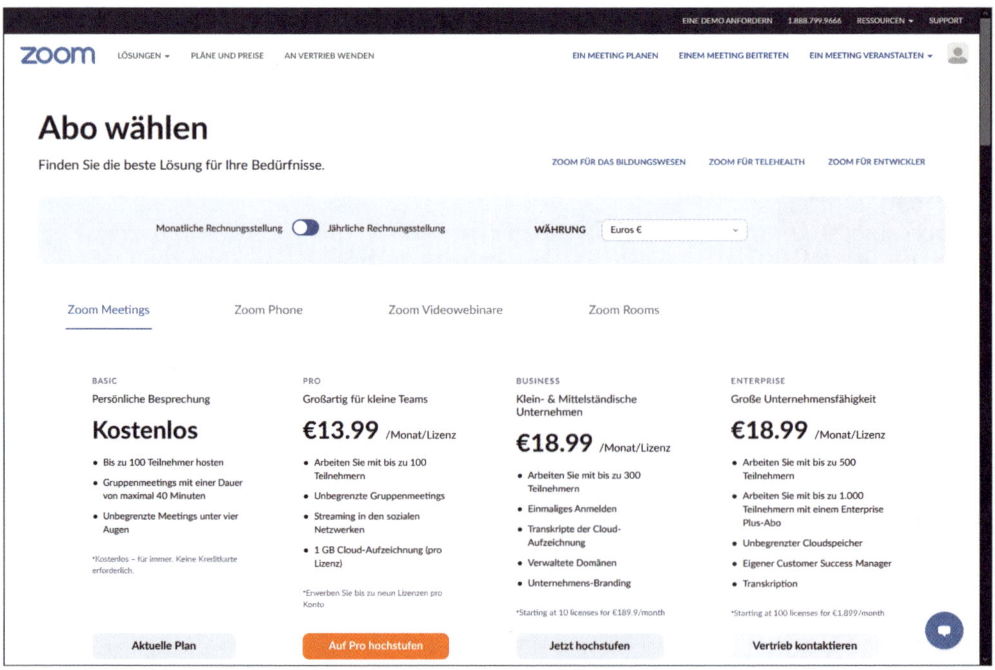

Die Abos bei monatlicher Zahlungsweise

Da Sie durch Ihre Anmeldung bereits über eine kostenlose Basic-Lizenz verfügen, läuft der Kauf über eine *Hochstufen*-Schaltfläche. Nachfolgend wird der Kauf anhand einer Pro-Lizenz erläutert.

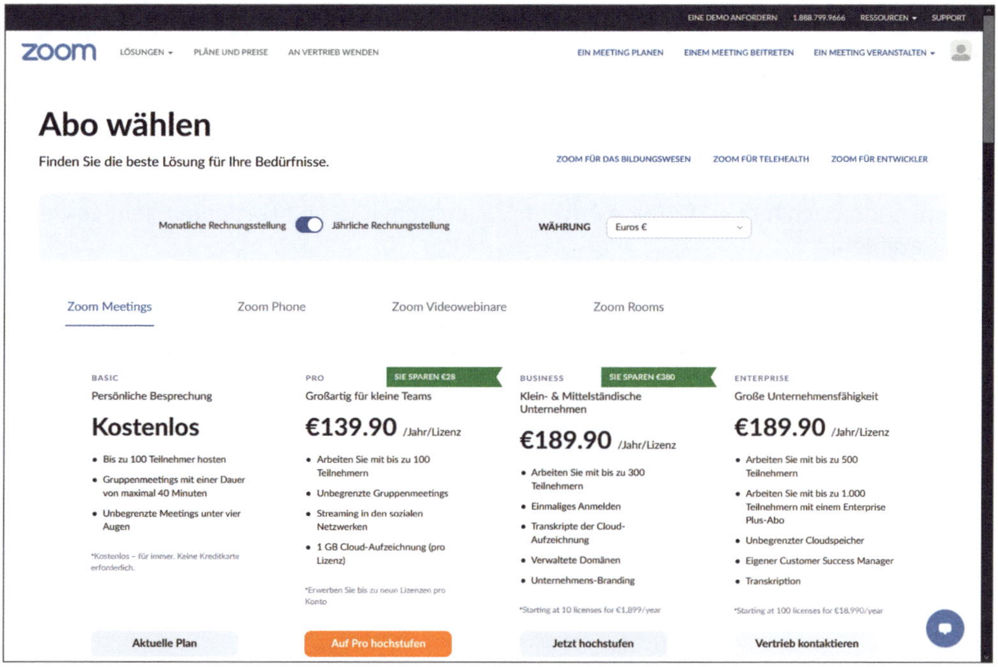

Die Abos bei jährlicher Zahlungsweise

Education-Lizenz-Pakete

Zoom bietet zudem Education-Lizenz-Pakete für Schulen, Universitäten und vergleichbare Einrichtungen an. Das kleinste Education-Paket enthält 20 Einzellizenzen und kostet monatlich 140 Euro (netto).

Zoom-Rooms

Ein Videokonferenzsystem, das aus Hard- und Softwarekomponenten besteht und in erster Linie in Besprechungs- bzw. Konferenzräumen zum Einsatz kommt. Neben einem Computer (Windows oder macOS), auf dem die Zoom-Room-Software läuft, besteht das System aus einem oder mehreren Monitoren, Mikrofonen und einem Tablet, auf dem die Zoom-Room-App läuft, über die der Moderator die Konferenz bzw. die angeschlossenen Systeme steuern kann.

> **Business-Lizenz**
>
> Die in der Übersicht angegebenen Preise beziehen sich jeweils auf eine Lizenz, wobei die Business-Lizenz mit mindestens zehn Lizenzen verkauft wird und somit der Preis um den Faktor 10 höher ist. Bei monatlicher Zahlungsweise sind bei der Business-Lizenz somit nicht nur 189,90 Euro, sondern 1.899 Euro zu entrichten.

Im nächsten Fenster können Sie noch mal zwischen monatlicher und jährlicher Zahlungsweise wählen und bei Bedarf die Anzahl der Moderatoren (also der Lizenzen) anpassen. Zudem finden sich hier verfügbare Add-ons. Mit einem Klick auf *Fortfahren* geht es weiter zum Bezahlen.

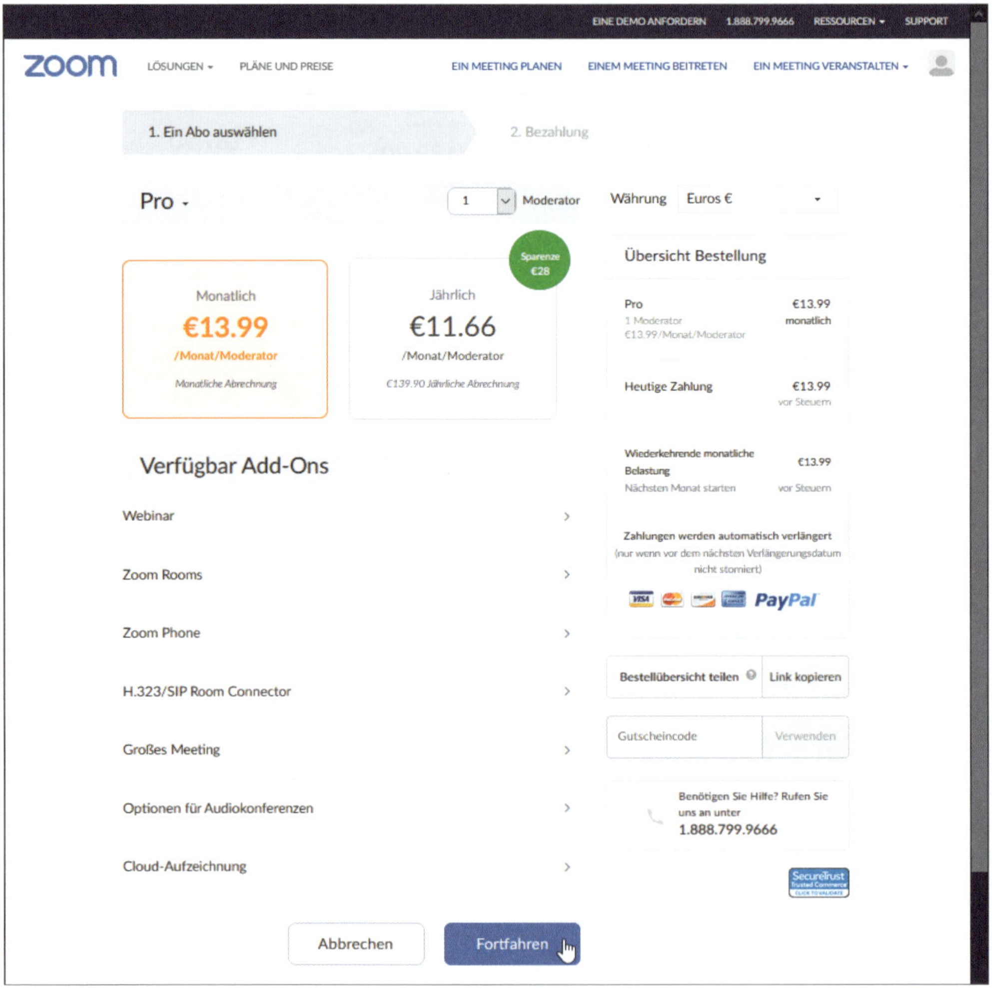

Hier können weitere Anpassungen vorgenommen werden

Im nächsten Fenster müssen Sie Ihre Adressdaten sowie die von Ihnen favorisierte Zahlungsweise angeben.

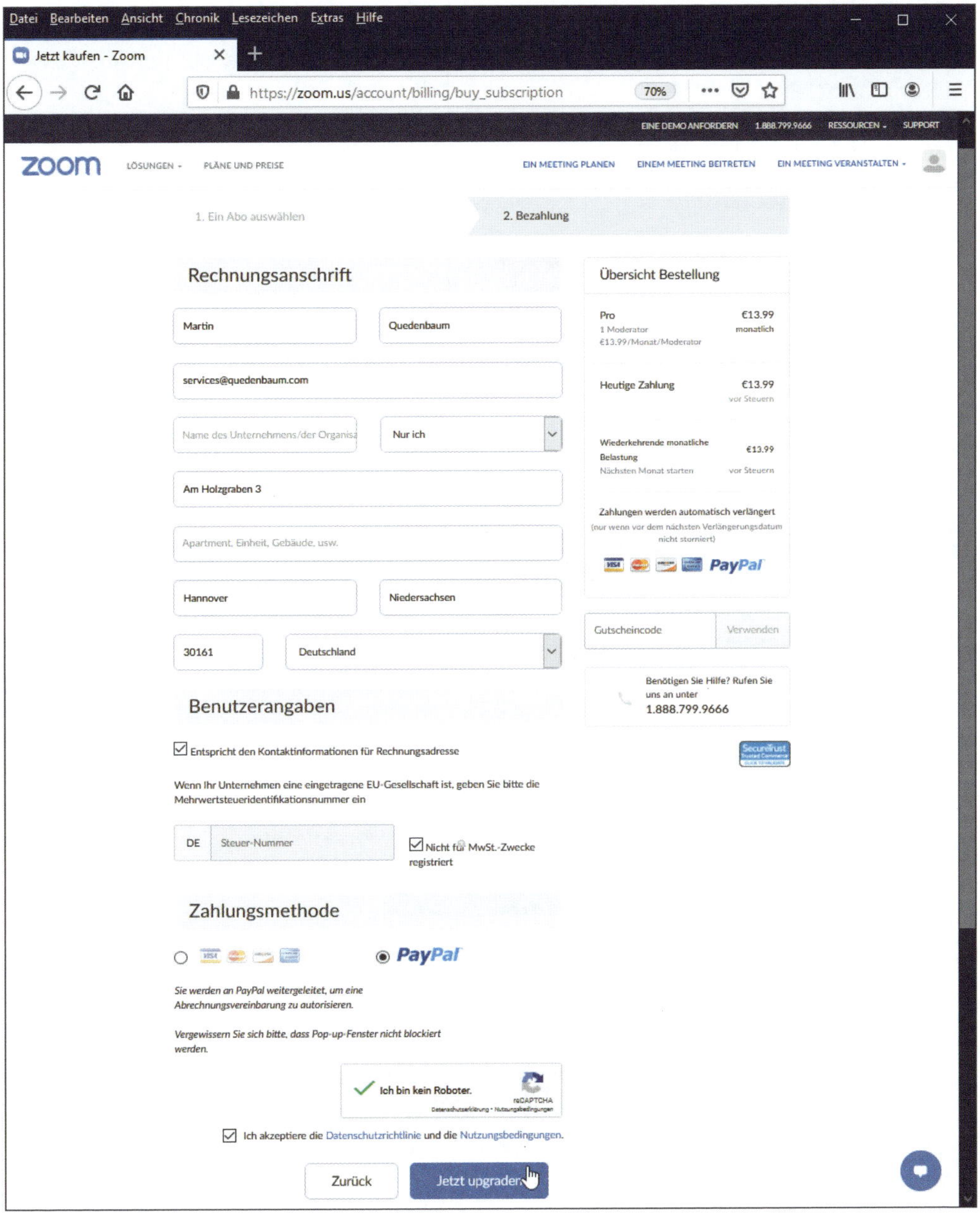

Adressdaten eingeben und Zahlungsweise wählen

Danach kommt noch mal eine abschließende Bestätigung:

Finale Bestätigung

Jetzt folgen einige Fenster, die von der jeweils gewählten Zahlungsmethode abhängen. Nach dem Zahlungsvorgang erscheint dann die nachstehende Bestätigung.

Mit einem Klick auf *Ihre Abonnements prüfen* können Sie sich somit abgeschlossene Abos im Zoom-Portal anzeigen lassen.

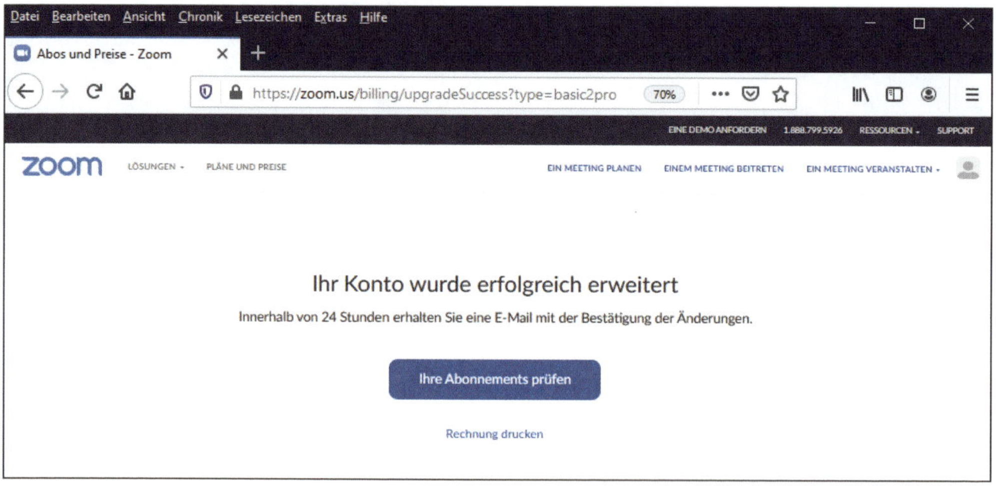

Erfolgsmeldung

Hinweis

Sehr wahrscheinlich finden Sie jetzt bereits die erste Zoom-Rechnung in Ihrem E-Mail-Posteingang.

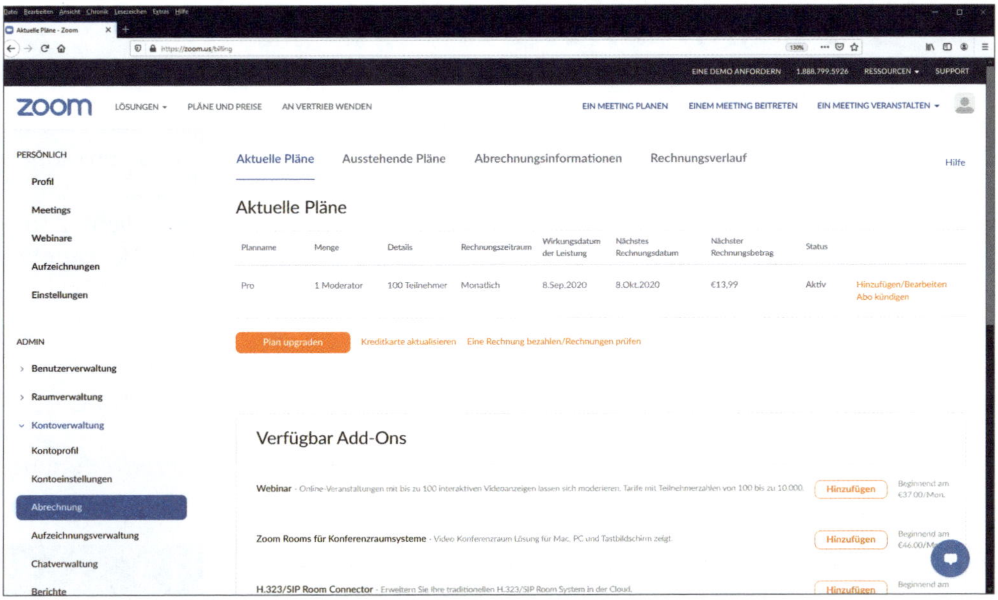

Das abgeschlossene Abo im Zoom-Portal

Auf der rechten Seite der Übersicht finden Sie Funktionen, um Ihr Abo anzupassen oder zu kündigen.

5. Die Zoom-Software

Viele Dinge lassen sich direkt über die Zoom-Website erledigen. Auch die Teilnahme an einem Zoom-Meeting ist ohne Zoom-Software bzw. ausschließlich mit den Funktionen eines Webbrowsers möglich (siehe dazu Kapitel 3.5). Allerdings ist das mit bestimmten Einschränkungen hinsichtlich des Funktionsumfangs verbunden. Daher empfiehlt Zoom ausdrücklich die Nutzung der Zoom-Software. Diese wird als *Zoom-Client für Meetings* bezeichnet.

5.1 Download

Zoom stellt die Software unter anderem unter diesem Link zum Download zur Verfügung: https://zoom.us/download

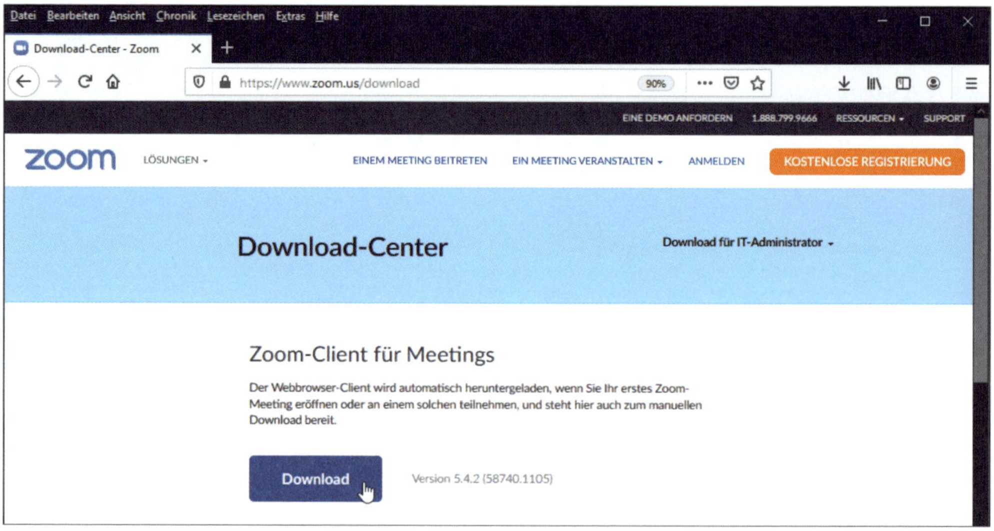

Hier wird die Software zur Verfügung gestellt

1. Zunächst erfolgt der Download des Installers (hier im Beispiel für die Windows-Version).

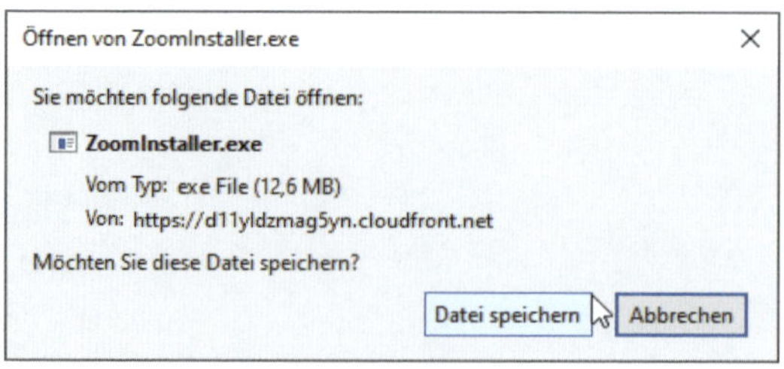

2. Sie klicken auf den heruntergeladenen Installer (Windows).

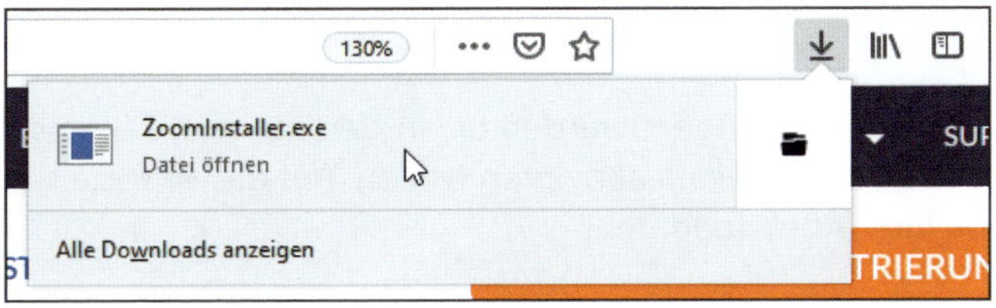

3. Nach der Installation erscheint dieses Fenster (Windows):

5.2 Anmelden

Wenn Sie bereits bei Zoom registriert sind (siehe Kapitel 1.3), können Sie sich mit der im Rahmen der Registrierung verwendeten E-Mail-Adresse und dem seinerzeit festgelegten Passwort anmelden.

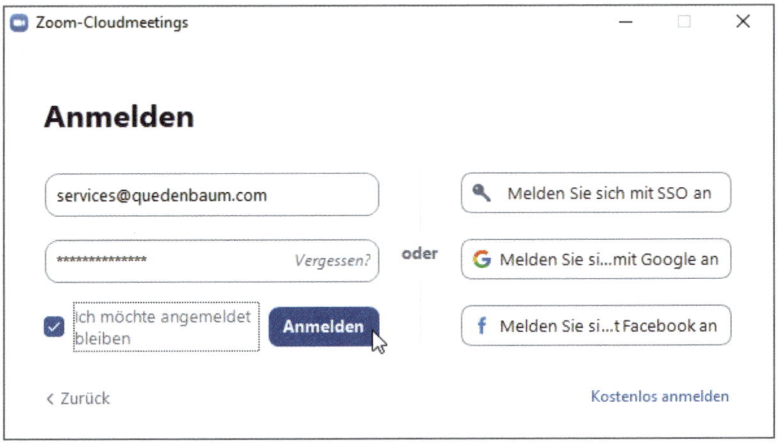

Mit E-Mail-Adresse und Passwort anmelden

Wenn Sie bei Google oder Facebook registriert sind, können Sie sich auch mit Ihrem Google- oder Facebook-Account anmelden. Zudem wird die Anmeldung über SSO unterstützt.

Wenn Sie Ihren eigenen Computer verwenden, werden Sie in den meisten Fällen sicher das Kontrollfeld *Ich möchte angemeldet bleiben* aktivieren wollen. Auf diese Weise sparen Sie sich zukünftig die Eingabe Ihrer Anmeldedaten.

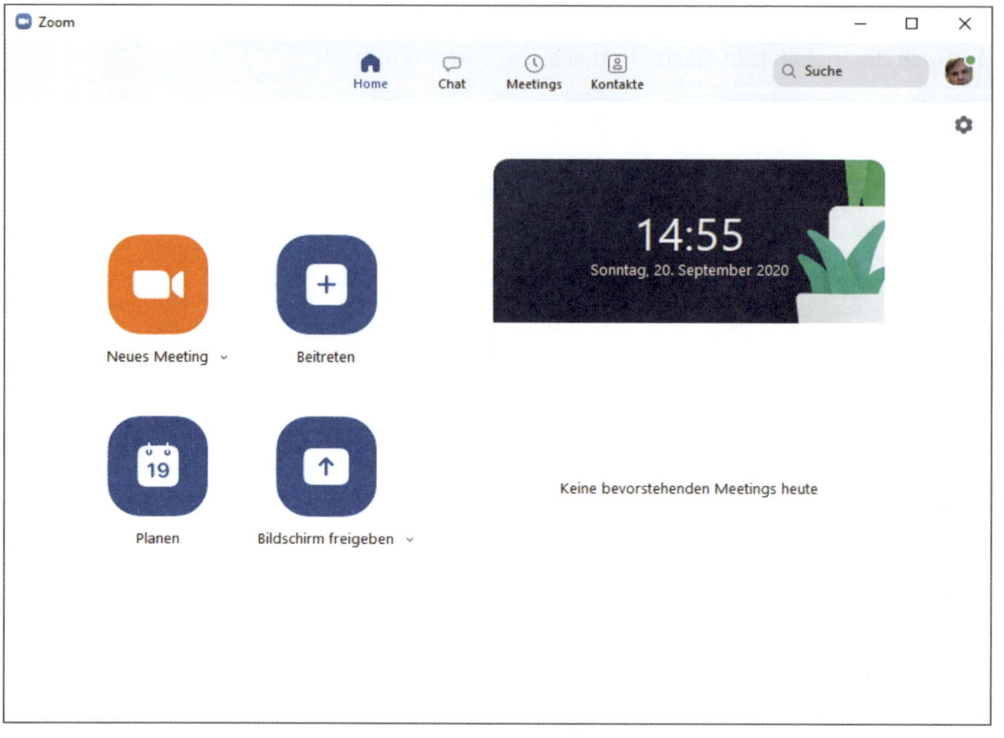

Das Zoom-Anwendungsfenster nach der Anmeldung

5.3 Windows vs. macOS-Version

Im Gegensatz zur Windows-Version ist die macOS-Variante mit einer Menüleiste ausgestattet. Einige der in den Mac-Menüs aufgeführten Befehle sind Mac-spezifisch.

In den nachfolgenden Tabellen habe ich für Sie die Bedeutung der einzelnen Menübefehle und die in der Windows-Version (an anderer Stelle) verfügbaren Funktionen dokumentiert.

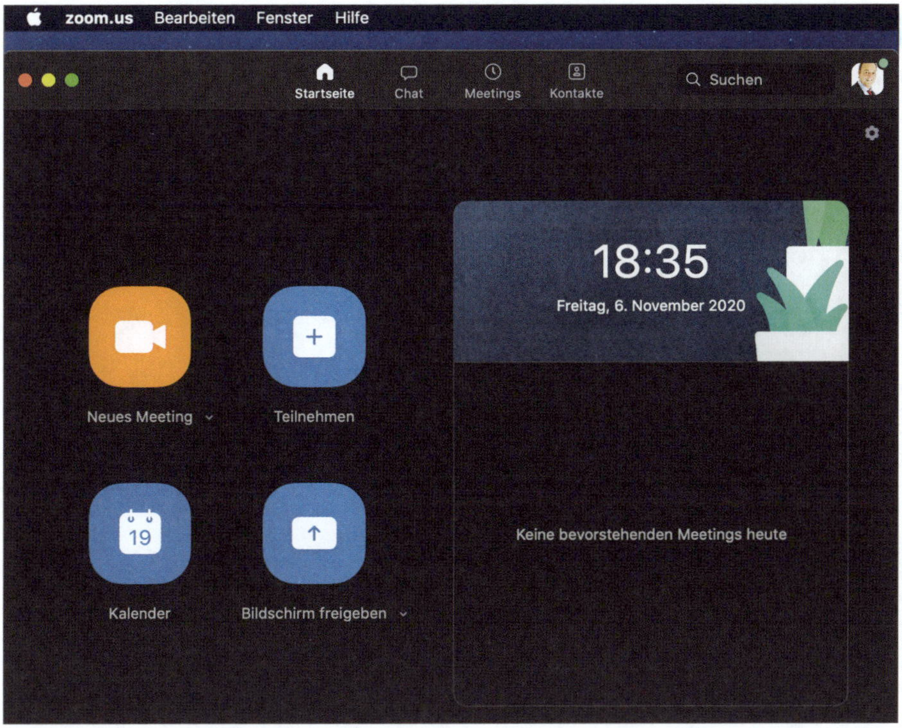

Die macOS-Version der Software verfügt über Menübefehle

Die Windows-Version kommt ohne Menübefehle daher

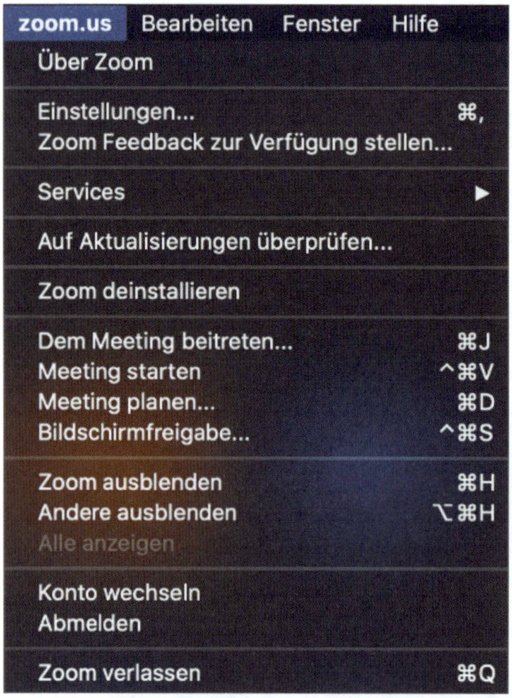

Die Befehle des Menüs zoom.us

Menübefehl der Mac-Version	Bedeutung	Windows-Version
Über Zoom	Hier können Sie die Versionsnummer der Zoom-Software einsehen. Hilfreich, wenn Sie im Dialog mit dem Zoom-Support ein Problem lösen möchten.	Klick auf das Profilbild/Nach Updates suchen.
Einstellungen	Öffnet das gleichnamige Fenster, das Sie ansonsten auch über einen Klick auf Ihr Profilbild oder im Zoom-Meeting-Fenster über das Menü der Videoschaltfläche öffnen können.	Klick auf das Profilbild.
Services/Bilder importieren	Hier können Sie Bilder von einer an Ihren Computer angeschlossenen Kamera oder von einem Scanner importieren. Funktioniert nur im Chat-Modus des Zoom-Software-Fensters.	–

Menübefehl der Mac-Version	Bedeutung	Windows-Version
Services/Dienste-Einstellungen	Hier haben Sie Zugriff auf diverse Funktionen des Betriebssystems, die auch bei der Arbeit mit Zoom verwendet werden können. So können Sie beispielsweise im Register *Text* Abkürzungen bzw. Autotexte festlegen, die dann bei der Nutzung der Zoom-Chat-Funktion automatisch ausgeschrieben werden. So wird aus Ihrer Eingabe *mfg* im Zoom-Chat automatisch ein *Mit freundlichen Grüßen*.	–
Auf Aktualisierungen überprüfen	Zoom stellt des Öfteren Updates zur Verfügung. Auf diese Weise werden eventuell vorhandene Probleme behoben und neue Funktionen implementiert (siehe dazu auch Abschnitt 5.4).	Klick auf das Profilbild/ Nach Updates suchen.
Zoom deinstallieren	Deinstalliert die Software.	Im Startmenü auf das Zoom-Symbol rechtsklicken.
Dem Meeting beitreten	Öffnet ein Dialogfenster, über das Sie einem Meeting beitreten können. Das gleiche Fenster können Sie über die blaue *Teilnehmen*-Schaltfläche des Zoom-Startfensters öffnen.	Klick auf die blaue *Beitreten*-Schaltfläche.
Meeting starten	Öffnet ein Dialogfenster, über das Sie ein Meeting starten können. Das gleiche Fenster können Sie über die orangefarbene *Teilnehmen*-Schaltfläche des Zoom-Startfensters öffnen.	Klick auf die orangefarbene Schaltfläche *Neues Meeting*.
Meeting planen	Öffnet ein Dialogfenster, über das Sie ein Meeting planen können. Das gleiche Fenster können Sie über die blaue *Kalender*-Schaltfläche des Zoom-Startfensters öffnen.	Klick auf die blaue *Planen*-Schaltfläche.

Menübefehl der Mac-Version	Bedeutung	Windows-Version
Bildschirmfreigabe	Öffnet ein Dialogfenster, über das Sie Ihren Bildschirminhalt freigeben können. Das gleiche Fenster können Sie über die blaue Schaltfläche *Bildschirm freigeben* des Zoom-Startfensters öffnen.	Klick auf die blaue Schaltfläche *Bildschirm freigeben.*
Zoom ausblenden	Blendet Zoom aus. Das Programm bleibt aber weiterhin (im Hintergrund) geöffnet und kann mit einem Klick auf das im Dock dargestellte Zoom-Symbol wieder eingeblendet werden.	Rechtsklick auf das Zoom-Symbol.
Andere ausblenden	Blendet alle anderen Anwendungen aus. Die Programme bleiben dabei (im Hintergrund) weiterhin geöffnet und können mit einem Klick auf deren im Dock dargestelltes Symbol wieder eingeblendet werden.	⊞+Pos 1
Alle anzeigen	Zeigt alle zuvor ausgeblendeten Anwendungen erneut an.	⊞+Pos 1
Konto wechseln	Viele Zoom-Anwender verwenden mehrere Zoom-Konten. Beispielsweise ein Konto für private Zwecke und ein weiteres Konto für berufliche Zwecke. Mit dieser Funktion können Sie jederzeit zu einem anderen Zoom-Konto wechseln bzw. sich mit dessen Login-Daten anmelden.	Klick auf das Profilbild.
Abmelden	Hiermit können Sie sich ausloggen, die Software aber weiterhin geöffnet lassen.	Klick auf das Profilbild.
Zoom verlassen	Schließt die Zoom-Software.	Im Startmenü oder in der Taskleiste auf das Zoom-Symbol rechtsklicken.

Die Befehle des Bearbeiten-Menüs

Menübefehl der Mac-Version	Bedeutung	Windows-Version
Rückgängig machen	Macht den jeweils letzten Arbeitsschritt rückgängig. Kann beispielsweise im Rahmen der Chat-Funktion verwendet werden.	Strg+Z
Erneut ausführen	Wiederholt den jeweils letzten Arbeitsschritt. Kann beispielsweise im Rahmen der Chat-Funktion verwendet werden.	Strg+Y
Kopieren	Kopiert einen markierten Text in die Zwischenablage des Systems. Kann beispielsweise im Rahmen der Chat-Funktion und bei der Nutzung des Whiteboards verwendet werden.	Strg+C
Einfügen und Stil anpassen	Fügt zuvor in die Zwischenablage des Systems kopierten Text in eine Chat-Nachricht oder in ein zuvor aufgezogenes Textfeld des Whiteboards ein.	Strg+V
Löschen	Löscht einen markierten Text. Kann beispielsweise im Rahmen der Chat-Funktion und bei Whiteboard-Text verwendet werden.	Entf

Menübefehl der Mac-Version	Bedeutung	Windows-Version
Alles auswählen	Wählt Text vollständig aus. Kann beispielsweise im Rahmen der Chat-Funktion und bei Whiteboard-Text verwendet werden. Damit die Auswahl bei einem Chat- oder Whiteboard-Text funktioniert, müssen Sie zuvor einmal in den auszuwählenden Text klicken und so die blinkende Einfügemarke im Text platzieren.	Dreifach-Klick in das jeweilige Textfeld.
Finden	Hier können Sie Ihren Chat-Text durchsuchen.	Oben rechts im Chat-Fenster der Zoom-Software den jeweiligen Suchbegriff in das dortige Suchfeld eingeben und die Suche anschließend mit [↵] starten.
Zum Chat springen	Verlagert den Fokus auf das Chat-Fenster der Zoom-Software. Beachten Sie, dass es sich dabei nicht um die im Rahmen eines Zoom-Meetings verfügbare Chat-Funktion handelt. Vielmehr geht es hier um eine weitere Chat-Funktion der Zoom-Software. Diese unabhängig vom jeweils aktuellen Meeting verfügbare Chat-Funktion wird auf Seite 228 erläutert. Nachdem Sie den Befehl ausgeführt haben, blinkt die Einfügemarke im Eingabefeld des Chat-Fensters. Somit können Sie den neuen Chat-Text direkt eingeben.	Klick auf das Register *Chat* des Zoom-Softwarefensters und Auswahl eines Chats oder einen neuen Chat starten (siehe Seite 228). Sollte das Zoom-Softwarefenster aktuell nicht angezeigt werden (weil es beispielsweise vom Zoom-Meeting-Fenster verdeckt wird), können Sie das Fenster mit [Alt]+[↹] in den Vordergrund holen. Jetzt werden alle aktuell geöffneten Fenster angezeigt. Drücken Sie die [↹]-Taste nun so lange, bis das Zoom-Softwarefenster umrahmt und damit ausgewählt ist. Mit Loslassen der [Alt]-Taste wird das Zoom-Softwarefenster im Vordergrund dargestellt.
Screenshots	Kann im Rahmen der Chat-Funktion verwendet werden, um einem Chat einen Screenshot hinzuzufügen. Entspricht der *Screenshots*-Schaltfläche der Chat-Funktion (Seite 230).	Klick auf die *Bildschirmabzug*-Schaltfläche der Chat-Funktion (siehe Seite 230).

Menübefehl der Mac-Version	Bedeutung	Windows-Version
Diktat starten	Mit dieser praktischen Funktion können Sie Chat-Texte einsprechen. Entspricht der *Audionachricht*-Schaltfläche der Chat-Funktion (Seite 231).	Das Register *Chat* des Zoom-Softwarefensters und (falls noch nicht geschehen) einen Chat auswählen bzw. einen neuen Chat starten (siehe Seite 228). Dann auf die Audionachricht-Schaltfläche (siehe Seite 231) der Funktion klicken, das Diktat einsprechen und mit dem rechts neben der Audionachricht erscheinenden blauen Pfeil versenden.
Emoij & Symbole	Über diese Funktion können Sie Ihre Chat-Nachrichten mit Emoijs und anderen Symbolen ausstatten. Entspricht dem Klick auf das *Smiley*-Symbol der Chat-Funktion.	Kein entsprechender Menübefehl.

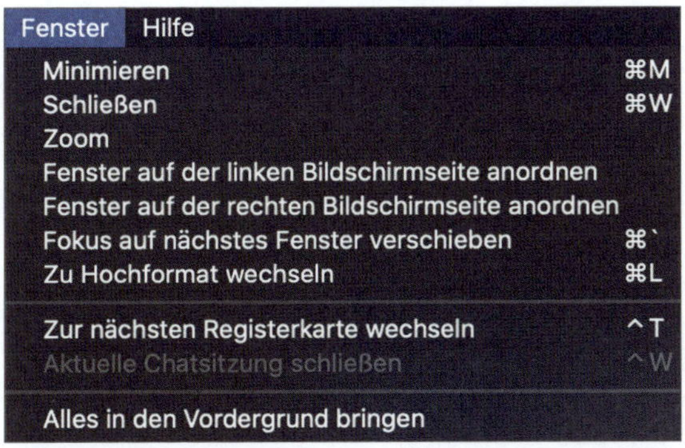

Die Befehle des Fenster-Menüs

Menübefehl der Mac-Version	Bedeutung	Windows-Version
Minimieren	Das Programm bleibt weiterhin im Hintergrund geöffnet und kann mit einem Klick auf das im Dock dargestellte Zoom-Symbol wieder eingeblendet werden.	Rechts oben auf die *Minimieren*-Schaltfläche klicken.
Schließen	Das Programm wird geschlossen.	Rechts oben auf die *Schließen*-Schaltfläche (X) klicken.

Menübefehl der Mac-Version	Bedeutung	Windows-Version
Zoom	Zeigt das Zoom-Fenster größtmöglich bzw.im Vollbildmodus an bzw. beendet diesen Modus.	Rechts oben auf die *Maximieren*-Schaltfläche klicken.
Fenster auf der linken Bildschirmseite anordnen	Damit diese beiden Funktionen verwendet werden können, darf sich das Zoom-Fenster nicht im Vollbildmodus befinden. Wählen Sie daher im Zweifelsfall vorher den Befehl *Fenster/Zoom* aus.	Windows-Taste+←
Fenster auf der rechten Bildschirmseite anordnen		Windows-Taste+→
Fokus auf nächstes Fenster verschieben	Verlagert den Fokus auf ein anderes Fenster.	Alt+Tab
Zu Hochformat wechseln/Zu Querformat wechseln	Zeigt das Zoom-Startfenster wahlweise im Hoch- oder Querformat an.	Klick auf das Profilbild.
Zur nächsten Registerkarte wechseln	Dient innerhalb des Startfensters zur Navigation zwischen den Registerkarten *Startseite*, *Chat*, *Meetings* und *Kontakte*. Wenn Sie diesen Befehl auswählen, wird die jeweils nächste bzw. rechts von der aktuell dargestellten Registerkarte befindliche Registerkarte angezeigt.	–
Aktuelle Chatsitzung schließen	Blendet aktuell dargestellte Chats aus und »leert« somit das Chat-Fenster. Der Chat-Dialog wird dadurch aber nicht dauerhaft gelöscht. Spätestens, wenn Sie einem der in der Chat-Sitzung aktiven Kontakte erneut eine Chat-Nachricht schicken, wird der »alte« Chat-Dialog wieder angezeigt und die neue Chat-Nachricht durch eine rote Linie (*Neue Nachrichten*) vom alten Dialog optisch abgegrenzt dargestellt. Im Zweifelsfall sollten Sie den Chat-Verlauf mit der im Chat-Fenster angebotenen Funktion *Chat speichern* vorher sichern (siehe dazu auch Kapitel 19.9).	–

Die Befehle des Hilfe-Menüs

Menübefehl der Mac-Version	Bedeutung	Windows-Version
Suchen nach	Ermöglicht das Durchsuchen eines Chat-Verlaufs.	Strg+F
Hilfe-Center	Öffnet das Zoom-Help-Center bzw. die Website support.zoom.us.	Klick auf das Profilbild und dann auf *Hilfe/Hilfe-Center*.
Problem melden	Öffnet ein Dialogfenster, mit dem Sie Zoom bzw. dem Zoom-Support ein Problem melden können.	Klick auf das Profilbild und dann auf *Hilfe/Problem melden*.

5.4 Zoom-Software aktualisieren

Zoom stellt des Öfteren Updates zur Verfügung. Das gilt sowohl für die klassische Zoom-Software (*Zoom-Client für Meetings*) als auch für die Zoom-App.

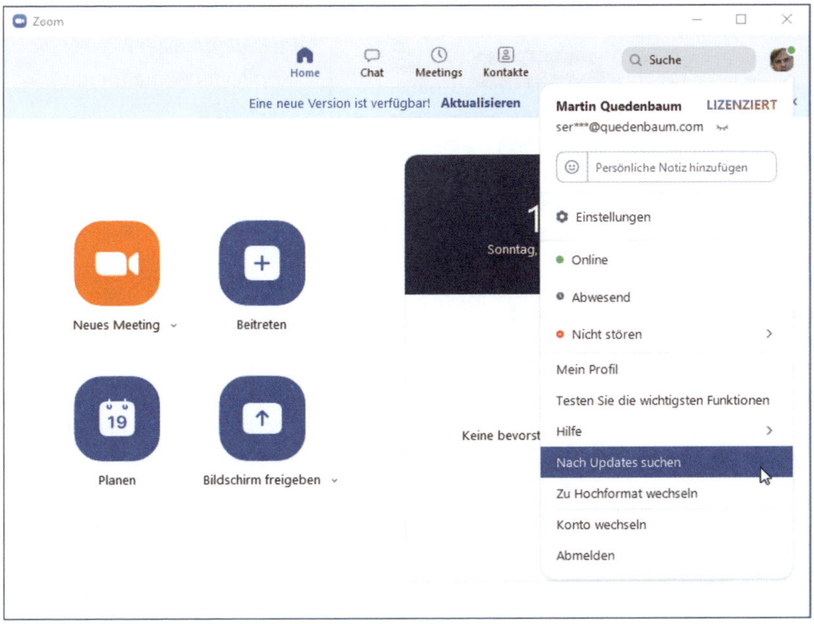

Nach Updates suchen

Wie bei anderen Programmen auch, werden dabei neue Funktionen implementiert und eventuell vorhandene Probleme behoben. Daher ist es ratsam, häufiger zu überprüfen, ob aktuelle Updates vorliegen.

Um zu checken, ob für die auf Ihrem Computer installierte Zoom-Software ein Update vorliegt, müssen Sie lediglich auf Ihr Profilbild und anschließend auf *Nach Updates suchen* klicken.

Sollte es aktuell ein Update geben, wird Ihnen das hier abgebildete Fenster *Zoom Aktualisierung* angezeigt. In diesem Fenster werden die Neuerungen bzw. Verbesserungen des Updates eingeblendet. Mit einem Klick auf *Aktualisieren* starten Sie das Update.

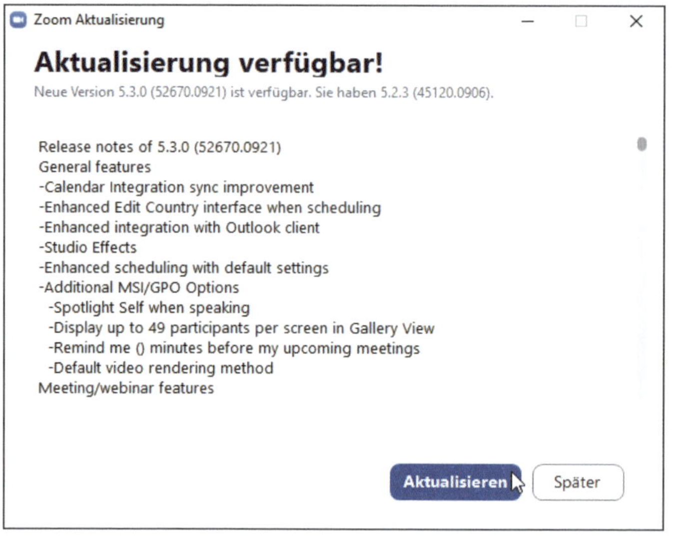

Im Dialogfenster werden die Inhalte der Aktualisierung aufgelistet

Wenn aktuell hingegen keine Updates verfügbar sind bzw. Ihre Zoom-Installation auf dem neuesten Stand ist, wird Ihnen ein entsprechendes Dialogfenster angezeigt.

Zoom ist auf dem aktuellen Stand

Updates für Zoom-App

Auch für die Zoom-App werden Updates angeboten. Sobald das der Fall ist, erscheint bei der Nutzung der App ein entsprechender Hinweis.

6. Ein zukünftiges Meeting planen

Ein Großteil aller im Berufsleben stattfindenden Meetings findet nicht spontan statt, sondern wird im Vorfeld geplant. Entsprechend können auch Sie Ihre Zoom-Meetings mit einem zeitlichen Vorlauf anlegen bzw. planen. Das funktioniert online bzw. auf www.zoom.us, mithilfe der Zoom-App oder mit der Zoom-Software.

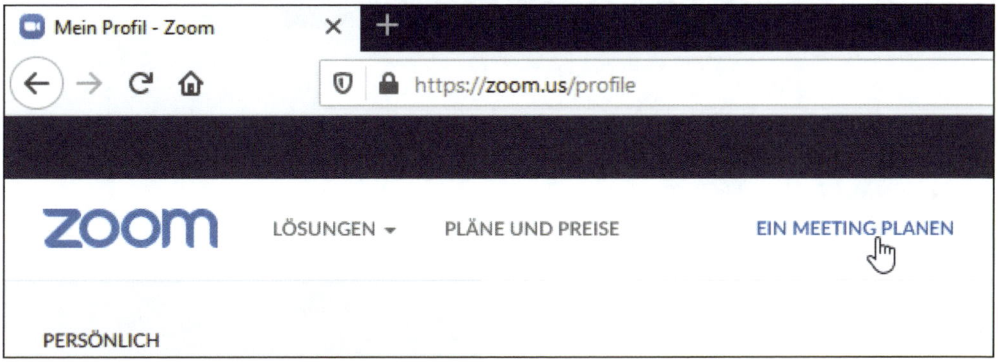

Sie können ein Meeting auf www.zoom.us planen

Insbesondere, wenn Sie das Zoom-Meeting als Moderator bzw. Host selbst abhalten, ist eine gute Vorbereitung unerlässlich. Um den zeitraubenden Punkt der Terminabstimmung möglichst effizient zu gestalten, können Sie auf Online-Terminplaner wie Doodle (https://doodle.com/de) zurückgreifen. Mit diesem oder vergleichbaren Tools lässt sich schnell und bequem ein Termin finden, mit dem alle gut leben können. Sie können Ihre Terminabstimmungen auch mit Microsoft Office steuern. Das setzt allerdings voraus, dass alle Einzuladenden Microsoft Office auch selbst verwenden. In dieser Hinsicht sind Tools wie Doodle etwas einfacher zu handhaben.

6.1 Planen mit der Zoom-Software

Das Prinzip ist dabei immer das Gleiche. Daher beschränke ich mich in diesem Zusammenhang auf eine der drei Möglichkeiten und erläutere Ihnen nachstehend die Vorgehensweise mit der Zoom-Software.

Starten Sie in Ihrer Rolle als Host bzw. Moderator die Zoom-Software und klicken Sie dazu in deren Startfenster auf *Planen*.

Daraufhin wird Ihnen das Fenster *Meeting planen* angezeigt. Viele der hier dargestellten Funktionen sind selbsterklärend. Zudem finden Sie in der nachfolgenden Tabelle weitere Erläuterungen zu den Einstellungen.

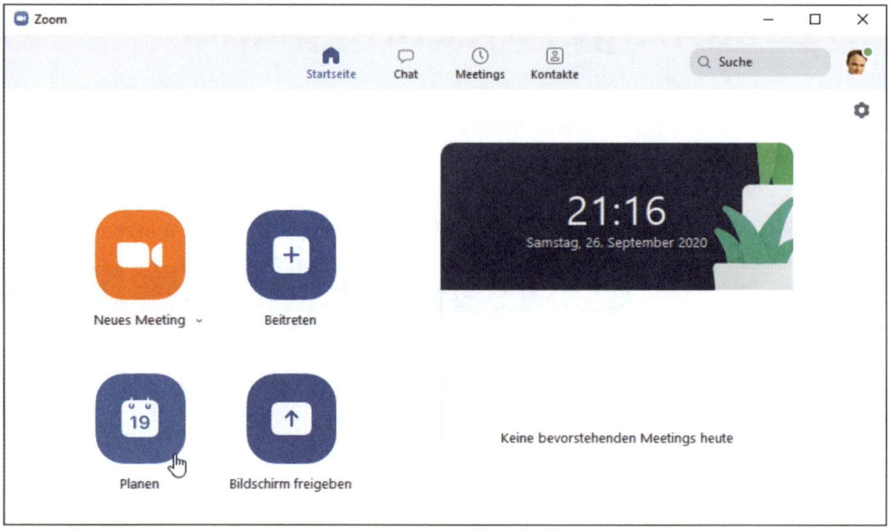

Im Startfenster der Software auf »Planen« klicken

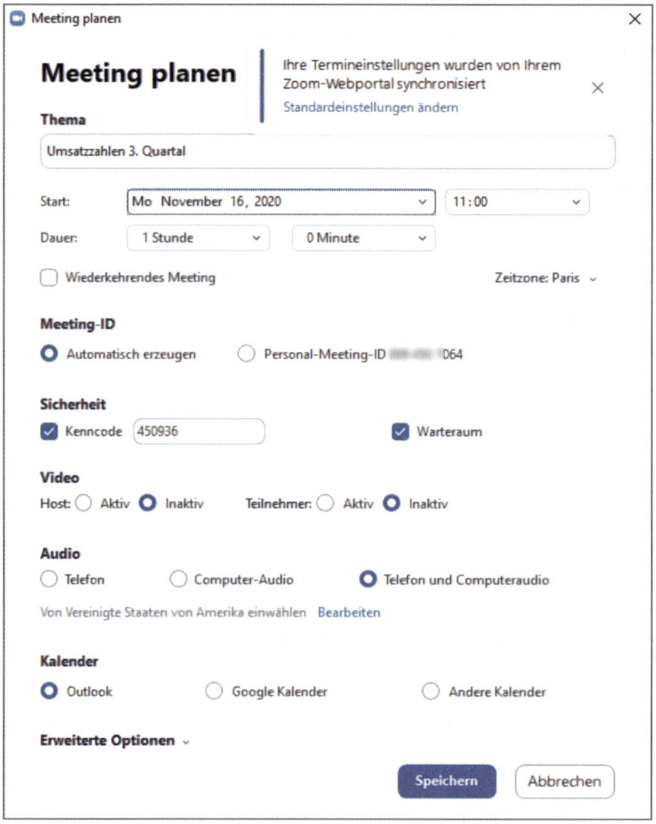

Passen Sie die Voreinstellungen des Fensters nach Ihren Wünschen an

Voreinstellung	**Bedeutung**
Thema	Hier können Sie Ihrem Meeting einen Namen geben.
Start	Legen Sie hier fest, an welchem Tag und zu welcher Uhrzeit das Meeting stattfinden soll.
Dauer	Diese Angabe steuert nicht etwa die tatsächliche Dauer des Meetings, sondern bestimmt lediglich, wie viel Zeit im Kalender für das Meeting veranschlagt bzw. reserviert wird.
Zeitzone	Die Zeitzone wird von Zoom voreingestellt und stützt sich auf die in Ihrem Profil bzw. auf www.zoom.us hinterlegte Angabe der Zeitzone. Im Bedarfsfall kann diese hier entsprechend angepasst werden.
Meeting-ID	Sie können Meetings auch grundsätzlich in einem bestimmten Raum stattfinden lassen. Sie und die möglichen Teilnehmer können sich dann (regelmäßig) zu bestimmten Zeiten in diesem Raum verabreden. Das funktioniert, weil dieser Meeting-Raum von Zoom stets mit derselben Meeting-ID gekennzeichnet wird. Diese Meeting-ID wird als persönliche Meeting-ID (kurz PMI) bezeichnet (mehr Informationen dazu finden Sie in Kapitel 19). Wenn Ihnen das nicht wichtig ist bzw. wenn Sie einen beliebigen Raum nutzen möchten, wählen Sie hier *Automatisch erzeugen*.
Wiederkehrendes Meeting	Aktivieren Sie diese Funktion, wenn Sie ein Meeting planen, das mehrmals bzw. regelmäßig stattfinden soll. Im Menü *Wiederkehr* können Sie dann festlegen, ob das Meeting täglich, wöchentlich oder monatlich stattfinden soll. Liegen für ein wiederkehrendes Meeting aktuell noch keine konkreten Folgetermine vor, wählen Sie den Eintrag *Zu keiner bestimmten Zeit* aus.
Kenncode	Hier können Sie ein Passwort für das Meeting definieren. Ohne dieses Passwort erhalten Teilnehmer keinen Zugang zum Meeting. Lediglich die Teilnehmer, die einen Zoom-Meeting-Link nutzen, müssen das Passwort nicht angeben. Mehr Informationen dazu in Kapitel 2.
Warteraum	Diese Option ist voreingestellt aktiv. Somit landen alle potenziellen Teilnehmer erst einmal in diesem virtuellen Vorzimmer, bevor Sie als Veranstalter des Meetings die Teilnehmer in den eigentlichen Meeting-Raum eintreten lassen. Sie haben also die maximale Kontrolle darüber, wer an Ihrem Meeting tatsächlich teilnehmen kann und wer nicht.
Video	Ist diese Funktion deaktiviert, wird zu Beginn des Meetings die Webcam jedes Teilnehmers zunächst ausgeschaltet, wobei es jedem Teilnehmer überlassen bleibt, ob er seine Kamera dann im Verlauf des Meetings einschaltet.

Voreinstellung	Bedeutung
Audio	Hier können Sie festlegen, welche Audiofunktion die Teilnehmer nutzen dürfen. In den meisten Fällen werden Sie die von vornherein aktive Einstellung *Telefon und Computeraudio* wahrscheinlich nicht ändern wollen. Mehr Information dazu in Kapitel 20.
Kalender	Wählen Sie hier den Kalender, in den Zoom das Meeting eintragen soll.
Teilnehmern die Erlaubnis geben, jederzeit beizutreten	Ermöglicht es den Teilnehmern, am Meeting bereits dann teilzunehmen, wenn Sie bzw. der Moderator noch nicht dazugekommen sind. Beispielsweise weil Sie sich verspätetet haben oder weil bei Ihnen noch ein technisches Problem zu lösen ist. Somit müssen die Teilnehmer in einem solchen Fall nicht auf Sie warten, sondern können bereits in das Meeting eintreten. Dennoch kommen diese (wenn eingestellt) zunächst nur bis in den Warteraum des Meetings.
Teilnehmer beim Eintrag auf Stummschaltung stellen	Sorgt dafür, dass jedes Teilnehmermikrofon zunächst ausgeschaltet wird. Auf diese Weise wird insbesondere am Anfang der Geräuschpegel reduziert bzw. ein akustisches Durcheinander vermieden. Im weiteren Verlauf des Meetings kann jeder Teilnehmer dann selbst entscheiden, ob und wann er sein Mikrofon einschaltet, wenn Sie bzw. der Moderator das grundsätzlich gestatten.
Nur berechtigte Benutzer können teilnehmen: Bei Zoom anmelden	Hierbei handelt es sich um eine weitere Zugangskontrolle. Ist diese Funktion aktiv, müssen Teilnehmer wahlweise bei Zoom eingeloggt sein oder eine firmeninterne Zugangsberechtigung (kann von der IT-Abteilung der Firma festgelegt werden) haben.
Meeting automatisch aufzeichnen	Sorgt dafür, dass das Meeting automatisch bzw. ohne weitere Nachfrage lokal aufgezeichnet wird. Mehr Informationen zu lokalen Aufzeichnungen finden Sie in Kapitel 15.
Alternative Moderatoren	Hier können Sie einen bzw. mehrere alternative(n) Moderator(en) festlegen. Diese können Sie parallel unterstützen oder das Meeting auch vollständig ohne Sie durchführen. Diese Funktion steht auch dann zur Verfügung, wenn Sie sich als Moderator bzw. Host aus dem Meeting über die rote *Verlassen*-Schaltfläche oder das Tastenkürzel Alt+Q zurückziehen. Hier können Sie dann einen neuen Moderator festlegen.

Passen Sie die Voreinstellungen des Fensters Ihren Bedürfnissen entsprechend an und klicken Sie abschließend auf *Speichern*.

Zoom trägt somit den Termin in dem im Fenster markierten Kalender ein (hier Outlook) und öffnet den Entwurf einer Einladungsmail. Das so geplante Meeting wird innerhalb der Zoom-Software im Bereich *Meetings* gelistet.

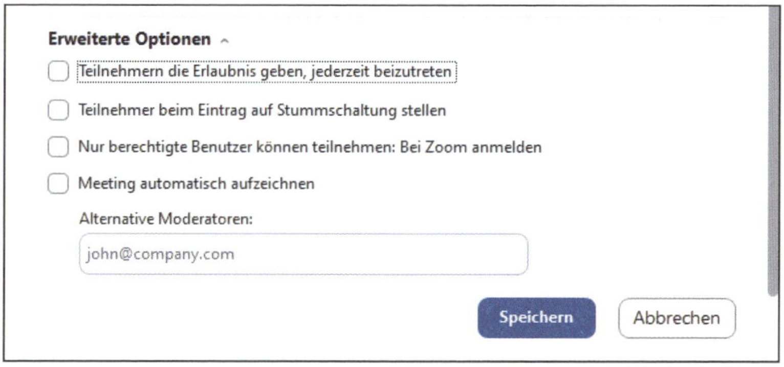

Nach einem Klick auf »Erweiterte Optionen« werden diese Funktionen angeboten

Das geplante Meeting wird im gleichnamigen Bereich der Software gelistet

Änderungen direkt im Zoom-Kalender

Zoom trägt den Termin auch in den von Ihnen angegebenen Kalender ein (z. B. in Outlook). Wenn Sie den Termin oder die Uhrzeit in diesem Kalender ändern, ändert er sich aber nicht im Zoom-Kalender. Nehmen Sie daher entsprechende Anpassungen immer direkt in Zoom vor, also auf der Zoom-Website, in der Zoom-Software oder der Zoom-App. Dadurch werden dann auch die Daten in Ihrem Kalender angepasst.

Wenn Sie Ihr Meeting lieber in Outlook planen möchten, geht das aber auch. Hierzu stellt Zoom ein entsprechendes Plug-in zur Verfügung. Dieses Plug-in sorgt zudem dafür, dass in Outlook vorgenommene Änderungen auch von Zoom bzw. vom Zoom-Kalender übernommen werden. Mehr Informationen dazu finden Sie in Kapitel 7.

6.2 Einladung mit anderen Messengern verschicken

Vor allem im beruflichen Umfeld ist die Einladung per E-Mail nach wie vor der klassische Weg, um zu einer Videokonferenz bzw. zu einem Zoom-Meeting einzuladen. Sie können die Einladungsdaten aber auch jederzeit mit der Schaltfläche *Einladung kopieren* in die Zwischenablage Ihres Systems kopieren, dann in einen Messenger wie WhatsApp oder Signal einfügen und den oder die Teilnehmer auf diesem Weg einladen.

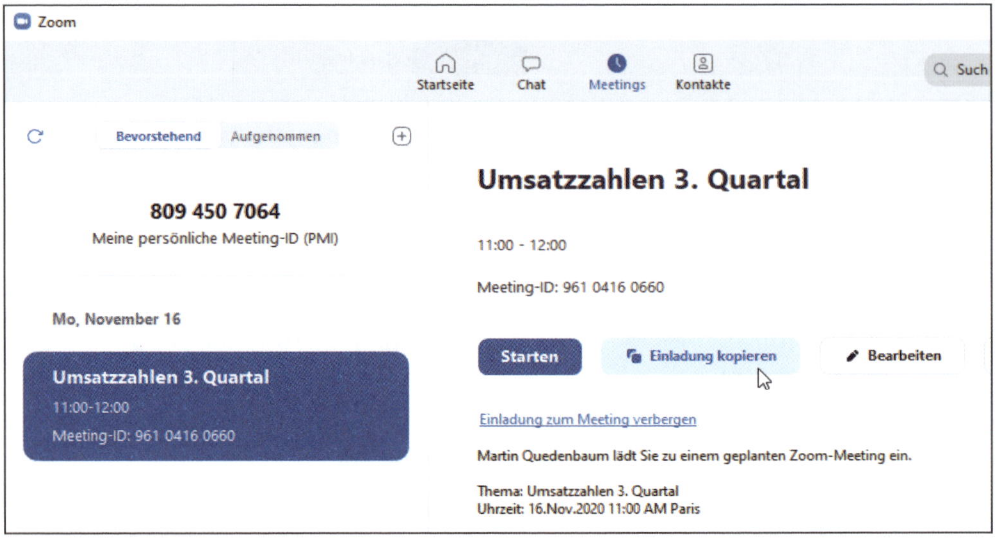

Einladungsdaten in die Zwischenablage kopieren und in andere Programme einfügen

6.3 Meeting-Vorlagen nutzen

In Sachen Meeting-Planung unterstützt Zoom die Nutzung von Meeting-Vorlagen, sodass Sie insbesondere bei ähnlichen Meetings Ihren Planungsaufwand auf ein Minimum reduzieren können. Allerdings wird diese Funktion nur auf der Zoom-Website angeboten. Die Zoom-Software sowie die Zoom-App unterstützen das praktische Feature leider (noch) nicht.

Meeting-Vorlage erstellen

Loggen Sie sich daher auf www.zoom.us ein und rufen Sie über die linke Navigation den Bereich *Meetings* auf. Hier werden Ihnen zukünftige (*Bevorstehend*) und bereits durchgeführte Meetings (*Vorige*) aufgelistet.

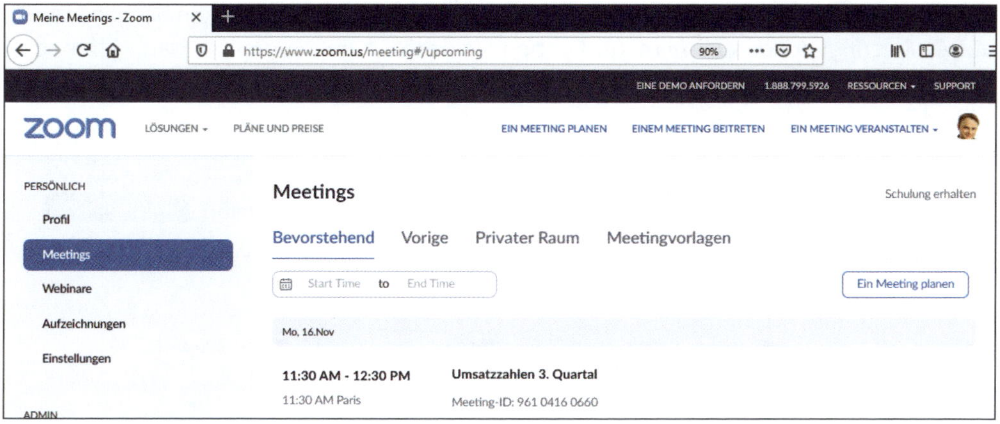

Der Meetings-Bereich

Wählen Sie eines der in diesen beiden Bereichen gelisteten Meetings aus und stellen Sie sicher, dass alle Funktionen so eingestellt sind, wie es die zu erstellende Vorlage erfordert.

Ein Meeting auswählen bzw. rechts auf »Bearbeiten« klicken

Übernehmen Sie die Einstellungen dann mit einem Klick auf die an der Unterseite verfügbare Schaltfläche *Speichern*.

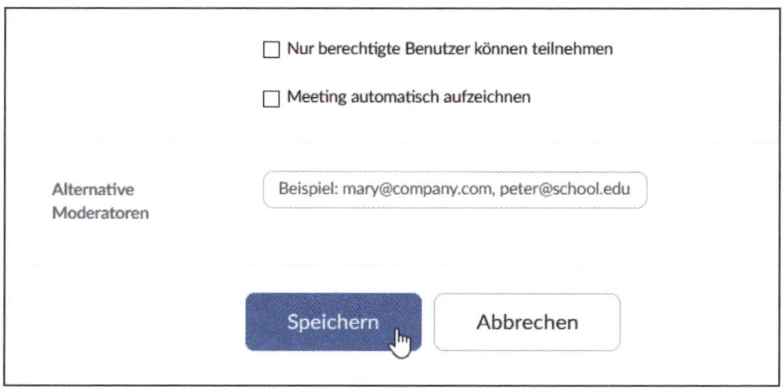

Einstellungen überprüfen und mit »Speichern« übernehmen

Daraufhin wird Ihnen eine Übersicht der Einstellungen angezeigt. Klicken Sie ganz unten auf *Als Meetingvorlage speichern*, und geben Sie der Vorlage in dem sich dann öffnenden Dialogfenster einen Namen. Schließen Sie das Fenster mit einem Klick auf *Als Vorlage speichern*.

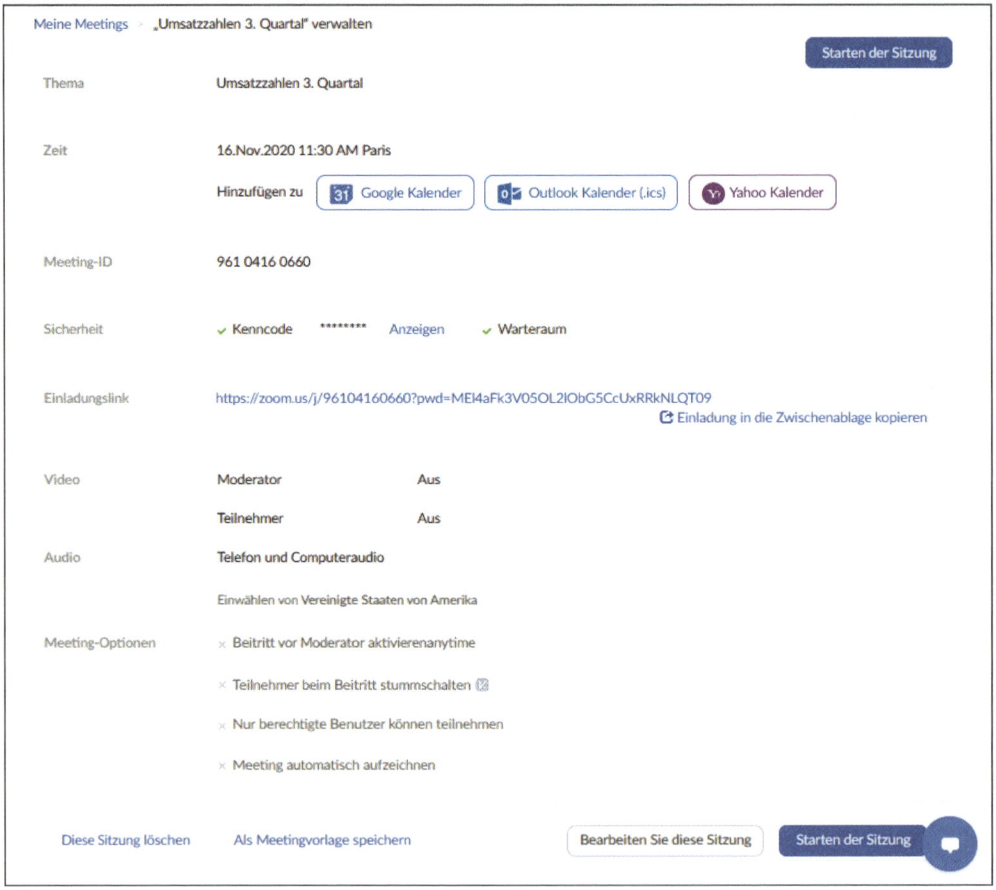

An der Unterseite der Übersicht auf »Als Meetingvorlage speichern« klicken

Die Meetingvorlage benennen

Meeting-Vorlage verwenden

Anschließend ist die so gespeicherte Vorlage im Register *Meetingvorlagen* verfügbar. Um zukünftig ein Meeting auf der Grundlage dieser Vorlage zu erstellen, müssen Sie hier lediglich auf die Schaltfläche *Diese Vorlage verwenden* klicken und individuelle Details wie z. B. Datum und Uhrzeit anpassen.

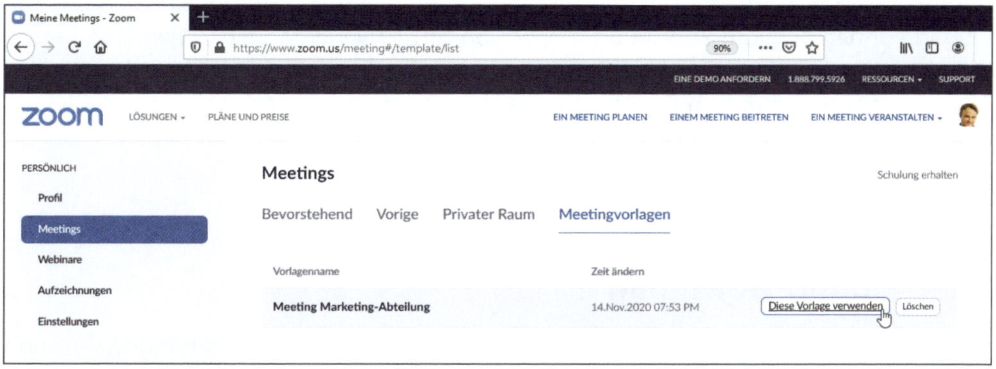

Jetzt kann die Vorlage im Register »Meetingvorlagen« aufgerufen bzw. verwendet werden

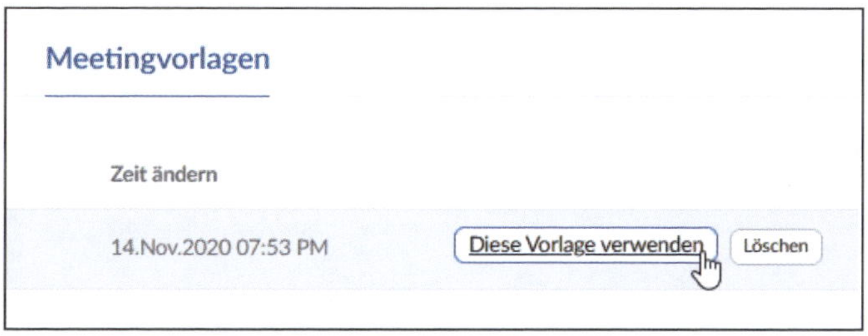

Die Vorlage mit einem Klick auf diese Schaltfläche öffnen

Wie gewohnt schließen Sie das Fenster dann mit einem Klick auf die unten angezeigte Schaltfläche *Speichern*. Damit haben Sie ein Zoom-Meeting auf Grundlage der Vorlage erstellt. Sie finden das neue Meeting im Bereich *Meeting* im Register *Bevorstehend*.

7. Zoom in andere Programme integrieren

Sie können Ihre Zoom-Meetings auch direkt aus anderen Programmen heraus planen und/oder starten. Dazu ist jeweils die Installation eines Plug-ins erforderlich. Das jeweilige Plug-in können Sie vom Zoom-Portal bzw. von https://www.zoom.us/download herunterladen oder die Integration über den App Marketplace vornehmen. Während im Bereich *Downloads* aktuell lediglich Plug-ins für die Integration in Microsoft Outlook, IBM Notes, Intel Unite und Skype for Business angeboten werden, ist das Angebot des App Marketplace erheblich umfangreicher.

7.1 Plug-in-Download

Nachfolgend wird der Ablauf am Beispiel von Microsoft Outlook in der Windows-Version erläutert. Rufen Sie https://www.zoom.us/download auf und laden Sie das *Zoom Plugin für Microsoft Outlook* herunter.

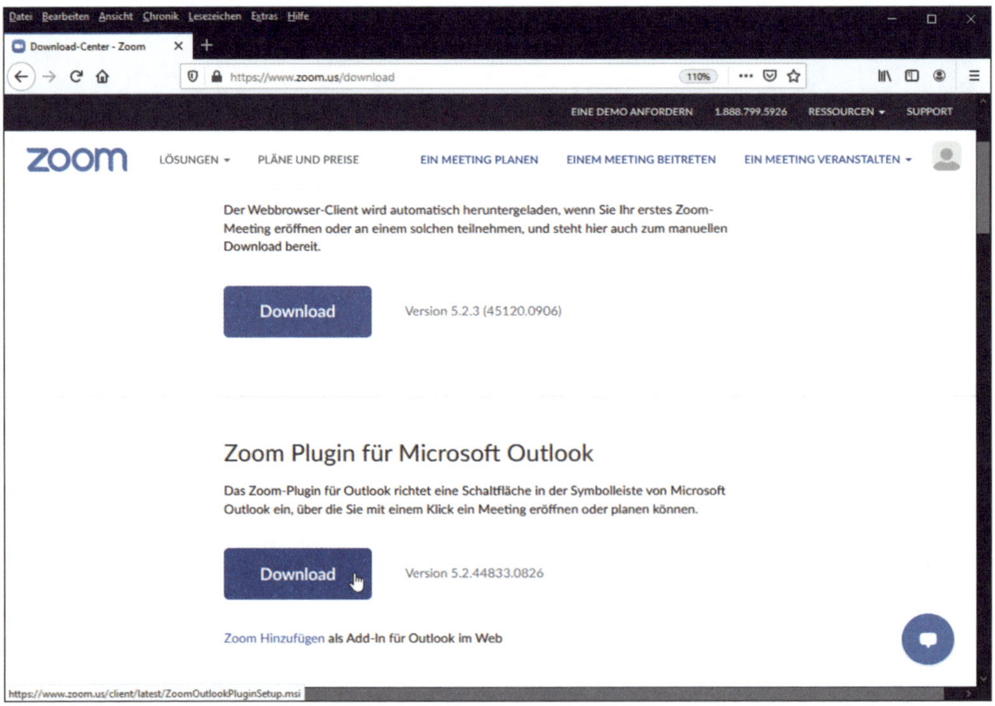

Download des Plug-ins

Achtung!
Stellen Sie vor Installationsbeginn sicher, dass Microsoft Outlook nicht geöffnet ist.

1. Doppelklicken Sie anschließend auf die heruntergeladene MSI-Datei und folgen Sie dem nachstehend abgebildeten Dialog.

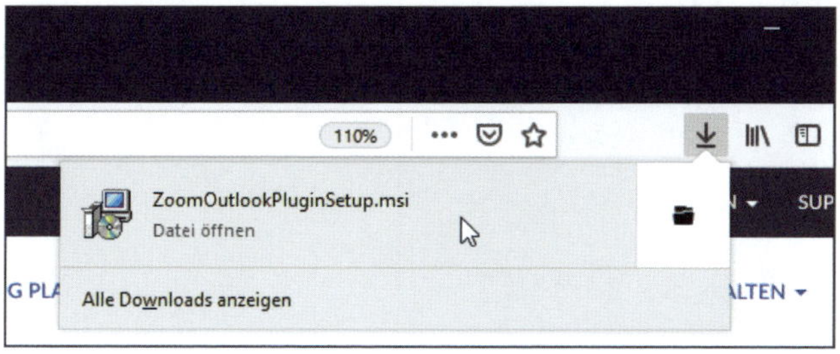

2. Die Warnmeldung in puncto ausführbare Dateien können Sie mit *OK* schließen.

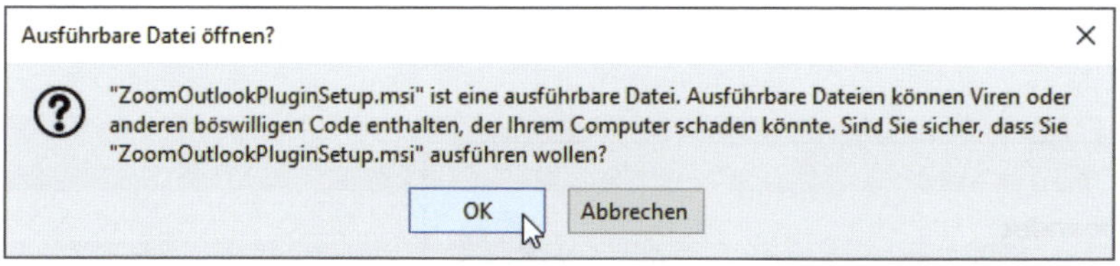

3. Dann heißt Sie der Setup-Assistent willkommen, den Sie mit Klick auf die Schaltfläche *Weiter* fortsetzen. Den vorgeschlagenen Installationsordner können Sie übernehmen oder eine Anpassung vornehmen.

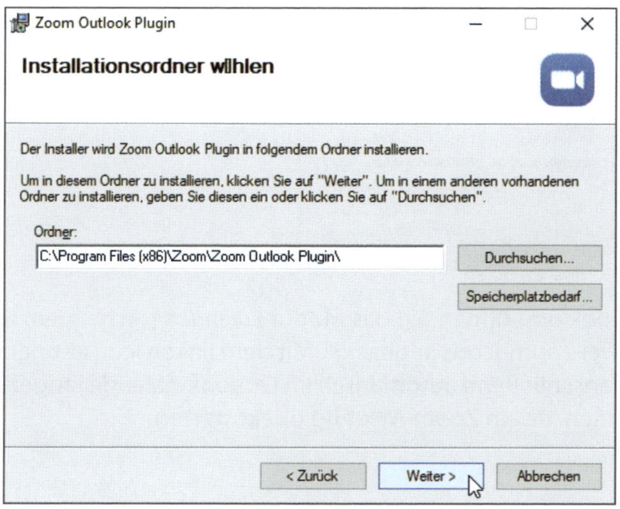

4. Nun starten Sie mit einem Klick auf die Schaltfläche *Weiter* die Installation.

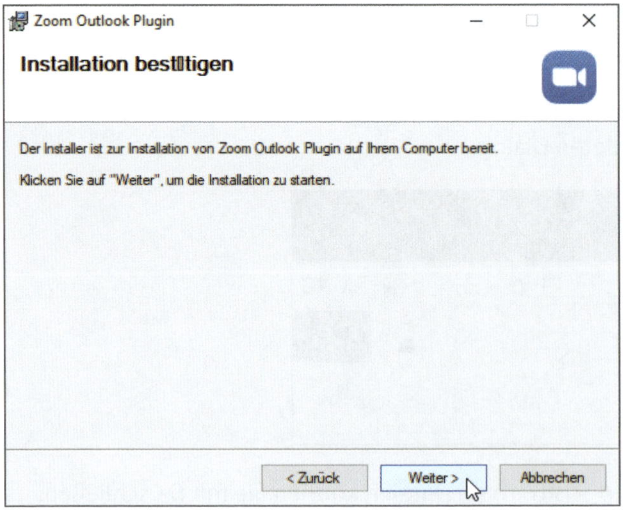

5. Wurde das *Zoom Outlook Plugin* erfolgreich installiert, können Sie das Dialogfenster schließen.

Starten Sie jetzt Microsoft Outlook und öffnen Sie das Modul *Kalender*. Nach einem Klick auf *Start* werden Ihnen oben zwei Zoom-Icons angezeigt. Mit dem linken Icon können Sie ein Zoom-Meeting planen, das anschließend automatisch im Outlook-Kalender angezeigt wird. Mit dem rechten Icon können Sie ein Zoom-Meeting direkt starten.

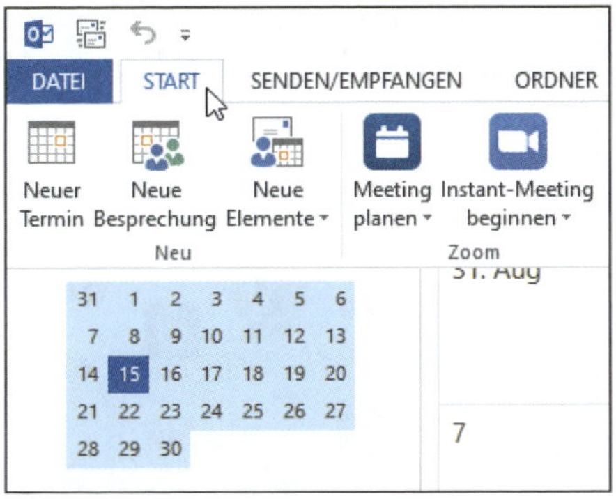

Im Kalender-Modul werden jetzt zwei Zoom-Icons angezeigt

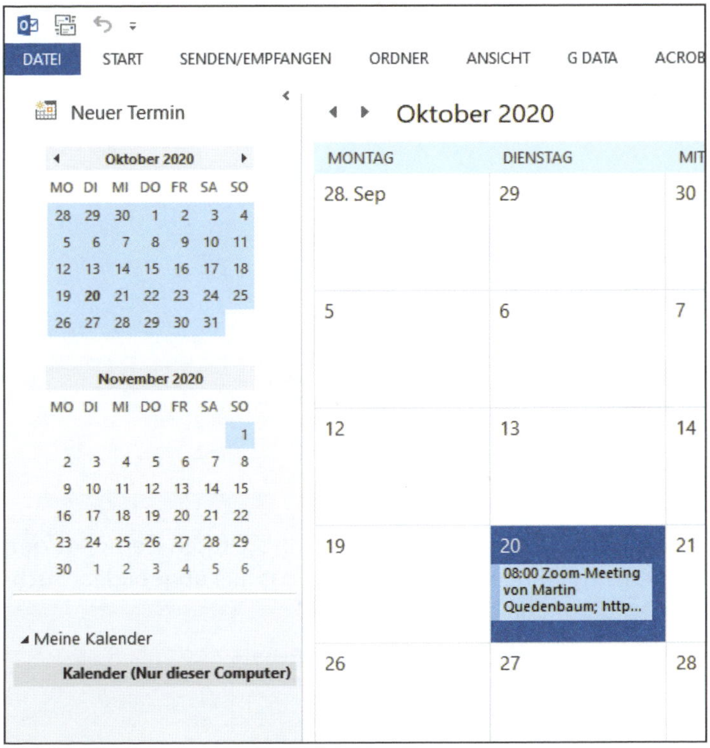

Das geplante Meeting wird automatisch im Kalender angezeigt

7.2 App Marketplace

Zoom kann darüber hinaus auch in andere Programme integriert werden. Hierzu finden Sie auf www.zoom.us im Bereich *Erweitert* den App Marketplace. Bei der Suche nach der unterstützten App Ihrer Wahl können Sie diese auf der linken Seite nach Kategorien filtern, oder Sie geben den Namen der Anwendung in das Suchfeld oben ein.

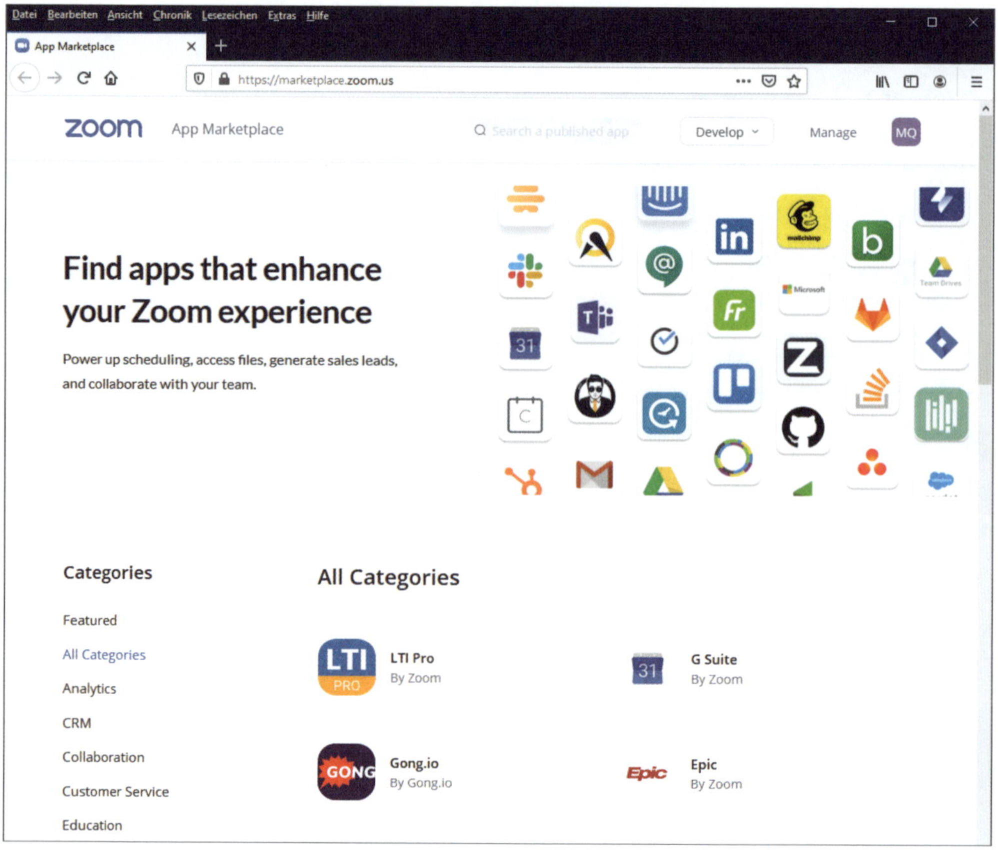

Der App Marketplace

Wenn Sie auf diese Weise beispielsweise den Namen der verbreiteten Lernplattform Moodle in das Suchfeld eingeben, zeigt Ihnen Zoom daraufhin das hier abgebildete Suchergebnis an. Alles Weitere ist jetzt ganz einfach.

Suchergebnis am Beispiel Moodle

Doppelklicken Sie auf das Suchergebnis, aktivieren Sie oben rechts *Pre-approve* und klicken Sie auf *Install*. Nun folgt ein anwendungsspezifischer Installationsprozess, der mit der Integration von Zoom in das von Ihnen gewählte Tool (hier Moodle) endet.

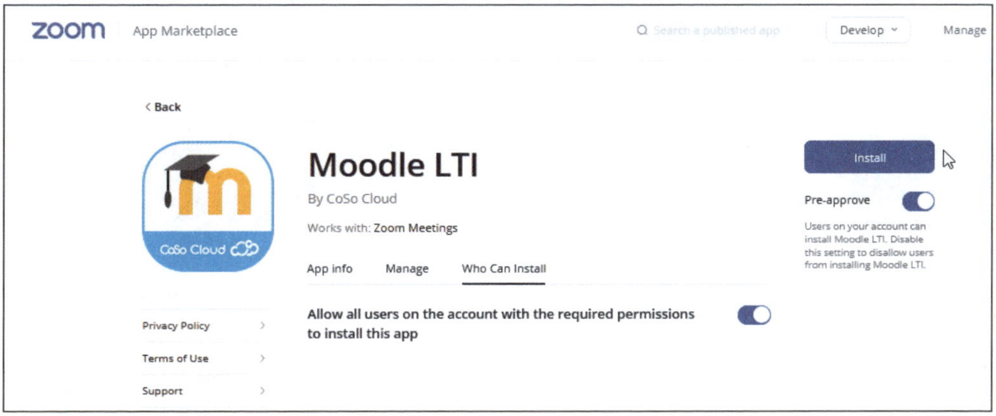

Oben rechts die Integration starten

8. Einladungen anpassen

Nichts ist so beständig wie der Wandel. Sollten sich Dinge eines geplanten Zoom-Meetings ändern, können Sie diesem Umstand jederzeit Rechnung tragen, indem Sie die Planungsdaten des Meetings in der Zoom-Software oder den Bereich *Meetings* öffnen.

Hier finden Sie alle geplanten Meetings aufgelistet vor. Wählen Sie das zu überarbeitende Meeting aus und klicken Sie rechts auf *Bearbeiten*. Passen Sie die Einstellungen in dem sich dann öffnenden Fenster an und verlassen Sie das Fenster mit einem Klick auf die Schaltfläche *Speichern*. Versenden Sie die nun geänderte Einladung erneut.

Nach einem Klick auf »Bearbeiten« kann das links gewählte Meeting angepasst werden

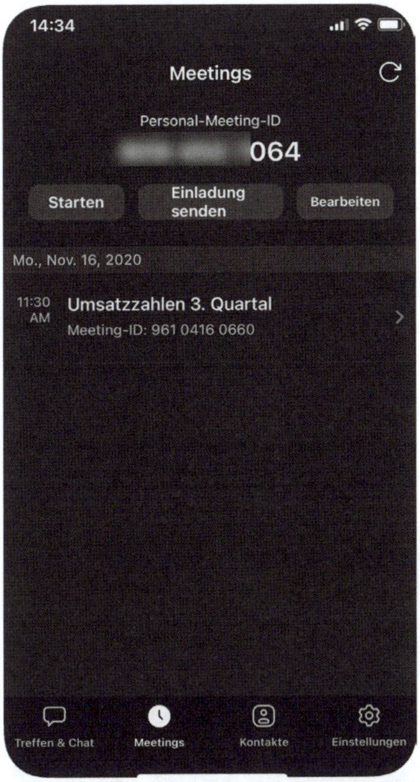

In der Zoom-App ist die nachträgliche Anpassung ebenfalls möglich

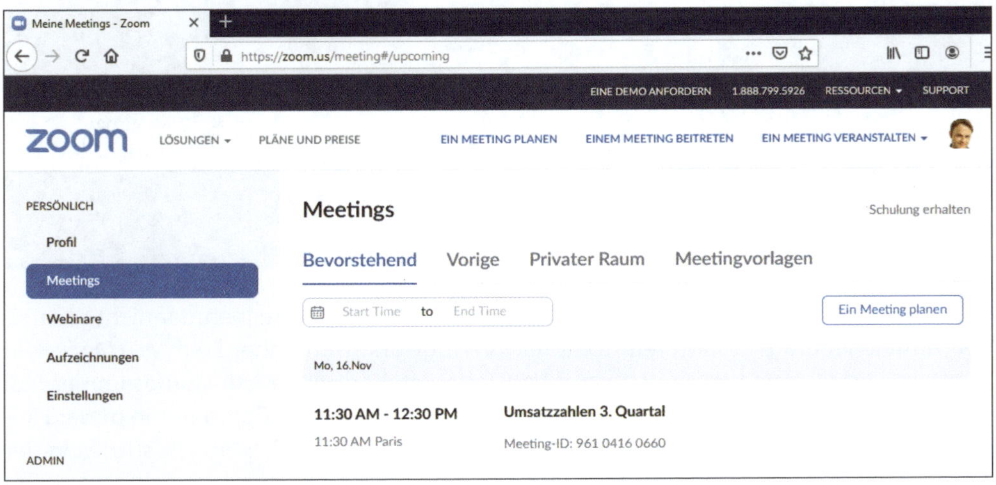

Auf der Zoom-Website können Sie die Daten an dieser Stelle anpassen

8.1 Beschränkung auf das Wesentliche

Die von Zoom automatisch erzeugten Einladungsschreiben enthalten oftmals eine Vielzahl von Informationen, die für viele Anwender keinen direkten Nutzen bieten. Ganz im Gegenteil: Die vielen hier abgebildeten Details machen die Sache eher unübersichtlich.

Aus diesem Grund ist es ratsam, für die eigenen Einladungen nur die Dinge zu verwenden, die für Ihre Zielgruppe auch tatsächlich von Nutzen sein können.

8.2 Einwahlnummern

Wenn Sie sicher sind, dass alle Ihre Teilnehmer über einen Computer mit der notwendigen Audioausstattung verfügen (Mikrofon, Lautsprecher, Kopfhörer, Headset), könnten Sie in Ihrer Einladung beispielsweise vollständig auf die diversen Einwahlnummern verzichten.

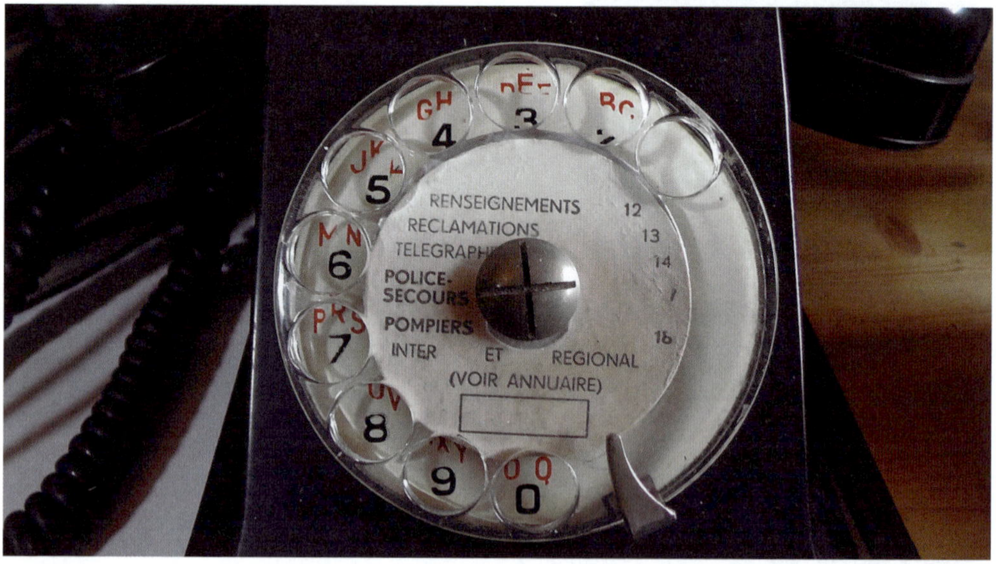

Diese werden mehr oder weniger nur dann benötigt, wenn ein Teilnehmer nicht über einen ausreichend ausgestatteten Computer verfügt und ihm daher kein Mikrofon, kein Kopfhörer oder keine Lautsprecher zur Verfügung stehen. Natürlich kann es immer mal vorkommen, dass ein zuvor eigentlich tadellos funktionierender Computer in dieser Hinsicht Probleme macht. Für diese Zwecke könnten Sie den Link *Ortseinwahl suchen* in der Einladung belassen. Dieser führt zu einer Liste mit länderspezifischen Einwahlnummern.

Auf diese Weise kann der nachstehend abgebildete Zoom-Einladungstext erheblich reduziert bzw. übersichtlicher gestaltet werden. Der hier dargestellte Beispieltext wurde so von 17 Zeilen auf 5 Zeilen reduziert.

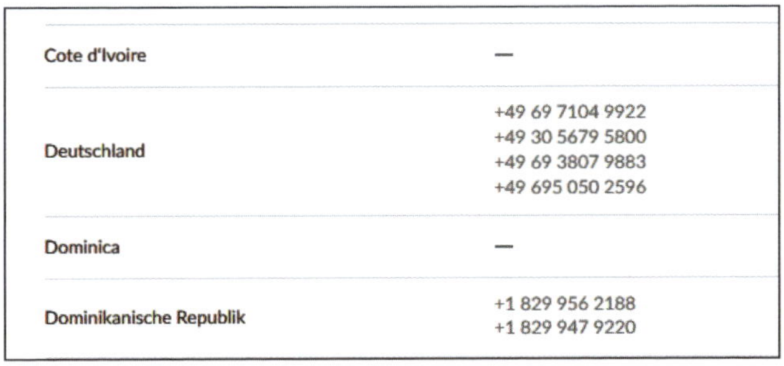

Cote d'Ivoire	—
Deutschland	+49 69 7104 9922 +49 30 5679 5800 +49 69 3807 9883 +49 695 050 2596
Dominica	—
Dominikanische Republik	+1 829 956 2188 +1 829 947 9220

Der Link »Ortseinwahl suchen« führt zu einer Liste mit nationalen Einwahlnummern

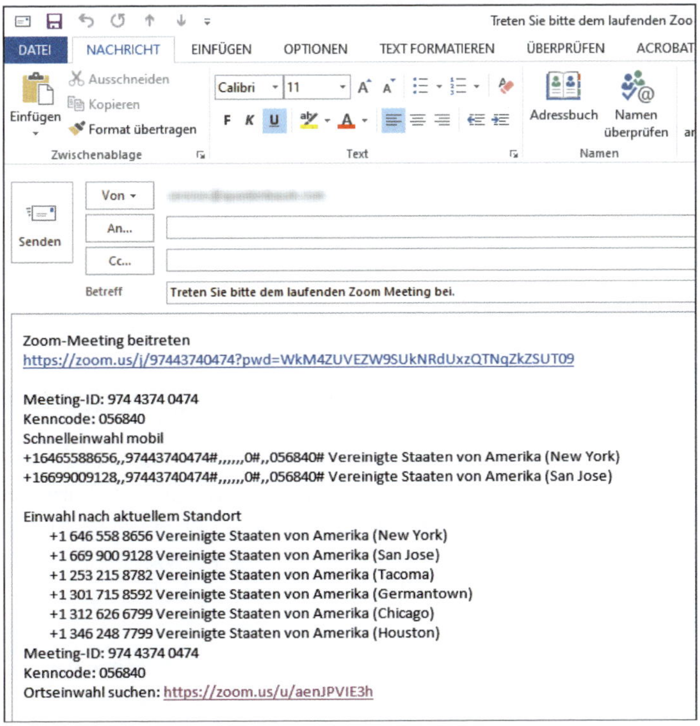

Der von Zoom automatisch generierte Einladungstext

Die reduzierte bzw. optimierte Fassung

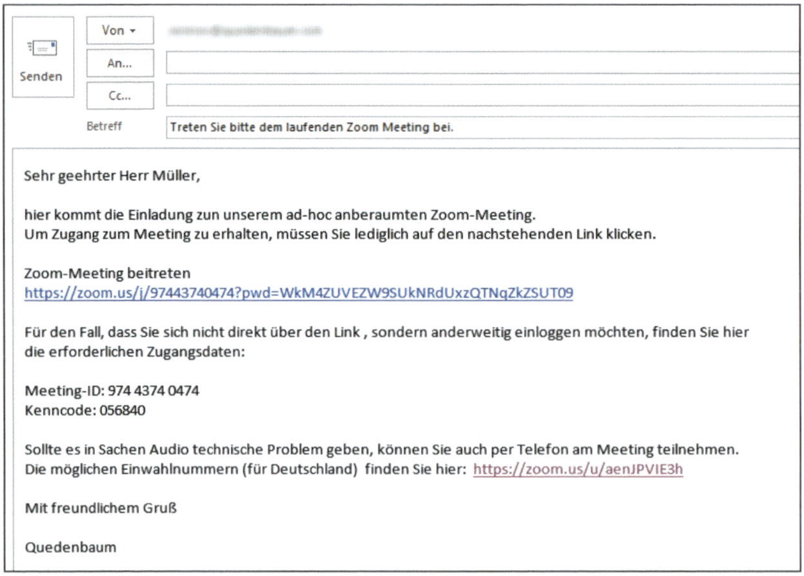
Von
An...
Cc...
Senden
Betreff Treten Sie bitte dem laufenden Zoom Meeting bei.

Sehr geehrter Herr Müller,

hier kommt die Einladung zun unserem ad-hoc anberaumten Zoom-Meeting.
Um Zugang zum Meeting zu erhalten, müssen Sie lediglich auf den nachstehenden Link klicken.

Zoom-Meeting beitreten
https://zoom.us/j/97443740474?pwd=WkM4ZUVEZW9SUkNRdUxzQTNqZkZSUT09

Für den Fall, dass Sie sich nicht direkt über den Link , sondern anderweitig einloggen möchten, finden Sie hier die erforderlichen Zugangsdaten:

Meeting-ID: 974 4374 0474
Kenncode: 056840

Sollte es in Sachen Audio technische Problem geben, können Sie auch per Telefon am Meeting teilnehmen.
Die möglichen Einwahlnummern (für Deutschland) finden Sie hier: https://zoom.us/u/aenJPVIE3h

Mit freundlichem Gruß

Quedenbaum

Individualisierte Einladungsmail

8.3 Logo und eigene Kontaktdaten in der Einladungs-E-Mail

Firmen und Institutionen werden ihre Einladungen jeweils mit ihrem Logo und den üblichen Kontaktdaten ausstatten wollen. Das funktioniert am einfachsten, indem Sie den inhaltlich angepassten bzw. bereinigten Einladungstext einfach in einen auf Ihrer Standard-E-Mail-Vorlage basierenden E-Mail-Entwurf einfügen. Auf diese Weise bleibt Ihr Corporate Design erhalten und Sie haben so gut wie keinen Anpassungsaufwand.

Einladungsseite verwenden und mit eigenen Grafiken (Logo, Header) ausstatten

Zudem haben Sie die Möglichkeit, eine Einladungsseite bzw. Registrierungsseite zu verwenden und diese mit Ihrem Branding auszustatten. Diese Seite wird immer dann erzeugt, wenn Sie beim Planen des Zoom-Meetings die Funktion *Registrierung erforderlich* ausgewählt haben.

Einladung bei Registrierung

Sie können die Einladung der »Zuschauer« an eine Registrierung knüpfen. Registrierungen beinhalten in der Regel gewisse Pflichtangaben. Im Rahmen einer Zoom-Registrierung sind das der Vorname und die E-Mail-Adresse. Mehr Informationen dazu finden Sie in Kapitel 27.

Diese Funktion wird allerdings nur bei der Planung auf www.zoom.us bereitgestellt. Nachdem Sie das Planungsfenster mit *Speichern* geschlossen haben, wird Ihnen wie gewohnt eine Übersicht der Planung angezeigt.

Die Funktion »Registrierung«

Hier können Grafiken (Logo, Banner) auf die Einladungsseite hochgeladen werden

Die so gestaltete Seite sehen die Eingeladenen, wenn sie auf den Einladungs- bzw. Registrierungslink klicken. Um die Seite vorher bzw. selbst in Augenschein nehmen zu können, müssen Sie lediglich den etwas weiter oben befindlichen *Registrierungslink* anklicken.

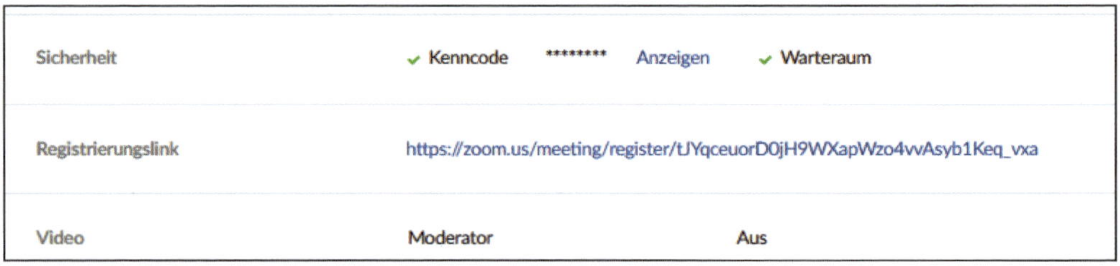

Auf diesen Link klicken, um die Seite zu betrachten

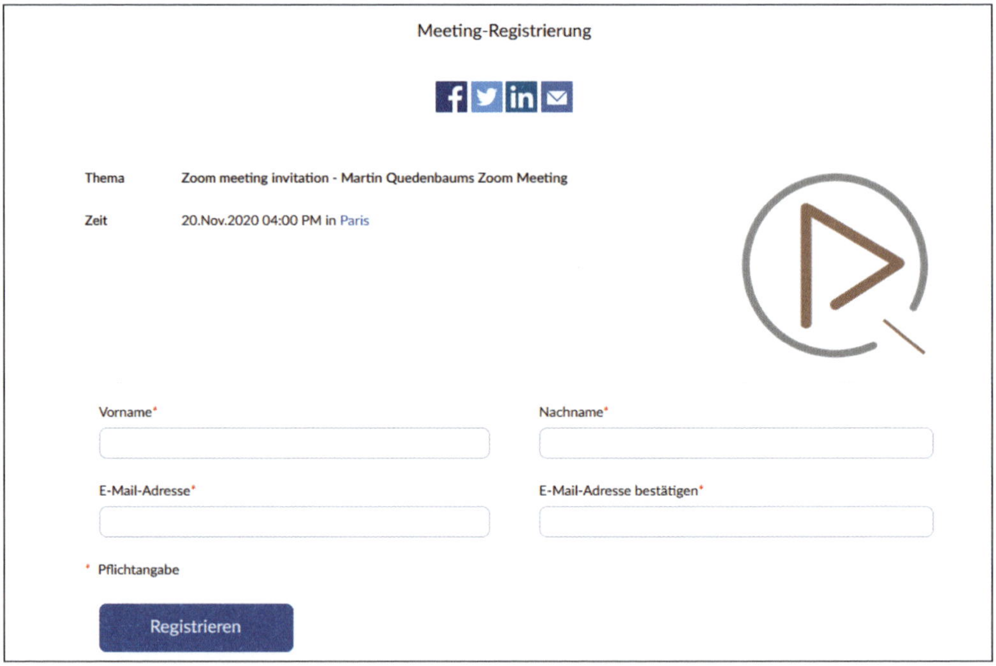

Mit individuellem Logo ausgestattete Einladungsseite

9. Vorbereitung ist alles

Damit Ihr Meeting ein Erfolg wird, gilt es, bereits im Vorhinein einige Dinge zu bedenken bzw. vorzubereiten.

9.1 Digitale Inhalte bereithalten

Wenn Sie im Rahmen des Meetings bestimmte Inhalte präsentieren bzw. teilen möchten, sollten Sie diese Daten idealerweise im Rahmen der Vorbereitung an einem Ablageort Ihres Systems sammeln. Das macht einen professionellen Eindruck und vermeidet Suchstress.

9.2 Präsentation spezieller Inhalte vorher testen

Wenn Sie komplexere Daten oder Präsentationen vorstellen möchten, empfiehlt es sich, das einmal zu testen. Überprüfen Sie beispielsweise, ob eine vielleicht auf einem anderen Computer vorbereitete Präsentation mit der auf Ihrem Computer installierten Präsentationssoftware bzw. mit der installierten Version problemlos bzw. fehlerfrei läuft. Wenn Sie in dieser Hinsicht alle Risiken und Fallstricke ausschließen möchten, überprüfen Sie darüber hinaus auch noch, ob die Präsentation in Verbindung mit Zoom und mit der von Zoom angebotenen Bildschirmfreigabe funktioniert.

9.3 Webcam auf Augenhöhe platzieren

Viele Menschen empfinden es als unvorteilhaft, von unten fotografiert bzw. gefilmt zu werden. Das können Sie vermeiden, wenn Sie Ihre Webcam auf Augenhöhe platzieren. Das unterstützt zudem das »Augenkontakt-Gefühl« bei den anderen Meeting-Teilnehmern. Insbesondere bei kleineren Notebooks ist das allerdings nicht ganz so einfach. Hier sollten Sie erwägen, eine zusätzliche bzw. externe Webcam anzuschaffen. Diese können Sie dann auf einem Stativ hinter Ihrem Notebook platzieren.

Auflösung bei Webcam

Achten Sie beim Kauf einer Webcam auf die unterstützte Auflösung. Mittlerweile ist auch bei diesem Kameratyp die weitverbreitete Full-HD-Auflösung (1.920 x 1.080) mehr oder weniger Standard. Kameras mit geringeren Auflösungen (z. B. 1.280 x 720) sollten Sie wegen der Bildschärfe bzw. Bildqualität besser meiden.

9.4 Webcam vor Beginn des Meetings ausrichten

Stellen Sie sicher, dass Ihre Webcam Sie gut erkennbar und nicht abgeschnitten darstellt. Zoom bietet dazu eine Vorschaufunktion, mit deren Hilfe Sie Ihre Kamera ausrichten können, bevor Sie dem Zoom-Meeting beitreten. Das gilt natürlich in erster Linie für externe Webcams. Diese können oftmals einfach auf den Rahmen des Computermonitors an einer beliebigen Stelle »aufgelegt« werden, womit die »geforderte« Augenhöhe in den meisten Fällen erreicht werden dürfte. Dank Klapp-, Neige- und Drehgelenken können sich solche Webcams nach hinten bzw. auf die Rückwand des Monitors stützen und oftmals etwas (zumindest nach oben oder unten) geschwenkt werden, um somit den Bildausschnitt entsprechend anpassen zu können.

9.5 Augenkontakt-Gefühl

Schauen Sie möglichst genau in die Kamera und nicht einfach in die Mitte des Monitors. So erzeugen Sie bei den anderen Teilnehmern den Eindruck von Blickkontakt. Verschieben Sie dazu gegebenenfalls die Videominiatur eines Teilnehmers in die Nähe der von Ihnen verwendeten Webcam. Wenn Sie dem Teilnehmer bei der Unterhaltung in die Augen schauen, sehen Sie somit ziemlich genau in Ihre Webcam. Auf diese Weise können Sie einen besseren »Augenkontakt« erreichen.

9.6 Setzen Sie sich ins rechte Licht

Genauso wichtig wie die Ausrichtung der Webcam ist die Lichtsituation. Achten Sie daher bei der Wahl des Standorts darauf, dass Ihre Umgebung hell genug ist und Sie die hellste Lichtquelle tendenziell eher vor als hinter sich haben. Stellen Sie dabei sicher, dass Ihr Gesicht möglichst gleichmäßig und ohne übermäßige Schattenbildung beleuchtet wird. Platzieren Sie im Zweifelsfall eine Lichtquelle hinter bzw. seitlich versetzt neben Ihrer Webcam. Hierzu gibt es im Handel sehr praktische LED-Lichtquellen. Für externe Webcams gibt es zudem Stativlösungen, bei denen die Webcam in einem ringförmigen Licht montiert wird. Diese Ringlichter stammen ursprünglich aus der Studiofotografie und gewährleisten eine gleichmäßige Ausleuchtung.

Mit Zoom aufhellen

Bei ungünstigen Lichtverhältnissen können Sie das Bild mithilfe einer Zoom-Funktion in begrenztem Umfang aufhellen (siehe Kapitel 14.1).

9.7 Angemessenen Hintergrund verwenden

Verwenden Sie wahlweise einen dem Meeting entsprechenden virtuellen oder realen Hintergrund. Insbesondere dann, wenn Sie im Homeoffice arbeiten sollten, gilt es, den Bildeindruck zu professionalisieren und private bzw. unpassende Elemente aus dem Sichtfeld der Webcam zu verbannen.

9.8 Kopfhörer bzw. Headset verwenden

Grundsätzlich können Sie bei einem Zoom-Meeting auch die Lautsprecher Ihres Computersystems verwenden. Bei einem eigenen Redebeitrag bzw. wenn Ihr Mikrofon eingeschaltet ist, kann es dann aber zu unschönen Halleffekten und zur Rückkopplung kommen. Um das zu vermeiden, sollten Sie besser Kopfhörer bzw. ein Headset verwenden. Die Mikrofone der Headsets sind in der Regel auch deutlich besser als die in externen Webcams oder in Notebooks verbauten Mikrofone. Diese klingen oftmals blechern und dumpf. Vielleicht möchten Sie anstelle eines soliden Headsets lieber mehr oder weniger unsichtbare In-Ear-Kopfhörer mit Mikrofon verwenden. Probieren Sie es im Zweifelsfall einfach mal aus – aber bitte im Vorfeld des Meetings.

10. So starten Sie ein geplantes Meeting

Beginnen Sie ein zuvor geplantes bzw. angelegtes Meeting, indem Sie im Bereich *Meetings* der Zoom-Software bzw. bei dem hier gelisteten Meeting auf *Starten* klicken.

Hinweis

Dieser Schritt ist auch in der Zoom-App oder auf www.zoom.us möglich.

Daraufhin öffnet sich das Zoom-Fenster. In einem ersten Schritt müssen Sie (je nach Voreinstellung) Ihre Teilnehmer erst einmal in das Meeting einlassen, da diese aus Sicherheitsgründen zunächst nur den Warteraum betreten dürfen.

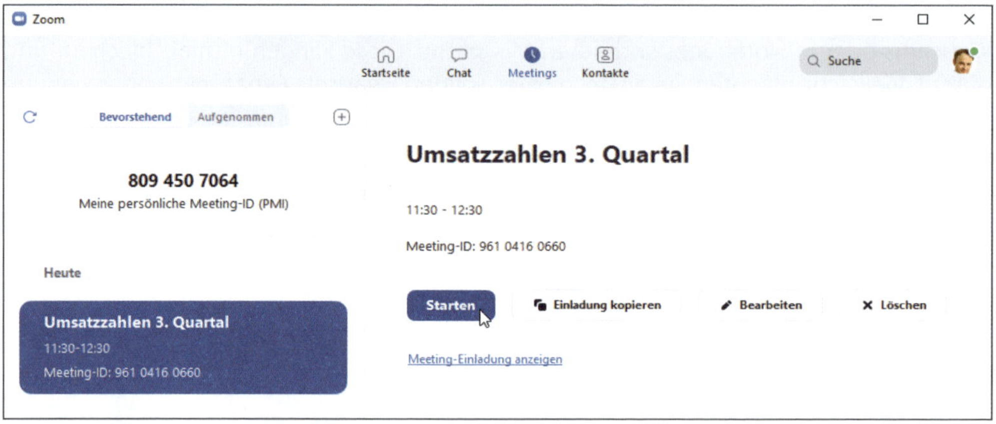

10.1 Der Warteraum

Diese Funktion ist in Zoom voreingestellt eingeschaltet. Somit landen alle potenziellen Teilnehmer erst einmal in diesem virtuellen Vorzimmer, bevor Sie bzw. der Veranstalter des Meetings diese in den eigentlichen Meeting-Raum eintreten lassen.

Auf diese Weise haben Sie die maximale Kontrolle darüber, wer an Ihrem Meeting tatsächlich teilnehmen kann und wer nicht.

Hinweis

Im Warteraum können sich Teilnehmer weder sehen noch unterhalten.

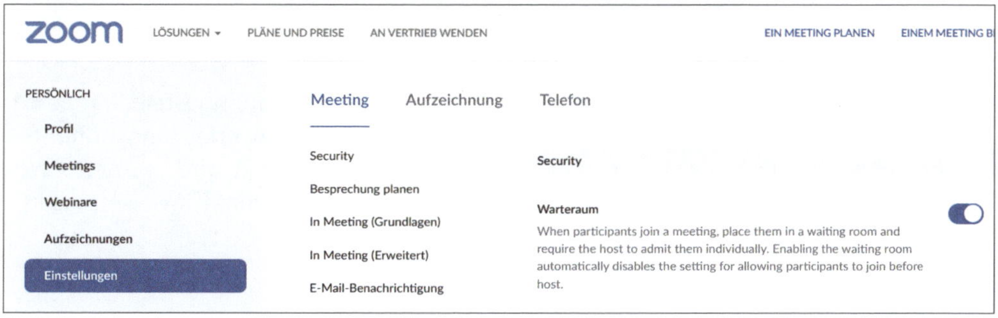

In den Voreinstellungen ist der Warteraum voreingestellt aktiviert

Der Warteraum geht auf das Problem des sogenannten Zoom-Bombing zurück. Wenn man den im Internet nachzulesenden Storys Glauben schenken darf, sind digitale Flegel hier und da in Zoom-Meetings hereingeplatzt und haben unschöne Dinge zum Besten gegeben. Den Zugang zu den Meetings haben sich diese auch als Trolle bezeichneten Rüpel offenbar auf zwei Wegen verschafft.

Zum einen haben sie im Web bzw. auf Social-Media-Kanälen geteilte Meeting-IDs verwendet, zum anderen haben sie bei der Anmeldung einfach erratene Meeting-IDs eingegeben.

Im Web finden sich Berichte, dass diese Trolle dann während des Meetings beispielsweise obszöne Bilder oder Videos geteilt und die regulären Teilnehmer fassungslos zurückgelassen haben. Mit dem Warteraum können Sie solch ungebetenen Gästen einen Riegel vorschieben.

At Risk Meeting Notifier

An dieser Stelle hat Zoom den Bösewichten gezielt etwas entgegengestellt. Mit dem *At Risk Meeting Notifier* scannt Zoom das Web bzw. soziale Netzwerke, um veröffentlichte Zoom-Meeting-IDs aufzuspüren. Wenn die Funktion fündig wird, warnt Zoom den Moderator bzw. Host via E-Mail. In der Mail finden sich zudem Hinweise, was in einem solchen Fall zu tun ist.

10.2 Warteraumansicht anpassen

Während sich die Teilnehmer im Warteraum befinden, sehen sie die Warteraumansicht. Inhaber einer Pro-Lizenz können den Look bzw. den Begrüßungstext dieser Warteraumansicht auch anpassen.

Um die Warteraumansicht zu optimieren, loggen Sie sich auf www.zoom.us ein und wählen im Bereich *Einstellungen* bzw. im Tab *Meeting* den Eintrag *Customize Waiting Room*. In dem sich dann öffnenden Fenster können Sie den in der Warteraumansicht dargestellten Text anpassen und eine Grafik (z. B. Ihr Firmenlogo) hochladen.

So sehen Teilnehmer den Warteraum eines Meetings

Unter »Einstellungen/Meeting« auf »Customize Waiting Room« klicken

In diesem Dialogfenster können die Anpassungen vorgenommen werden

Die Schaltfläche »Eintreten lassen« wird an der Oberseite des Zoom-Fensters angezeigt

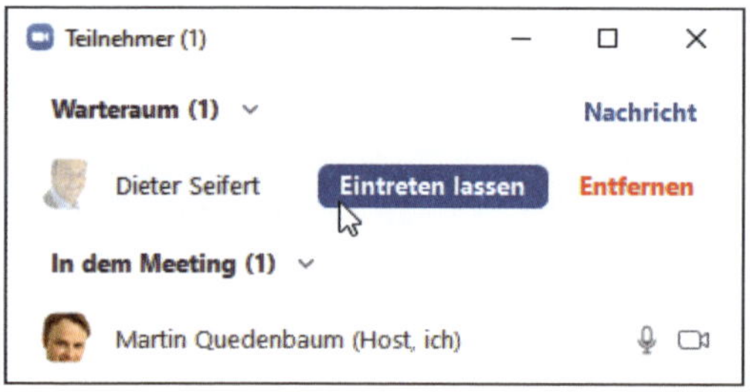

Zudem wird die Schaltfläche auch im Teilnehmerbereich zur Verfügung gestellt

Das Fenster »Zoom Meeting« während eines Meetings mit zwei Teilnehmern

Diverse Steuerungsmöglichkeiten

Wenn Sie den Cursor über einem der dargestellten Videos platzieren, erscheint ein blaues Symbol mit drei Punkten. Hier stellt Zoom diverse Befehle zur Verfügung. Neben den für alle Teilnehmer verfügbaren Pin-Fenstersteuerungsbefehlen (siehe Kapitel 2.6) gibt Zoom dem Moderator bzw. Host eines Meetings diverse Steuerungsmöglichkeiten vor.

Beispielsweise besteht hier die Möglichkeit, einen Teilnehmer stummzuschalten, zurück in den Warteraum zu stellen oder mit dem Befehl *Meldung läuft* einen »auffälligen« Teilnehmer direkt an Zoom zu melden (siehe dazu auch Kapitel 11.9).

11. So verhalten Sie sich in einem Meeting

Einige Verhaltensweisen, die ein analoges Meeting angenehm ablaufen lassen, sind auch für ein Zoom-Meeting wichtig.

11.1 Handy aus- oder stummschalten

Wie bei konventionellen Meetings gilt auch bei Videokonferenzen: Handys aus- oder stummschalten. Gleiches gilt für das Festnetztelefon und den Anrufbeantworter.

11.2 Pünktlichkeit

Bei einem normalen Meeting reicht es, wenn Sie pünktlich auf die Minute erscheinen. Bei einem Zoom-Meeting sollten Sie dagegen immer einen zeitlichen Puffer einkalkulieren, um eventuell auftretende technische Probleme beseitigen zu können. Starten Sie Zoom am besten einige Minuten vor dem Beginn des Meetings. Nutzen Sie die Zeit, um sich zu sammeln und die wichtigsten Dinge zu checken.

11.3 Hallo und guten Tag

Begrüßen Sie beim »Betreten« des Meetings die anderen Teilnehmer. Wenn Sie ein eventuell stattfindendes Gespräch nicht stören möchten, können Sie auch eine kurze Chat-Nachricht mit einem »Hallo« an alle schicken.

Begrüßen Sie die anderen Teilnehmer

11.4 Bei Sendepause Mikrofon stummschalten

Wenn Sie nicht sprechen, schalten Sie Ihr Mikrofon bitte stumm. Das ist vor allem dann wichtig, wenn auch noch andere Leute oder Teilnehmer mit Ihnen im selben Raum sind. Indem das alle Teilnehmer so halten, werden mögliche Störgeräusche deutlich reduziert.

Stummgeschaltetes Mikrofon

11.5 Frage bzw. Redebeitrag ankündigen (Hand heben)

Um zu verhindern, dass in einem Meeting zwei Teilnehmer gleichzeitig mit einer Wortmeldung loslegen, sollten Sie kurz zuvor die virtuelle Hand heben. Verwenden Sie dazu das Tastenkürzel Alt+Y. Daraufhin wird in Ihrer Selbstansicht eine weiße Hand auf blauem Grund dargestellt. Zeitgleich erscheint im Zoom-Fenster des Moderators der Hinweis »... hob die Hand«.

Auf diese Weise kann der Moderator Ihren Sprechwunsch erkennen und Ihnen bei nächster Gelegenheit das Wort erteilen. Die anderen Teilnehmer können die von Ihnen oder einem anderen Teilnehmer gehobene Hand hingegen nicht sehen.

11.6 Geben Sie Feedback

So wie im richtigen Leben können Sie auch im Rahmen eines Zoom-Video-Meetings nonverbales Feedback geben. Bei einer Videokonferenz hat das den Vorteil, dass Sie Ihr Mikrofon nicht extra einschalten müssen und die aktuelle Wortmeldung nicht durch einen zustimmenden Zwischenruf unterbrechen müssen.

In einer Videokonferenz heben Sie die Hand besser digital mit dem Tastenkürzel Alt+Y

Hier stehen Ihnen neben den gängigen Gesten – beispielsweise zustimmendes Nicken oder der nach oben gerichtete Daumen – auch diverse digitale Optionen zur Verfügung.

Links oben erscheint in der Selbstansicht das Handsymbol

Im Zoom-Fenster des Moderators erscheint dieser Hinweis

11.7 Frage bzw. Redebeitrag zurückziehen (Hand senken)

Wenn Sie es sich anders überlegt haben oder wenn sich die Fragestellung durch eine Information des Vorredners bereits erledigt hat, können Sie die gehobene Hand jederzeit wieder senken. Verwenden Sie dazu einfach das Tastenkürzel erneut, oder klicken Sie mit dem Cursor auf das in Ihrer Selbstansicht dargestellte Handsymbol.

Der Moderator kann eine gehobene Hand ebenfalls mit einem Klick auf das in der linken oberen Ecke der Videodarstellung des jeweiligen Teilnehmers dargestellte Handsymbol senken.

Mit einem Klick kann die Hand auch wieder gesenkt werden

Hinweis

Wenn Sie nichts sagen möchten bzw. wenn Sie einer längeren Wortmeldung zuhören, sollten Sie stets Ihr Mikrofon stummschalten. So tragen Sie dazu bei, dass der Anteil der Stör- und Hintergrundgeräusche reduziert wird und der jeweils Sprechende besser zu verstehen ist.

11.8 Symbole verwenden

Klicken Sie in der Meeting-Kontrollleiste auf die Schaltfläche *Reaktionen* und anschließend auf das Symbol Ihrer Wahl, beispielsweise die klatschenden Hände oder das Daumen-hoch-Symbol.

Die Icons Daumen hoch und Klatschen im voreingestellten Hautton

Das gewählte Symbol erscheint daraufhin in der linken oberen Ecke Ihres bei den Teilnehmern dargestellten Videobildes. Das Symbol ist für zehn Sekunden zu sehen, wobei dieser Zeitraum nicht veränderbar ist. Somit können Sie den anderen Teilnehmern deutlich machen, wie Sie eine bestimmte Aussage bewerten.

Links oben können Reaktionen (Icons) angezeigt werden

Zudem können Sie auch noch weitere Icons im Benutzerbereich verwenden. Diese werden auch nur im Benutzerbereich dargestellt. Damit diese Icons zur Verfügung stehen, muss der Host bzw. Moderator sie in seinen Einstellungen auf www.zoom.us zusätzlich aktivieren. Dazu wählen Sie zunächst auf der linken Seite das Register *Einstellungen* an und scrollen dann in etwa zur Hälfte des dargestellten Einstellungsbereichs. Voreingestellt ist hier die Funktion *Reaktionen auf Meeting* aktiv. Diese stellt die oben erläuterten Funktionen bereit bzw. ermöglicht deren Verwendung. Die Funktion *Feedback ohne Worte* ist hingegen voreingestellt deaktiviert und muss daher einmalig bzw. vor der Sitzung aktiviert werden.

Voreinstellungen

Vielleicht werden diese Symbole auch deshalb nicht voreingestellt angeboten, weil einige davon nicht ganz so eindeutig ausgefallen sind. Wenn man den Cursor über einem der Symbole platziert, wird dieses Symbol daher von Zoom noch mal erläutert. Nachstehend eine Schnellübersicht (von links nach rechts): Ja, Nein, langsamer, schneller, nicht gefallen, gefallen, klatschen, Pausen-Vorschlag, zeitweise Abwesenheit.

Feedback-Symbole an der Unterseite des Teilnehmerbereichs

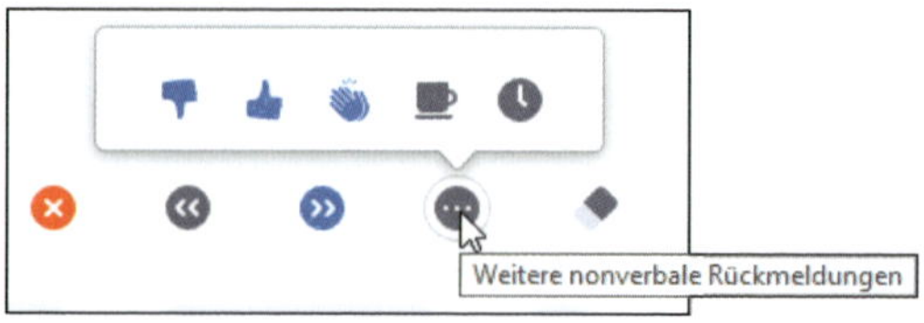

Weitere Feedback-Symbole

11.9 Achten Sie auf Sicherheit

Auf der linken Seite der Meeting-Kontrollleiste findet sich die Schaltfläche *Sicherheit*. Bezeichnung und exponierte Lage der Schaltfläche verdeutlichen die Bedeutung, die den hier verfügbaren Befehlen zukommt.

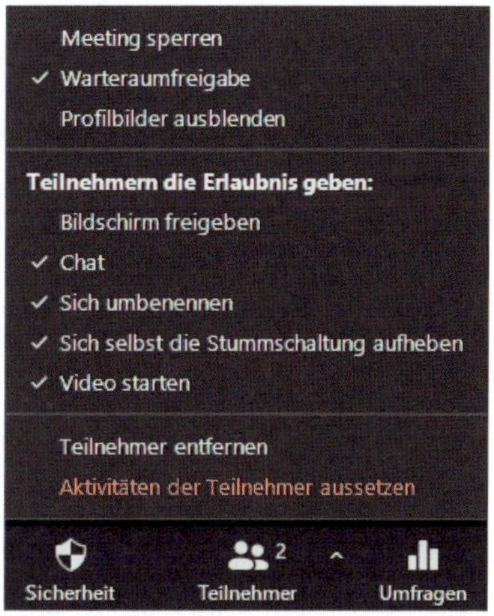

Das Menü der Schaltfläche »Sicherheit«

Schotten dicht – das Meeting sperren

Mit dem Befehl *Meeting sperren* verhindern Sie jeden weiteren Zugang zum aktuellen Meeting. Nutzen Sie diese Funktion beispielsweise dann, wenn alle von Ihnen eingeladenen Teilnehmer dem Meeting beigetreten sind und Sie darüber hinaus keine weiteren Teilnehmer mehr erwarten. Auf diese Weise schützen Sie Ihr Meeting wirkungsvoll vor ungebetenem Besuch (siehe Kapitel 10). Weitere Einschränkungen sind mit dieser Funktion nicht verbunden.

Nutzen Sie die virtuelle Sicherheitsschleuse

Wenn die Funktion *Warteraumfreigabe* aktiv ist, können alle Meeting-Teilnehmer zunächst nur einen virtuellen Warteraum betreten, aus dem sie dann von Ihnen in Ihrer Rolle als Moderator bzw. Host aktiv in das Meeting eingelassen werden müssen. Mehr Informationen dazu finden Sie in Kapitel 10.

Profilbilder ausblenden

Ist die Webcam eines Teilnehmers deaktiviert, wird anstelle seines Videobildes sein Profilbild gezeigt (mehr Informationen dazu in Kapitel 1.5). Im Normalfall ist das so gewollt und daher auch kein Problem. Wenn ein Teilnehmer für sein Profilbild aber anstelle eines Porträtfotos einen anstößigen Inhalt verwendet, ist das hingegen schon ein Problem. Mit der Funktion *Profilbilder ausblenden* können Sie in einem solchen Fall einschreiten und mit einem Klick die Darstellung aller Profilbilder deaktivieren.

Erlauben oder untersagen – Ihre Entscheidung

Die im Bereich *Teilnehmern die Erlaubnis geben* aufgeführten Einstellungen sind von zentraler Bedeutung für den reibungslosen Ablauf Ihres Meetings. Indem Sie eine, einige oder alle der fünf Punkte aktivieren, schalten Sie die entsprechenden Funktionen für alle Teilnehmer frei. Sind sie hingegen deaktiviert, stehen sie den Teilnehmern somit nicht zur Verfügung. Auf diese Weise können Sie die Bildschirmfreigabe (siehe Kapitel 17) und die Chat-Funktion (siehe Kapitel 19) für Ihre Teilnehmer bereitstellen oder eben genau das nicht tun. Gleiches gilt für die Umbenennung des eigenen Namens oder die Aufhebung der eigenen Stummschaltung.

Ob Sie als Moderator Ihren Teilnehmern die hier genannten Möglichkeiten einräumen oder nicht, werden Sie in erster Linie davon abhängig machen, wen Sie als Teilnehmer in Ihrem Meeting erwarten. Im Business-Bereich bzw. bei Meetings mit Kollegen, Kunden oder anderen Geschäftspartnern werden Sie hier sehr wahrscheinlich weitgehende Rechte bedenkenlos einräumen wollen und können. Beim Distanz-Unterricht einer Schulklasse dürften Sie hingegen mit diesen Punkten sicher etwas zurückhaltender umgehen wollen und daher die Rechte nur dann aktivieren, wenn sie aktuell unmittelbar notwendig sein sollten, um sie im Anschluss gleich wieder zu deaktivieren.

Teilnehmer entfernen

Im Fall der Fälle können Sie mit dem Befehl *Teilnehmer entfernen* »auffällige« Teilnehmer aus Ihrem Meeting entfernen. Nach dem Klick auf den Befehl erscheint rechts oben der Bereich *Teilnehmer entfernen*. Hier können Sie den zu entfernenden Teilnehmer auswählen und den Vorgang optional an Zoom melden. Im Rahmen der Meldung erscheint ein Dialogfenster, in dem Sie das Problem bzw. den Vorfall erläutern können. Zudem erstellt die Funktion automatisch einen Screenshot, den Sie hier auch ansehen können. Mit einem Klick auf *Übermitteln* schicken Sie die Meldung ab.

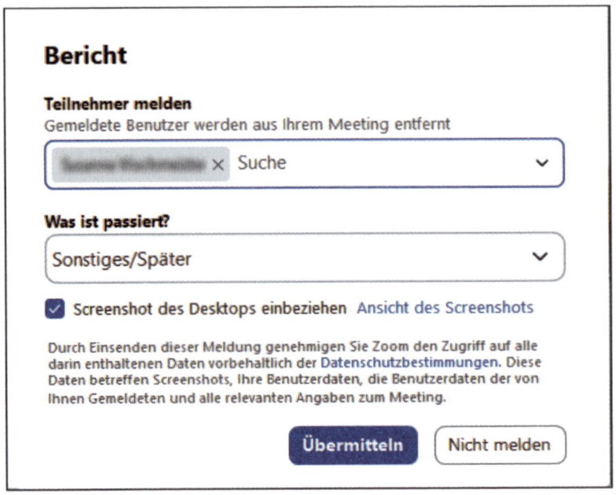

Nach Auswahl des Befehls »Meldung läuft« erscheint dieses Fenster

Aktivitäten der Teilnehmer aussetzen

Diese Funktion werden Sie sicher nur dann einsetzen, wenn es wiederholt zu Problemen bzw. auffälligem Verhalten mehrerer Teilnehmer kommen sollte. Damit können Sie alle Teilnehmeraktivitäten deaktivieren. Die Teilnehmer haben somit nur noch reinen Zuschauerstatus. Dabei werden auch Breakout-Räume und die Chat-Funktion deaktiviert. Mit einem Klick auf die Teilnehmer-Schaltfläche bzw. der dann dargestellten Funktion *Einladen* können Sie das nachstehende Fenster öffnen und mit der gleichnamigen Schaltfläche das *Meeting entsperren*.

Entsperren eines Meetings

Zweistufige Authentifizierung

Diese auch als Zwei-Faktor-Authentifizierung bezeichnete Funktion wird auch von vielen anderen Onlinediensten verwendet. Der Zugewinn an Sicherheit wird dadurch erreicht, dass bei der Anmeldung, also dem Zoom-Login, neben dem Benutzernamen und Passwort zusätzlich ein Code einzugeben ist. Dieser Code wird von Zoom per SMS versandt. Die Funktion können Sie auf www.zoom.us aktivieren. Melden Sie sich dazu auf dem Zoom-Portal an und klicken Sie links oben auf *Profil*. Navigieren Sie anschließend etwas nach unten zum Bereich *Zweistufige Authentifizierung*.

Aktivieren Sie die Funktion und folgen Sie den diversen Dialogfenstern. Im Verlauf des Aktivierungsprozedere werden Sie dazu aufgefordert, Ihre Mobiltelefonnummer einzugeben. Anschließend verschickt Zoom einen ersten Code, mit dem die Funktion freigeschaltet werden kann. Zukünftig geben Sie bei der Anmeldung wie gewohnt Ihren Benutzernamen und Ihr Passwort ein. Anschließend erscheint die Schaltfläche *Code senden*. Nach einem Klick darauf wird Ihnen der Authentifizierungscode auf Ihr Handy geschickt und eine Eingabemaske angezeigt. Nachdem Sie den Code in die Maske eingegeben haben, sind Sie in Zoom angemeldet.

> **Hinweis**
> Alternativ zur SMS-Methode unterstützt Zoom auch spezielle Authentication-Apps.

12. Bild und Ton im Griff

Damit Ihre Zoom-Video-Meetings reibungslos klappen, gilt es, einige Dinge einzustellen und bestimmte Funktionen zu nutzen. In diesem Kapitel stelle ich Ihnen die Funktionen vor, mit denen Sie für ein gutes Bild und einen ordentlichen Ton sorgen.

12.1 Die Mikrofon-Schaltfläche

Mit dem links unten angeordneten Mikrofonsymbol schalten Sie Ihr Mikrofon stumm bzw. (wieder) ein. Durch einen Klick auf das Pfeilsymbol der Schaltfläche wird noch eine Vielzahl weiterer Funktionen bzw. Befehle angeboten.

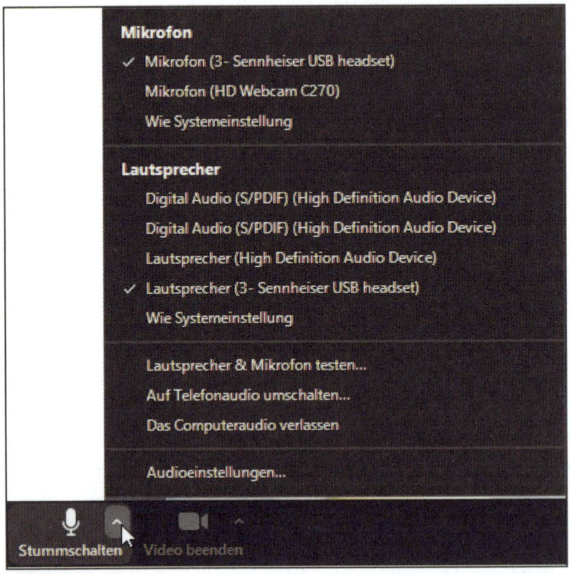

Audioschaltfläche und Audiofunktionen

Auf die Mikrofon-Schaltfläche klicken, um das Mikrofon ein- und auszuschalten

Mikrofon

Hier werden die aktuell verfügbaren Mikrofone angezeigt. Das mit einem Haken gekennzeichnete Mikrofon ist dabei das aktuell von Zoom verwendete Mikrofon. Um eines der anderen hier aufgeführten Mikrofone auszuwählen, müssen Sie lediglich auf dessen Eintrag klicken.

Headsets verfügen neben den Kopfhörern auch über ein Mikrofon

Lautsprecher

Hier werden die aktuell verfügbaren Lautsprecher bzw. Kopfhörer (Headsets) angezeigt. Der mit einem Haken gekennzeichnete Eintrag ist das aktuell von Zoom verwendete Lautsprechersystem. Um eines der anderen hier aufgeführten Lautsprechersysteme bzw. Headsets auszuwählen, müssen Sie lediglich auf den gewünschten Eintrag klicken.

> **Hinweis**
> Ausführliche Informationen zur Funktion, Lautsprecher und Mikrofon zu testen, finden Sie in Kapitel 2.

Störende Geräusche von jetzt auf gleich ausschalten

Sollte sich in einem Meeting über das Mikro eines Teilnehmers ein störendes Geräusch bemerkbar machen, können Sie unter Windows mit der Tastenkombination Alt+M bzw. unter macOS mit cmd ⌘+ctrl+M sofort alle Teilnehmer stummschalten und so das Geräusch aus der Welt bzw. aus dem Meeting schaffen.

Telefon-Audio

Mit dieser Funktion können Sie auch per Telefon an einem Meeting teilnehmen. Diese Einwahloption ist in erster Linie für Situationen gedacht, in denen dem Teilnehmer kein Mikrofon und/oder kein Lautsprecher bzw. Headset zur Verfügung steht. Beispielsweise, weil der jeweilige Firmenarbeitsplatz nicht über entsprechende Funktionen oder Geräte verfügt. Wählen Sie in dem sich öffnenden Fenster das jeweilige Land (in der Regel wohl Deutschland) und dann eine der hier angegebenen Nummern (siehe Abbildung). Im weiteren Verlauf müssen Sie dann die in diesem Dialogfenster jeweils angegebenen Zugangsdaten (Meeting-ID usw.) eingeben.

Eine der Telefonnummern wählen und die hier angezeigten Daten angeben

Computer-Audio verlassen

Hiermit können Sie die Nutzung Ihrer computerbasierten Audiofunktionen ausschalten (Mikrofon, Lautsprecher). Nutzen Sie diese Funktion beispielsweise dann, wenn Sie technische Probleme haben und sich daher alternativ über eine Telefonverbindung einwählen möchten.

12.2 Webcam ein- und ausschalten

Mit dem ganz links unten angeordneten Kamerasymbol schalten Sie Ihre Webcam ein oder aus. Durch einen Klick auf das Pfeilsymbol der Schaltfläche werden weitere Funktionen bzw. Befehle angeboten. Wenn Sie mehrere Webcams verwenden, können Sie die von Ihnen aktuell favorisierte hier auswählen.

Hinweis

Besonders bequem funktioniert das Umschalten zwischen den Kameras mit dem Tastenkürzel Alt+N (Windows) bzw. ⇧+cmd ⌘+N (macOS).

Auf diese Weise können Sie während eines Meetings auch zwischen verschiedenen Webcams hin- und herschalten. Beispielsweise weil Sie mit einer Ihrer Webcams einen zu präsentierenden Gegenstand oder eine andere Person vorstellen möchten. Außerdem können Sie in diesem Menü einen virtuellen Hintergrund und/oder Videofilter auswählen und weiterführende Videoeinstellungen vornehmen.

Videoschaltfläche und Videofunktionen

Auf die Videoschaltfläche klicken, um die Webcam ein- und auszuschalten

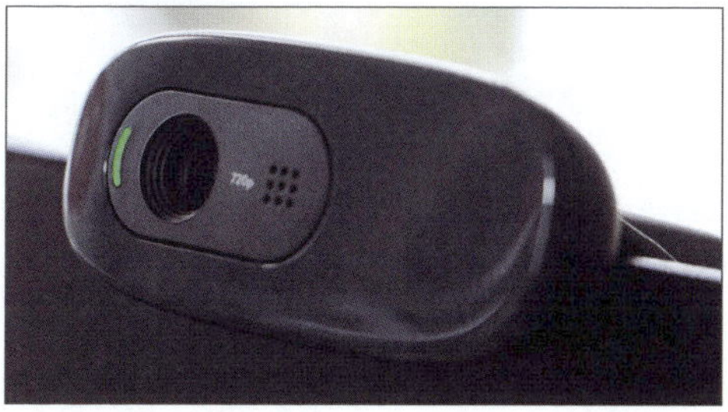

Wenn eine Webcam aktiv ist, leuchtet bei den meisten Geräten eine grüne LED

13. Allgemeine Einstellungen

Die hier aufgeführten Funktionen erreichen Sie unter anderem über das Menü der Videoschaltfläche. Wählen Sie hier zunächst *Videoeinstellungen* und in dem sich dann öffnenden Fenster die Rubrik *Allgemein*. Anschließend werden diverse Funktionen bereitgestellt, die sich auf verschiedene Bereiche von Zoom beziehen.

Videoschaltfläche und Videofunktionen

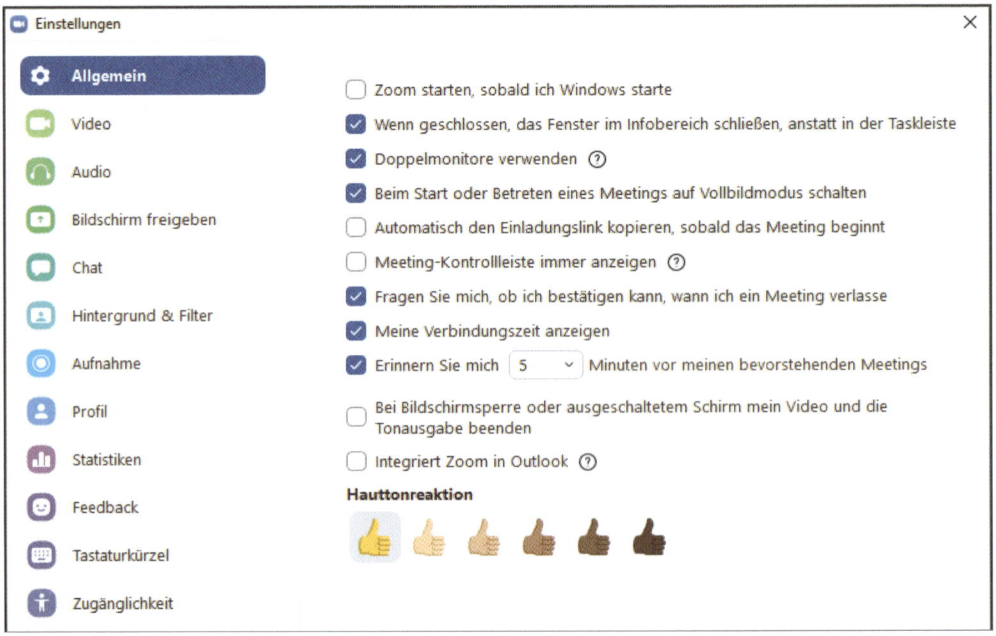

Die Einstellungen der Rubrik »Allgemein«

13.1 Zoom starten, sobald ich Windows starte

Diese Funktion ist immer dann sehr praktisch, wenn Sie Zoom intensiv nutzen bzw. im ständigen Kontakt mit anderen Zoom-Nutzern stehen. Auf diese Weise laufen Sie nicht

Gefahr, den Start der Zoom-Software zu vergessen, und erscheinen für Ihre Zoom-Kontakte unmittelbar nach dem Start Ihres Rechners als online bzw. verfügbar.

13.2 Doppelmonitore verwenden

Nutzen Sie diese Funktion, wenn Sie mindestens zwei Monitore verwenden. In der Folge wird die Videodarstellung des bzw. der anderen Teilnehmer in einem separaten Fenster bzw. auf einem der beiden Monitore angezeigt.

Insbesondere im beruflichen Umfeld verwenden viele Anwender zwei oder mehr Monitore

Dieser Monitor ist dabei mit der Meeting-Kontrollleiste ausgestattet. Somit ist ein klassisches Zoom-Fenster inklusive der Meeting-Kontrollleiste und aller gängigen Symbole zu sehen. Beim nachfolgend dargestellten Beispiel ist das der rechte Monitor. Die Videodarstellung des Hosts bzw. Moderators erscheint auf dem anderen Monitor, im hier abgebildeten Beispiel ist das somit der linke Monitor.

Zoom im Doppelmonitorbetrieb

Dieses Fenster zeigt mindestens Ihre Videominiatur, bei mehreren Teilnehmern aber auch andere Videominiaturen. Das Fenster wird im Rahmen dieses Modus auch als *erster Bildschirm* bezeichnet. Im anderen Fenster (dem *zweiten Bildschirm*) ist zunächst der jeweils Sprechende (groß) zu sehen. Im Kontextmenü des ersten Monitors finden Sie die Befehle *Video vom ersten Bildschirm lösen* und *Video an den zweiten Bildschirm anheften*, um gezielt bestimmte Videos vom ersten Bildschirm zu entfernen bzw. auf den zweiten Bildschirm zu verlagern. Gleiches gilt auch bei Bildschirmfreigaben. Mehr Infos zu Bildschirmfreigaben finden Sie in Kapitel 17.

Wird in diesem Modus ein Bildschirminhalt freigegeben, werden die beiden Zoom-Fenster des Freigebenden in einem Fenster bzw. auf einem Monitor zusammengelegt. Somit hat dieser die Möglichkeit, den freigegebenen Inhalt auf einem seiner Monitore und weiterhin sich und den oder die anderen Teilnehmer auf dem anderen Monitor zu sehen. Das ist selbst dann der Fall, wenn der Freigebende über mehr als zwei Monitore verfügt und der freigegebene Inhalt zuvor auf einem bisher nicht von Zoom »verwendeten« Monitor dargestellt wurde.

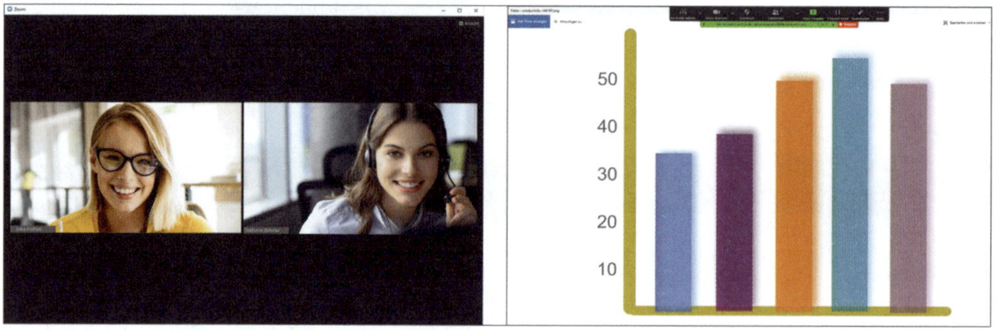

Zoom im Doppelmonitorbetrieb bei gleichzeitiger Bildschirmfreigabe

13.3 Beim Start oder Betreten eines Meetings auf Vollbildmodus schalten

Diese Option sorgt dafür, dass das Zoom-Fenster unmittelbar nach dem Start der Zoom-Software im Vollbildmodus dargestellt wird. Sollten Sie das Fenster nach dem Start verkleinern, wird es bei Betreten eines Meetings ebenfalls auf Vollbildgröße umgestellt.

> **Vollbildmodus verlassen**
>
> Mit Esc können Sie in Zoom den Vollbildmodus verlassen.

13.4 Automatisch den Einladungslink kopieren, sobald das Meeting beginnt

Mit dieser Funktion wird bei Beginn des Meetings der Einladungslink (Zoom-Meeting-Link) automatisch in die Zwischenablage kopiert. Er kann somit direkt in eine E-Mail oder in den Nachrichtenentwurf eines Messengers eingefügt werden, um eventuell noch andere Teilnehmer einzuladen.

13.5 Meeting-Kontrollleiste immer anzeigen

Mit der Meeting-Kontrollleiste ist die an der Unterseite dargestellte Leiste gemeint. Ist diese Funktion aktiv, wird die Meeting-Kontrollleiste ständig angezeigt. Ist diese Funktion hingegen deaktiviert, wird die Leiste ausgeblendet, steht aber sogleich zur Verfügung, wenn eine Aktivität Ihrerseits erkannt wird. Beispielsweise, wenn Sie den Mauscursor bewegen. Rund drei Sekunden nach Ihrer letzten Aktivität wird die Leiste automatisch wieder ausgeblendet. Ein weiterer Ansatz besteht darin, diese Funktion zu deaktivieren, um die Leiste erst mal auszublenden und sie mit der Alt-Taste ein- und auszuschalten. Im Gegensatz zur Aktivitätserkennung durch Zoom bleibt die Leiste somit länger als drei Sekunden eingeblendet. Die Leiste wird vielmehr erst dann wieder ausgeblendet, wenn Sie erneut Alt drücken.

Die Meeting-Kontrollleiste

13.6 Meine Verbindungszeit anzeigen

Damit Sie die Zeit im Auge behalten, hat der Veranstalter des Meetings (der Moderator bzw. Host) die Möglichkeit, die laufende Verbindungszeit einzublenden (mehr Infos dazu in Kapitel 2.5).

Erinnern Sie mich x Minuten vor meinen bevorstehenden Meetings

Die aktivierte Option zeigt Ihnen sowohl in Ihrer Rolle als Veranstalter als auch als Teilnehmer eine Erinnerung an, wenn ein Zoom-Meeting ansteht. Bei Windows 10 wird die Erinnerung beispielsweise rechts unten oberhalb des sogenannten Infobereichs angezeigt.

Zoom erinnert auf Wunsch an bevorstehende Meetings (hier Windows 10)

Bei Bildschirmsperre oder ausgeschaltetem Schirm mein Video und die Tonausgabe beenden

Diese Funktion stellt sicher, dass Ihre Webcam und Ihr Mikrofon in beiden Fällen deaktiviert werden. Die Bildschirmsperre können Sie unter Windows übrigens bequem mit [Win]+[L] und unter macOS mit [ctrl]+[cmd ⌘]+[Q] ausführen.

13.7 Hauttonreaktion

Diese Funktion ist nicht etwa dazu gedacht, das Videobild bzw. Ihren von der Webcam aufgezeichneten Hautton anzupassen. Vielmehr steht diese Funktion in Verbindung mit der in der Meeting-Kontrollleiste angebotenen Option *Reaktionen* bzw. mit den hier verfügbaren Icons *Daumen hoch* und *Klatschen*.

Links oben können Reaktionen (Icons) angezeigt werden.

Diese Icons werden in der von Ihnen unter *Hauttonreaktion* gewählten Farbe dargestellt.

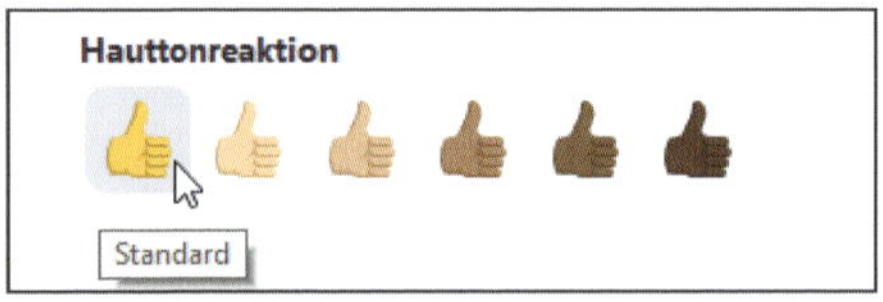

Voreinstellung

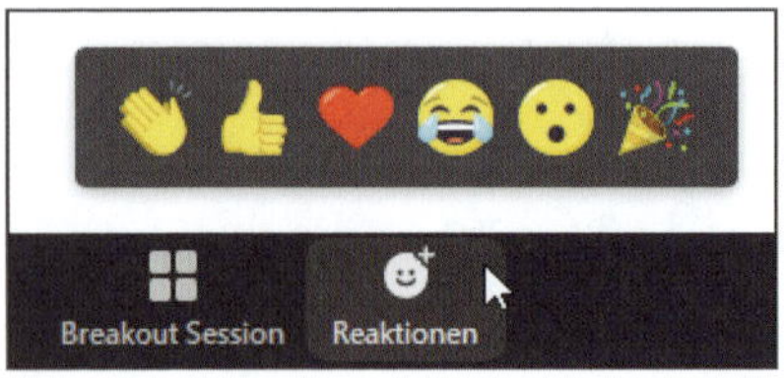

Die Icons Daumen hoch und Klatschen im voreingestellten Hautton

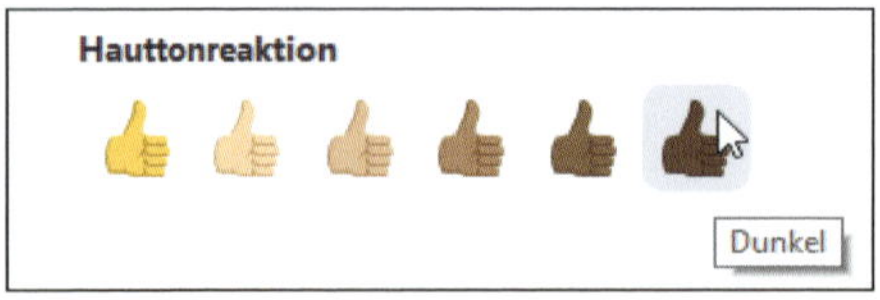

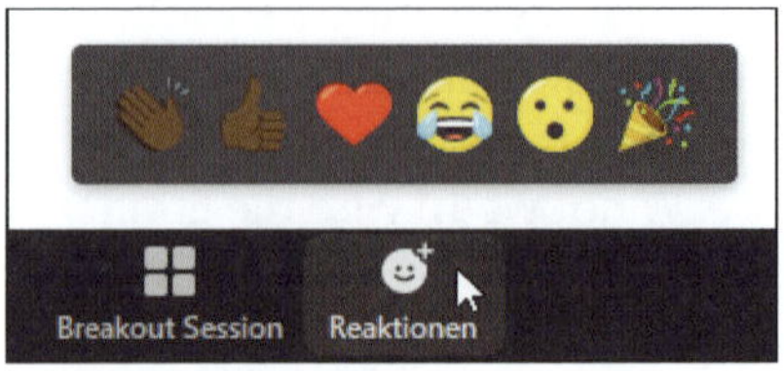

Die Icons Daumen hoch und Klatschen erscheinen nun im dunklen Hautton

13.8 Teilnehmernamen ändern bzw. anpassen

In den meisten Fällen werden Sie sich in die Namensgebung Ihrer Teilnehmer wohl nicht einmischen bzw. diese nicht verändern wollen. Wenn Sie in Ihrem Meeting allerdings Teilnehmer gleichen oder ähnlichen Namens haben sollten oder wenn Sie einen User-Namen als störend bzw. unpassend empfinden sollten, können Sie die Sache selbst in die Hand nehmen und den Namen anpassen.

Beispielsweise können Sie bei einem doppelt vorhandenen Vornamen einfach den jeweiligen Nachnamen oder den Anfangsbuchstaben des Nachnamens ergänzen. Das ist vor allem dann hilfreich, wenn die betroffenen Teilnehmer mit der Handhabung von Zoom und den Möglichkeiten zur Namensanpassung noch nicht so vertraut sind. Stellen Sie dazu zunächst einmal sicher, dass aktuell das Teilnehmerfenster angezeigt wird. Sollte das nicht der Fall sein, können Sie das Fenster mit einem Klick auf die am unteren Bildrand dargestellte Schaltfläche *Teilnehmer* anzeigen lassen. Schneller geht es mit dem Tastenkürzel Alt+U.

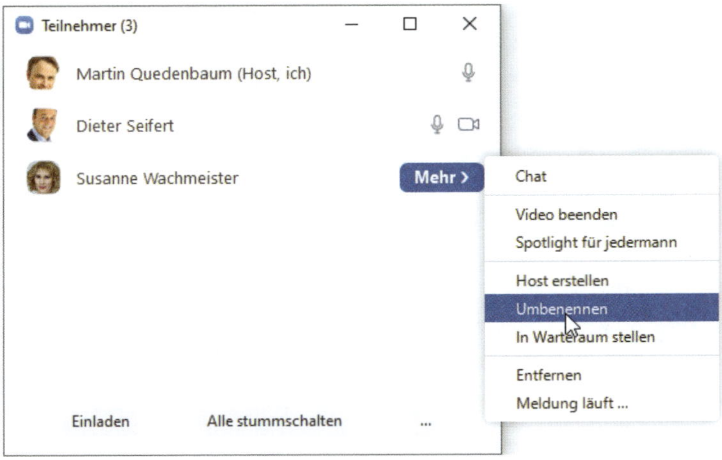

Im Teilnehmerfenster können Namen bei Bedarf angepasst werden

Bewegen Sie anschließend den Cursor im Teilnehmerfenster über den zu ändernden Namen, klicken Sie dann auf *Mehr* und *Umbenennen*. Vergeben Sie in dem sich dann öffnenden Fenster einen neuen Namen bzw. passen Sie den alten Namen entsprechend an. Wenn Sie das Fenster *Umbenennen* mit *OK* verlassen, wird die Änderung sofort bzw. für alle Teilnehmer sichtbar umgesetzt. Alternativ dazu können Sie den Namen auch im Kontextmenü (Rechtsklick) des Teilnehmervideos ändern.

Wenn der Teilnehmer seine Kamera eingeschaltet hat, hätte das insbesondere bei mehrfach vorkommenden Namen den Vorteil, dass Sie die Person einfacher und eindeutiger »identifizieren« können. Der im Kontextmenü dazu angebotene Befehl lautet ebenfalls *Umbenennen*.

13.9 Verschlüsselung

Wenn Sie die Zoom-Software (*Zoom-Client für Meetings*) verwenden, können Sie mittlerweile auf eine sogenannte Ende-zu-Ende-Verschlüsselung gemäß E2E-Standard zurückgreifen. Die Sache hat allerdings auch einen Haken. Wenn Sie sich für dieses Sicherheitsfeature entscheiden, fallen andere Funktionen weg. Dann können Meetings nicht mehr aufgezeichnet werden, und Umfragen und Breakout-Räume werden nicht mehr unterstützt. Wenn Sie die Ende-zu-Ende-Verschlüsselung dennoch nutzen möchten, müssen Sie im Zweifelsfall Ihre Zoom-Software aktualisieren (siehe dazu auch Kapitel 5.4), da die Funktion erst ab der Version 5.4.0 unterstützt wird. Anschließend gilt es, sich auf www.zoom.us einzuloggen und in den Kontoeinstellungen die Funktionen *Durchgehend (E2E) verschlüsselte Meetings* sowie *End-to-end-encryption* zu aktivieren.

Zunächst zum Bereich »Kontoeinstellungen« navigieren

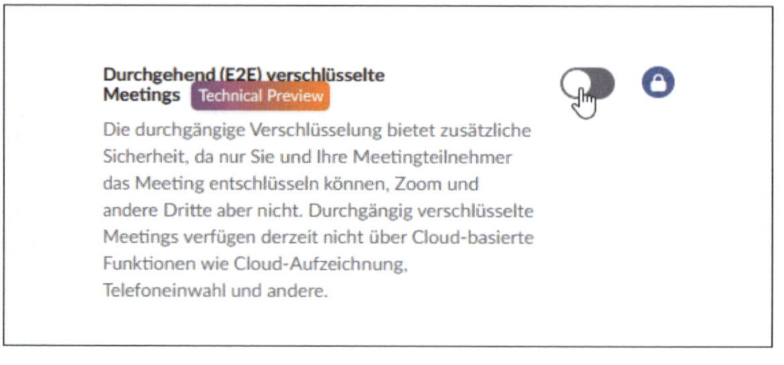

Die Ende-zu-Ende-Verschlüsselung

14. Optimieren Sie Ihr Videobild

Zoom stellt einige Funktionen bereit, mit denen Sie Ihr Bild optimieren können. Sie erreichen diese Funktionen über das Menü der Videoschaltfläche oder indem Sie im Startfenster der Software auf das Zahnradsymbol klicken. Die letzte Variante ermöglicht es Ihnen, die Einstellungen auch vor dem Start oder Betreten eines Meetings festzulegen bzw. auszuprobieren.

Videoschaltfläche und Videofunktionen

Im Startfenster der Software oben rechts auf das Zahnradsymbol klicken

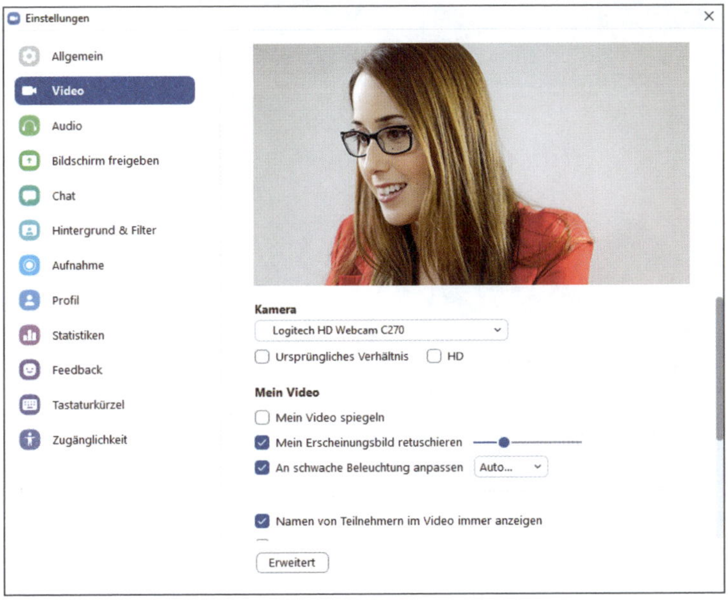

Hier finden Sie die in diesem Kapitel vorgestellten Funktionen

14.1 Bild aufhellen

Die Bildqualität der Webcam hängt maßgeblich von der Beleuchtungssituation ab. Fehlt es an Licht, sorgt die voreingestellt aktive Funktion *An schwache Beleuchtung anpassen* dafür, dass das Bild automatisch bzw. abhängig von der aktuellen Beleuchtungssituation aufgehellt wird. Wenn Sie die Funktion auf *Manuell* umschalten, können Sie die Aufhellung mit dem Schieberegler der Funktion steuern.

14.2 Zusätzliche Beleuchtung verwenden

Nicht zuletzt, wenn Sie mit dem Ergebnis der programmeigenen Aufhellung nicht zufrieden sein sollten, empfiehlt sich der Einsatz einer zusätzlichen Beleuchtung. Platzieren Sie dazu mindestens eine Lichtquelle so hinter oder über dem Monitor bzw. der verwendeten Webcam, dass die Lichtquelle Ihr Gesicht aufhellt.

Auf ein Notebook aufsteckbare Zusatzbeleuchtung des Herstellers VIJIM (Quelle: VIJIM)

Da das in vielen Situationen oftmals nicht so einfach ist oder wenn keine entsprechende Lichtquelle vorhanden ist, lohnt sich der Einsatz spezieller Technik. Beispielsweise eine Lichtquelle, die auf das aufgeklappte Display eines Notebooks aufgesteckt werden kann. Neben dieser recht simplen Zusatzbeleuchtung gibt es auch Lampen, die jeweils auf einem eigenen Stativ hinter der verwendeten Webcam bzw. hinter dem verwendeten Monitor platziert werden. Für möglichst optimale Ergebnisse können hier zwei Lichtquellen so nebeneinander platziert werden, dass diese jeweils in einem 45-Grad-Winkel auf Sie gerichtet sind.

14.3 Fältchen und andere Hautprobleme retuschieren

Mit der Funktion *Mein Erscheinungsbild retuschieren* können Sie das Bild etwas unschärfer machen. Damit »verschwinden« Fältchen und andere Hautprobleme. Der Grad der Unschärfe kann mit dem Regler angepasst werden.

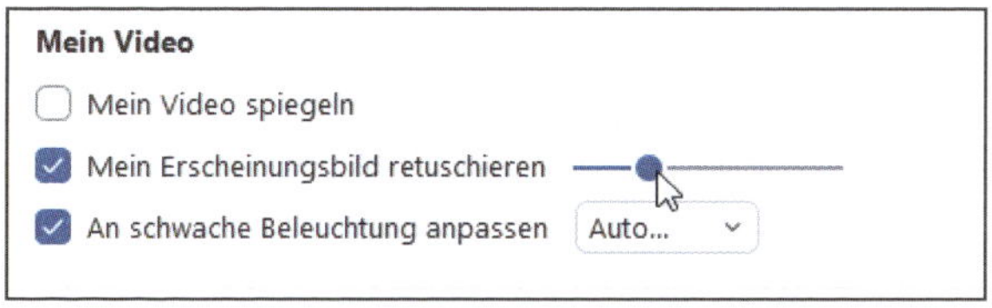

Die Funktion kann mit einem Schieberegler gesteuert werden

14.4 Video spiegeln

Die Funktion *Mein Video spiegeln* sorgt dafür, dass das Videobild so aussieht, als ob Sie in den Spiegel schauen würden. Auf diese Weise ist es für Sie bzw. für Ihr Gehirn einfacher, das Bild zu interpretieren.

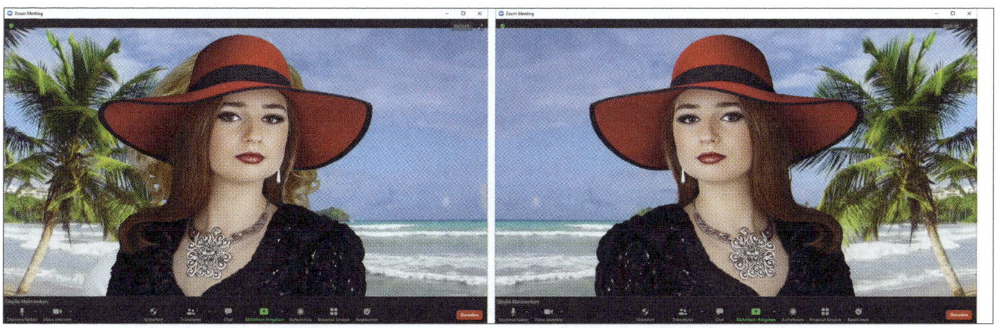

Das Spiegeln des Videobildes wirkt sich auch auf einen virtuellen Hintergrund aus

Wenn Sie beispielsweise die rechte Hand heben, sieht das sowohl im Video als auch für Sie so aus. Wäre die Funktion hingegen inaktiv, sähe es so aus, als ob Sie die linke Hand heben würden. Hierbei gilt es unter anderem zu beachten, dass auch Schrift spiegelverkehrt dargestellt wird.

Das gilt auch für einen eventuell gewählten virtuellen Hintergrund (siehe das linke Bild in der Abbildung). Das ist aber nicht weiter tragisch, da alle anderen Meeting-Teilnehmer stets Ihr natürliches bzw. nicht gespiegeltes Bild sehen.

14.5 HD

In den meisten Fällen werden Sie diese voreingestellt aktive Funktion sehr wahrscheinlich nicht deaktivieren wollen, da sie für eine höhere Bildauflösung sorgt. Deaktivieren Sie diese Funktion beispielsweise dann, wenn Ihnen nur eine wenig performante Internetverbindung zur Verfügung steht.

Grundsätzlich unterstützt Zoom HD-Auflösungen von 720p und 1080p, wobei 720p (nur Pro-, Business- und Enterprise-Lizenz) für Meetings mit maximal zwei Teilnehmern und 1080p nur im Rahmen der Business- und Enterprise-Lizenz verfügbar ist. Dabei muss die 1080p-Option zudem jeweils über den Zoom-Support freigegeben werden.

Das Teilen von Bildschirminhalten wird von dieser Einstellung nicht tangiert. Bildschirminhalte werden grundsätzlich in der jeweiligen Auflösung des geteilten Bildschirms bzw. Displays oder des gewählten Bildausschnitts dargestellt.

14.6 Wenn Sie mehr in Sachen Videoauflösung wissen möchten

Wurde in technischen Dokumentationen, Programmen oder Kameras früher die Anzahl der Pixel in der Horizontalen und der Vertikalen angegeben, wird mittlerweile oftmals auf die Angabe der horizontalen Pixel verzichtet.

Dabei wird die vertikale Auflösung häufig zusammen mit zwei anderen Parametern genannt – dem Scanmodus und der Framerate (z. B. 1080i/25). In diesem Fall beschränkt sich Zoom auf die Angabe der vertikalen Pixel und des Scanmodus (p = progressiv).

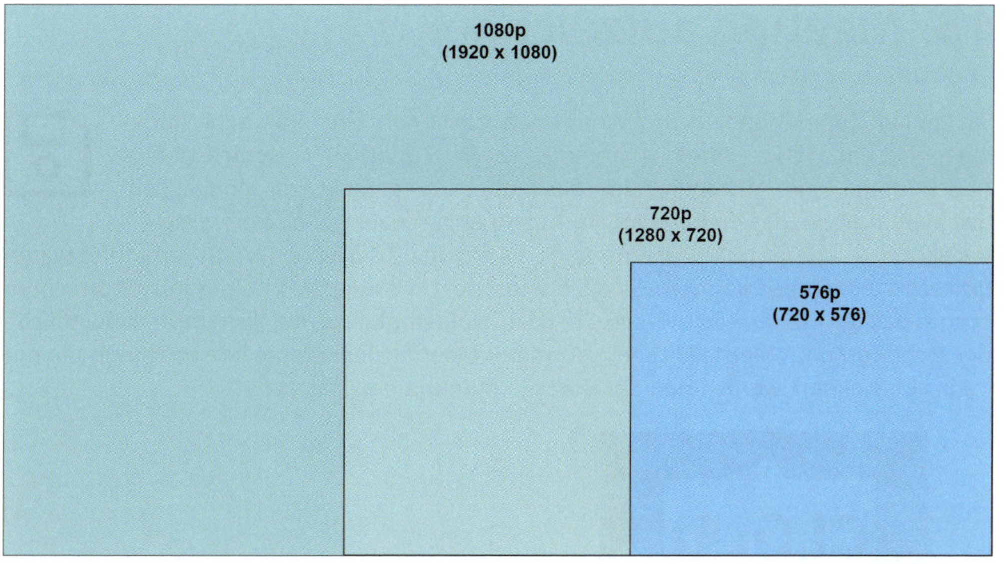

Vergleich unterschiedlicher Videoauflösungen

Hinweis

Die dargestellte (sehr alte) Auflösung 576p ist hier im alten Bildseitenverhältnis 4:3 eingezeichnet. Die gleiche Auflösung unterstützt auch das Bildseitenverhältnis 16:9. Aus Gründen der Übersichtlichkeit und um das mittlerweile – wenn überhaupt noch – von sehr alten Webcams unterstützte 4:3-Format zu zeigen, habe ich auf die Darstellung der 16:9-Variante dieser (alten) Auflösung verzichtet.

15. Meeting aufzeichnen

Sie können Zoom-Meetings und Webinare aufzeichnen. Eine praktische Angelegenheit, um auch zu einem späteren Zeitpunkt Zugriff auf Gesprächsdetails oder Präsentationen zu haben. Außerdem haben Interessenten die Möglichkeit, das Meeting bzw. das Webinar im Nachgang anzuschauen. Beispielsweise Arbeitskollegen oder Schulungsteilnehmer, die am ursprünglichen Termin verhindert waren und nicht teilnehmen konnten. Sind Sie selbst der Host oder ein mit Administratorrechten ausgestatteter Moderator, müssen Sie dazu einfach nur auf die Aufnahme-Schaltfläche der Meeting-Kontrollleiste klicken. »Normale« Meeting-Teilnehmer können hingegen nur dann aufzeichnen, wenn ihnen der Host die Aufnahme gestattet hat.

15.1 Videoqualität

Die Aufzeichnung wird in einer Auflösung von 1.280 x 720 Pixeln gespeichert. Die Bildqualität ist somit für Dokumentationszwecke ausreichend und unabhängig von anderen Einstellungen in Sachen Videoauflösung (z. B. *HD aktivieren* im Register *Allgemein*) und in ihrer Qualität bzw. Größe nicht beeinflussbar.

Über Aufzeichnung informieren
Wenn Sie ein Meeting aufzeichnen möchten, sollten Sie zuvor alle Teilnehmer darüber in Kenntnis setzen bzw. um Zustimmung werben.

15.2 Einstellungen

Vor der ersten Aufzeichnung lohnt sich ein Blick in die *Einstellungen*. Sie erreichen diese unmittelbar nach dem Start der Zoom-Software. Klicken Sie dazu rechts oben auf das Zahnradsymbol und wählen Sie im dann erscheinenden Menü die Rubrik *Aufnahme* aus.

Im Startfenster der Software oben rechts auf das Zahnradsymbol klicken

Wenn Sie das Meeting bereits gestartet haben, erreichen Sie die *Einstellungen* hingegen über die Meeting-Kontrollleiste des Zoom-Fensters. Klicken Sie dazu auf das Pfeilsymbol der Videoschaltfläche und anschließend auf *Videoeinstellungen*. Daraufhin wählen Sie im dann erscheinenden Menü die Rubrik *Aufnahme* aus.

Während des Meetings finden Sie die Einstellungen im Menü der Videoschaltfläche

Voreinstellungen der Aufnahme-Rubrik (Windows)

15.3 Lokal oder in der Cloud speichern

Die Aufzeichnung kann in Abhängigkeit von Ihrer Zoom-Lizenz lokal und/oder in der Cloud erfolgen. Welche Möglichkeiten Ihre Lizenz in diesem Zusammenhang bietet, erfahren Sie in Kapitel 4.

Lokale Aufnahme

Bei der lokalen Aufnahme können Sie auf Ihrem Computer bzw. System ein Verzeichnis festlegen, in dem die aufgezeichneten Daten gespeichert werden sollen. Zusätzlich wird hier die Audioinformation als separate Datei *audio_only.m4a* hinterlegt. Manchmal möchte man eine Aufzeichnung vielleicht doch in einem bestimmten Verzeichnis speichern. Um in dieser Hinsicht flexibel zu sein, können Sie die Funktion *Wählen Sie einen Speicherort für die Aufzeichnung aus, wenn das Meeting beendet wird* aktivieren. Dadurch erscheint unmittelbar nach Beendigung der Aufnahme ein Dialogfenster, in dem Sie einen Speicherort für die Aufnahme festlegen können.

Cloud-Aufnahme

Hier wird Ihnen angezeigt, über welche Cloud-Speicherplatzkapazität Sie aktuell verfügen bzw. wie viel davon Sie bereits in Anspruch genommen haben. Mit einem Klick auf *Verwalten* gelangen Sie zu einer Seite der Zoom-Website, auf der alle Ihre bisher in der Cloud gespeicherten Aufnahmen gelistet sind.

Weitere Vorein}stellungen

Neben den Einstellungen zur lokalen Speicherung und zur Sicherung in der Cloud gibt es noch einige andere Voreinstellungen rund um das Thema Aufnahmen. Diese erläutere ich Ihnen in der folgenden Tabelle.

Funktion	Bedeutung
Audiospur einzelner Sprecher aufzeichnen	Speichert zusätzlich jeden einzelnen Sprecher als eigenständige Audiospur ab. Die Dateien liegen im Dateiformat M4A im Unterverzeichnis *Audio Record* vor. Die Dateinamen enthalten u. a. den Namen des Teilnehmers und sind daher eindeutig zuzuordnen.
Für Videoeditor von Dritten optimieren	Nicht dokumentiert.
Fügen Sie der Aufzeichnung einen Zeitstempel hinzu	Blendet in der Aufnahme rechts unten Datum und Uhrzeit ein.

Funktion	Bedeutung
Video während Bildschirmfreigabe aufzeichnen	Ist die Funktion aktiv, wird zusätzlich zur dargestellten Bildschirmfreigabe auch das Videobild (des Sprechenden) dargestellt. Oftmals wird das der jeweils Freigebende sein. Wenn hingegen ein anderer Teilnehmer das Wort ergreift, wird stattdessen dieser neben der Bildschirmfreigabe dargestellt. Wenn Sie hingegen mehrere Teilnehmer neben der Freigabe sehen möchten, müssen Sie rechts oben von der Sprecher- in die Galerieansicht wechseln. Diese Funktion muss zwingend vor Beginn des Meetings aktiviert werden. Eine nachträgliche Aktivierung während des Meetings hat im Meeting keine verändernde Wirkung.
Temporäre Aufzeichnungsdaten behalten	Siehe Abschnitt 15.8.

15.4 Aufzeichnung starten

Klicken Sie auf die *Aufnehmen*-Schaltfläche (Windows) bzw. *Aufzeichnen*-Schaltfläche (macOS) der Meeting-Kontrollleiste. Wenn Ihnen sowohl eine cloudbasierte als auch eine lokale Speicherung zur Verfügung steht, öffnet sich daraufhin ein Menü, in dem Sie zwischen lokaler und cloudbasierter Speicherung wählen können.

Je nach Lizenz wird auch die cloudbasierte Aufzeichnung angeboten

Anschließend wandelt sich die Schaltfläche und zeigt nun die beiden Symbole *Aufzeichnung anhalten* und *Aufzeichnung beenden*. Beide Schaltflächen werden zudem links oben zusammen mit dem Hinweis *Aufzeichnung läuft* eingeblendet.

Die Schaltfläche zeigt nun die Symbole Aufzeichnung anhalten/beenden

Tastenkürzel

Beide Funktionen können auch mit Tastenkürzeln aktiviert werden. Für *Aufzeichnung anhalten* drücken Sie Alt+P und für *Aufzeichnung beenden* Alt+R.

Hinweise für die Teilnehmer

Während der Aufzeichnung sehen alle anderen Teilnehmer ebenfalls einen Hinweis auf die nun laufende Aufnahme. Bei der Windows-Version besteht dieser Hinweis aus einem blinkenden roten Punkt und dem Wort *Aufnahme*, während unter macOS neben dem blinkenden roten Punkt das Wort *Recording* erscheint.

Teilnehmer sehen links oben einen Hinweis auf die laufende Aufnahme

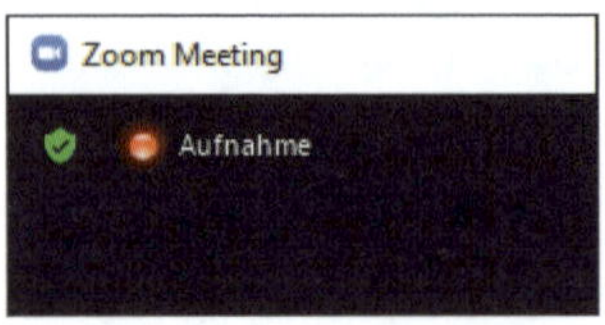

Der rote Punkt und das Wort »Aufnahme« weisen die Teilnehmer auf die laufende Aufnahme hin

Über Möglichkeiten zum Anhalten oder Stoppen der Aufnahme verfügen die Teilnehmer sinnvollerweise aber nicht.

> **Hinweis**
> Das grüne Icon enthält Hinweise zum laufenden Meeting (siehe dazu auch Seite 34).

15.5 Aufzeichnung ankündigen

Aus Datenschutzgründen ist die Einwilligung in die Aufzeichnung eines Meetings eine Angelegenheit, der insbesondere im beruflichen bzw. professionellen Umfeld eine nicht zu unterschätzende Bedeutung zukommt. Daher haben Sie die Möglichkeit, allen Teilnehmern unmittelbar nach dem Start der Aufnahme ein Dialogfenster mit zwei Schaltflächen anzeigen zu lassen. Mit einem Klick auf die Schaltfläche *Fortfahren* stimmen die Teilnehmer der Aufzeichnung zu. Teilnehmer, die der Aufzeichnung nicht zustimmen, können an dieser Stelle lediglich über die gleichnamige Schaltfläche das *Meeting verlassen*.

Um diese Funktion zu aktivieren, müssen Sie die entsprechende Voreinstellung in Ihren Profileinstellungen zunächst einmal aktivieren. Rufen Sie die Zoom-Website www.zoom.us auf und melden Sie sich an. Klicken Sie auf *Mein Konto*, anschließend auf *Einstellungen* und dann auf *Aufzeichnung*. Scrollen Sie nach unten und aktivieren Sie die Option *Haftungsausschluss für die Aufnahme* bzw. bitten Sie die Teilnehmer um Zustimmung, wenn die Aufzeichnung beginnt.

Zunächst links auf »Einstellungen« bzw. »Aufzeichnung« klicken und dann nach unten scrollen

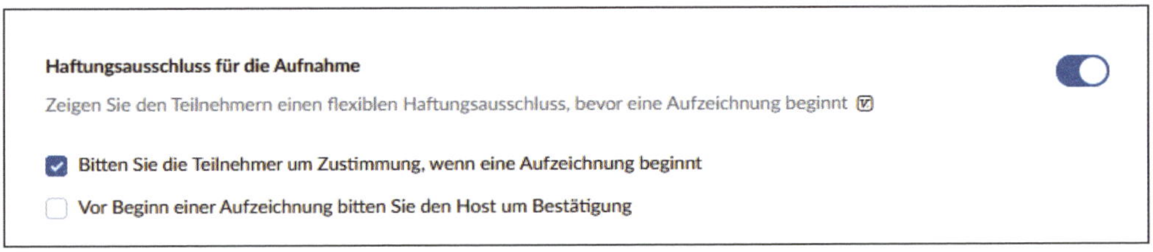

Diese Funktion aktivieren

Ist die Funktion aktiv, wird den Teilnehmern dieses Dialogfenster angezeigt (macOS)

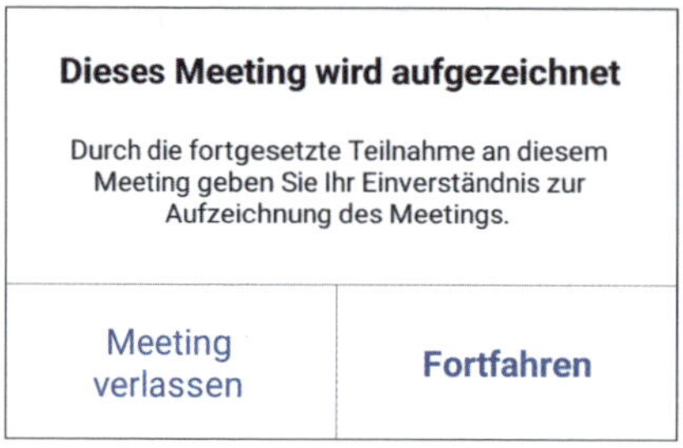

Auch auf anderen Plattformen wird den Teilnehmern die Meldung angezeigt (hier Android)

Daher ist es sinnvoll, die Teilnehmer nach Möglichkeit bereits im Vorfeld bzw. vor dem Starten der Aufzeichnung über die geplante Aufzeichnung zu informieren und um deren Zustimmung zu bitten.

15.6 Meetings grundsätzlich bzw. automatisch aufzeichnen

In Ihren Profileinstellungen haben Sie die Möglichkeit, dafür zu sorgen, dass Meetings automatisch und ohne weitere Nachfrage lokal oder in der Cloud aufgezeichnet werden. Rufen Sie dazu die Zoom-Website www.zoom.us auf und melden Sie sich an. Klicken Sie auf *Mein Konto* und anschließend auf *Einstellungen* bzw. *Aufzeichnung*. Aktivieren Sie im Bereich *Meetings* die Funktion *Automatische Aufzeichnung*.

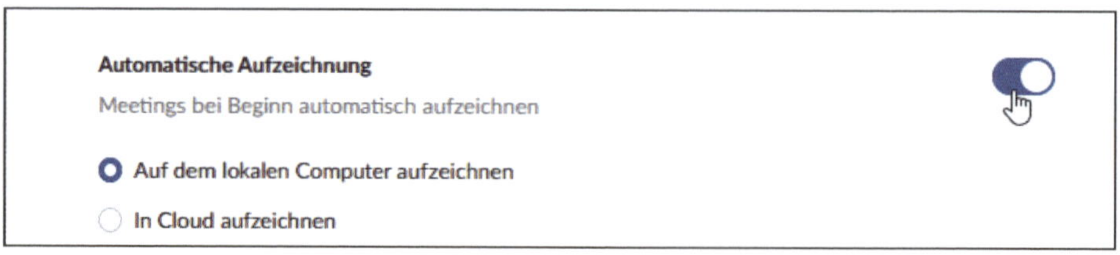

Mit dieser Funktion die automatische Aufzeichnung aktivieren

15.7 Aufzeichnungen speichern

Nach dem Ende des Meetings oder wenn Sie bzw. der Aufzeichnende das Meeting verlassen haben, wird die Aufzeichnung konvertiert. Dabei werden die von Zoom während des

Meetings aufgezeichneten Daten in das verbreitete MP4-Format und die Audiodateien in M4A-Dateien konvertiert, wobei der Konvertierungsprozess bei Cloud-Aufzeichnungen etwas länger dauert.

15.8 E-Mail informiert über verfügbare Cloud-Aufzeichnung

Sobald die Cloud-Aufzeichnung zur Verfügung steht, schickt Zoom Ihnen eine entsprechende E-Mail. In dieser Mail befinden sich zwei Links. Ein Link führt Sie bzw. den Host direkt zu Ihrer Aufzeichnung. Der andere Link ist für Dritte gedacht.

Verschicken Sie diesen Link zusammen mit dem ebenfalls in der Mail genannten Kenncode an Interessenten der Aufnahme.

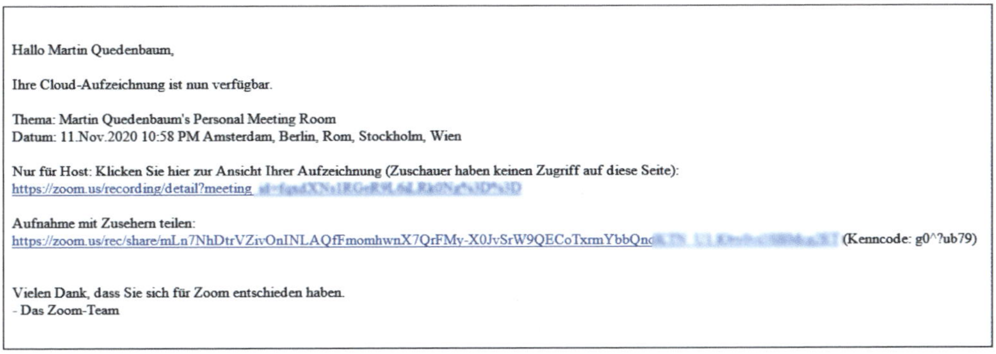

Hallo Martin Quedenbaum,

Ihre Cloud-Aufzeichnung ist nun verfügbar.

Thema: Martin Quedenbaum's Personal Meeting Room
Datum: 11.Nov.2020 10:58 PM Amsterdam, Berlin, Rom, Stockholm, Wien

Nur für Host: Klicken Sie hier zur Ansicht Ihrer Aufzeichnung (Zuschauer haben keinen Zugriff auf diese Seite):
https://zoom.us/recording/detail?meeting [illegible]

Aufnahme mit Zusehern teilen:
https://zoom.us/rec/share/mLn7NhDtrVZivOnINLAQfFmomhwnX7QrFMy-X0JvSrW9QECoTxrmYbbQn[illegible] (Kenncode: g0^?ub79)

Vielen Dank, dass Sie sich für Zoom entschieden haben.
- Das Zoom-Team

Die Info-Mail enthält zwei Links und einen Kenncode

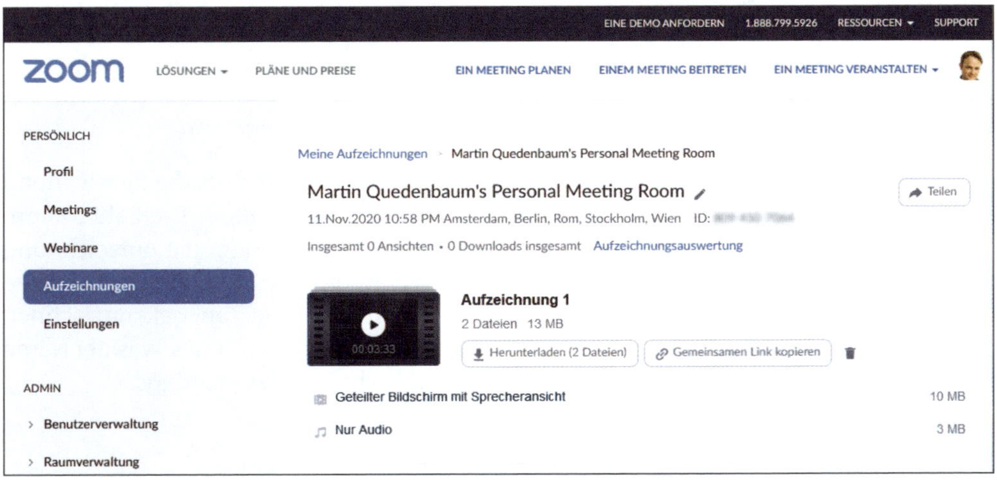

Der erste in der E-Mail enthaltende Link führt Sie direkt zu Ihrer Aufzeichnung

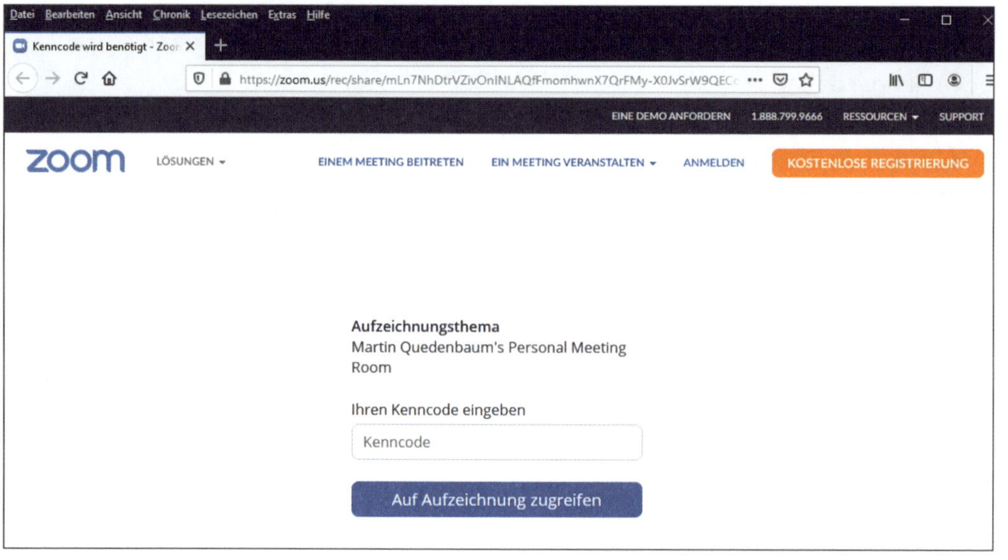

Der für Teilnehmer und Dritte gedachte Link erfordert hingegen die Eingabe des Kenncodes

Nachstehend habe ich Ihnen den typischen Verzeichnisinhalt einer Zoom-Aufzeichnung abgebildet.

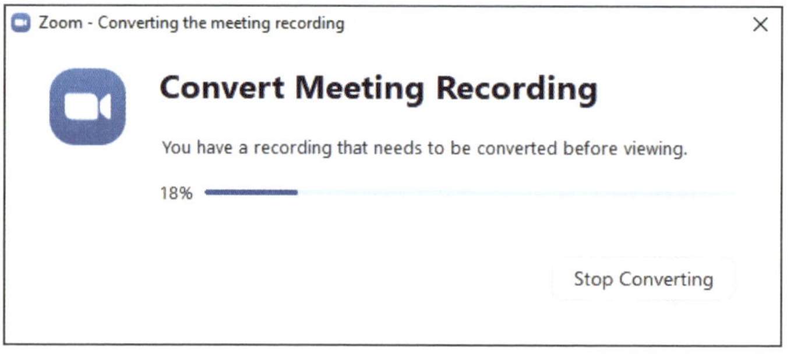

Nach dem Beenden des Meetings wird die Aufzeichnung konvertiert bzw. gespeichert

Die eigentliche Videodatei der Aufzeichnung hat als Dateinamen stets die Bezeichnung *Zoom* gefolgt von einem Unterstrich und einer Zahl (hier *zoom_0.mp4*). Die Zahl 0 kennzeichnet die erste Aufzeichnung in einem Meeting. Hat der Anwender die Aufzeichnung zu einem Zeitpunkt beendet und ab einem späteren Zeitpunkt des Meetings eine weitere Aufzeichnung gestartet, wird diese jeweils mit einer fortlaufenden Zahl gekennzeichnet, also *zoom_1.mp4*, *zoom_2.mp4* usw. Die Datei *audio_only.m4a* enthält das, was der Name bereits aussagt: eine reine bzw. zusätzliche Audioaufzeichnung des Meetings.

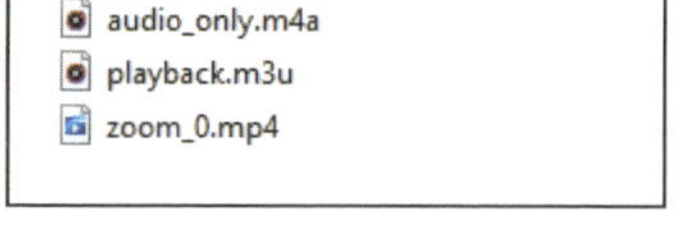

Aufgezeichnete bzw. konvertierte Daten

Hinweis

Bei der Datei *playback.m3u* handelt es sich um Metadaten, also um eine Art Beschreibung der aufgezeichneten Daten. Diese Metadaten sind für eine spätere Wiedergabe aber nicht relevant oder erforderlich.

In den Voreinstellungen lassen sich in dieser Hinsicht einige Dinge festlegen. Beispielsweise die Möglichkeit, jeden Sprecher in einer separaten Audiodatei zu dokumentieren. Ist die entsprechende Funktion *Audiospur einzelner Sprecher aufzeichnen* in den Voreinstellungen aktiv, wird dazu automatisch ein Verzeichnis mit der Bezeichnung *Audio Record* angelegt, und alle Teilnehmer, die sich im Meeting zu Wort gemeldet bzw. etwas gesagt haben, werden in Form einer mit deren jeweiligen Benutzernamen gekennzeichneten Audiodatei dokumentiert.

Über das Menü der Videoschaltfläche kann das Einstellungen-Fenster geöffnet werden

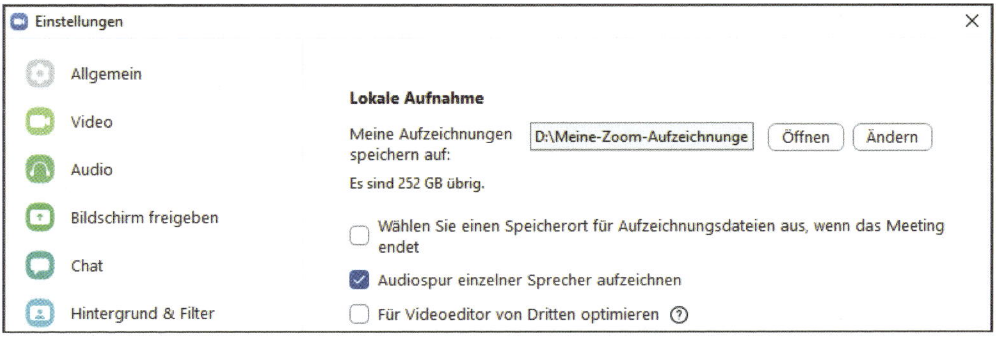

Die Funktion »Audiospur einzelner Sprecher aufzeichnen« im Einstellungen-Fenster

Hinweis

Bei den drei Dateien mit der Endung *.zoom* handelt es sich um nicht gelöschte temporäre Aufzeichnungsdaten (siehe nächste Seite).

Aufzeichnungsdaten inklusive des Ordners Audio Record

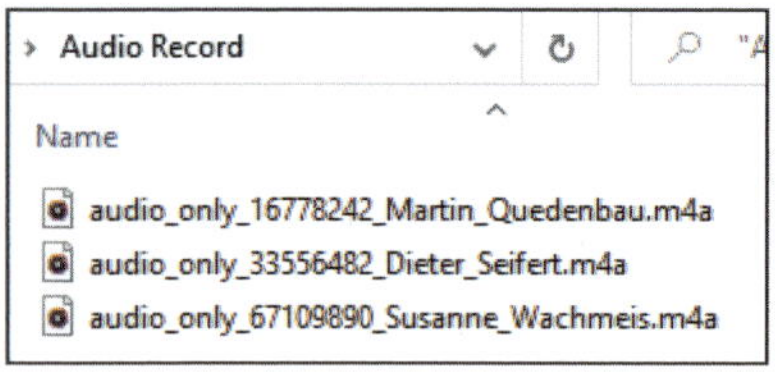

Der Audio-Record-Ordner enthält die Audioaufzeichnung einzelner Teilnehmer bzw. Sprecher

Temporäre Aufzeichnungsdaten behalten

Voreingestellt werden die Originaldateien von Zoom nach der Konvertierung in das MP4-Format gelöscht. Es besteht aber die Möglichkeit, die Originaldaten der Aufzeichnung zu erhalten. Ist diese Funktion aktiv, bleiben nach der Konvertierung Dateien mit der Bezeichnung *double_click_to_convert* zurück. Die Anzahl dieser Dateien hängt von der Länge der Aufzeichnung ab. Indem Sie die Originaldaten erhalten, ziehen Sie praktisch eine zusätzliche Sicherung ein, denn sollte es rund um die Aufzeichnung zu Problemen kommen, können diese Daten bei der Problemlösung hilfreich sein. Damit die Daten nicht gelöscht werden, können Sie in den Voreinstellungen der Zoom-Software die Funktion *Temporäre Aufzeichnungsdaten behalten* aktivieren.

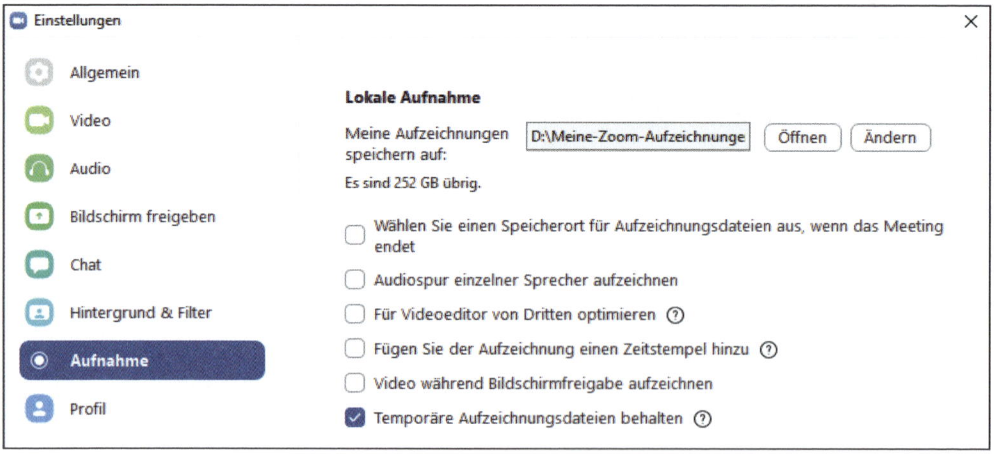

Die Funktion »Temporäre Aufzeichnungsdaten behalten« im Fenster »Einstellungen«

Zoom-Support

Wenden Sie sich in einem Problemfall beispielsweise an den Zoom-Support. Vielleicht kann dieser auf der Grundlage der Originaldaten das Problem beheben.

16. Virtuelle Hintergründe

Nicht jedes Homeoffice kommt attraktiv daher oder ist stets perfekt aufgeräumt. Gleiches gilt natürlich auch für das eine oder andere klassische Büro. Mit der hier vorgestellten Funktion können Sie solche Probleme mit wenigen Klicks aus der Welt schaffen, indem Sie Ihren realen Hintergrund unscharf gestalten (weichzeichnen), durch ein anderes Hintergrundbild oder durch ein Hintergrundvideo ersetzen. Zoom stellt dazu drei Fotos und zwei Videos zur Verfügung. Darüber hinaus können Sie auch eigene Bilder oder Videos verwenden.

Hinweis

Auf meiner Website www.quedenbaum.com stelle ich Ihnen diverse Hintergrundbilder zur Verfügung.

Virtueller Hintergrund (hier das von Zoom bereitgestellte Video »Beach«)

Die von Zoom bereitgestellten virtuellen Hintergründe (Bilder und Videos)

Verschwommener Hintergrund (weichzeichnen)

Diese auch in anderen Programmen sehr häufig genutzte Methode neutralisiert Ihren Hintergrund mit einem Klick. Zoom kann dabei in Echtzeit zwischen Ihnen und dem Hintergrund unterscheiden und zeigt diesen wunschgemäß unscharf.

Im Grenzbereich zwischen Ihnen und dem Hintergrund fällt dem Programm die Unterscheidung stellenweise dann doch nicht so leicht, weshalb der Hintergrund hier und da mal auftaucht. Dieses Phänomen tritt insbesondere dann in Erscheinung, wenn Sie sich vor der Kamera bewegen.

Mit einem Klick auf *None* können Sie die Weichzeichnung jederzeit deaktivieren und somit den Hintergrund unverändert darstellen.

Hier können Sie die Weichzeichnung bzw. die Unschärfe (engl. Blur) aktivieren

Der Hintergrund kann mit einem Klick unscharf gestaltet (weichgezeichnet) werden

16.1 Eigene Bilder verwenden

Wenn es in Ihrem Meeting um ein neues Produkt Ihrer Firma oder ein bestimmtes Projekt geht, könnten Sie mit einem aussagekräftigen Bild das Thema des Meetings für alle von Anfang an sichtbar machen. Solche Hintergrundgrafiken lassen sich mit verhältnismäßig geringem Aufwand selbst erstellen. Wenn Sie selbst keine Zeit oder keine Lust haben, solche Grafiken zu erstellen, findet sich in Ihrem Unternehmen, Verein oder Bekanntenkreis bestimmt jemand, der Sie in dieser Hinsicht unterstützen kann.

Technische Aspekte

In technischer Hinsicht sollten Sie darauf achten, dass solche Hintergrundgrafiken bzw. Bilder in ihren Abmessungen denen gängiger Videos entsprechen. Mit anderen Worten: Die Form der Grafiken (das sogenannte Bildseitenverhältnis) sollte wie die meisten Fernseher in 16:9 und die Bildgröße bzw. die Auflösung in 1.920 x 1.080 Pixeln angelegt werden. Bilder, die nicht über das optimale Bildseitenverhältnis verfügen, verarbeitet Zoom so, dass die Horizontale komplett ausgefüllt und in der Folge überschüssige Bildinhalte an der Ober- und Unterseite abgeschnitten werden. Zoom nimmt Bilder in den Dateiformaten JPEG, PNG oder BMP entgegen.

Selbst gestaltete Hintergrundgrafik

Vorlagen in Grafikprogrammen

Da das Erstellen solcher »Videografiken« auch in anderen Zusammenhängen für viele Anwender gang und gäbe ist, verfügen die meisten Grafikprogramme über entsprechende »Blankodateien«.

Wenn Sie eine solche Vorlage verwenden, stellen Sie in Sachen Bildseitenverhältnis und Auflösung praktisch alles auf Knopfdruck richtig ein.

Hierbei können Sie Logos und Grafiken im Zweifelsfall auch einfach so anlegen, dass diese während des Meetings in Teilen oder zeitweise von Ihnen verdeckt werden.

Hintergrundelemente müssen nicht vollumfänglich bzw. dauernd sichtbar sein

Videotraining

Auf meiner Website www.quedenbaum.com stelle ich Ihnen ein Videotraining zur Verfügung, in dem ich Ihnen zeige, wie Sie entsprechende Hintergrundbilder mit den bekannten und verbreiteten Programmen Adobe Photoshop, Adobe Photoshop Elements oder dem Gratisprogramm GIMP erstellen.

Von Zoom zur Verfügung gestelltes Hintergrundbild »Gras«

16.2 Video als Hintergrundbild

Die von Zoom bereitgestellten Videos sind dabei durch ein Kamerasymbol gekennzeichnet. Wenn Sie ein Video als Hintergrund auswählen, wird dieses in einer Endlosschleife wiederholt.

Von Zoom zur Verfügung gestelltes Hintergrundvideo »Northern Lights«

Von Zoom zur Verfügung gestelltes Hintergrundvideo »Beach«

Hintergrundvideos selbst drehen

Beide von Zoom zur Verfügung gestellten Videos machen deutlich, wie ein selbst gedrehtes Hintergrundvideo in etwa aussehen sollte. Die Kameraposition wurde beim Dreh nicht verändert. Stattdessen bewegt sich ausschließlich das Motiv. Während in einem der beiden Videos mystische Nordlichter umherwabern, zeigt das andere Video einen wellenumtosten Südseestrand mit einer sich im Wind bewegenden Palme.

Freihändiges Drehen führt sehr schnell zu verwackelten Videobildern

Verwenden Sie daher besser ein Stativ

Wenn Sie selbst ein Video drehen möchten, sollten Sie daher am besten ein Stativ verwenden und die Kamera einfach eine gewisse Zeit aufnehmen lassen. Wenn Sie beispielsweise die vor Ihrer Firmenzentrale oder vor Ihrem Vereinsheim gehissten bzw. flatternden Fahnen filmen, sollten Sie hier durchaus ein längeres Video aufnehmen, denn bei zu kurzen Videos muss Zoom das Video ja immer wieder neu starten, um den Hintergrund mit Inhalt zu füllen. Dieser »Neustart« bleibt dem Zuschauer nicht verborgen und wirkt daher störend.

Möchten Sie beispielsweise für eine Begrüßungsansprache auf einen solchen Videohintergrund zurückgreifen, sollte die Dauer des Videos im Idealfall etwas länger als die geplante Ansprache ausfallen. Sollte Ihre Ansprache dann doch etwas länger als das Video ausfallen, ist das auch kein Problem, weil Zoom das Video dann ja erst nach einer verhältnismäßig langen Wiedergabedauer neu startet. Unschöner wäre es hingegen, wenn das Video beispielsweise nur vier Sekunden lang wäre und somit alle vier Sekunden von Zoom neu gestartet werden würde.

Dateiformate

Zoom akzeptiert Videos, die in den Dateiformaten MP4 oder MOV (QuickTime Movie) vorliegen. In den meisten Fällen werden Sie wahrscheinlich ein Video im Dateiformat MP4 aufzeichnen, da Smartphones und ein Großteil der verfügbaren Consumer-Kameras Videos in diesem Format aufzeichnen.

Auflösung

Ein Qualitätsmerkmal für Videos ist deren Auflösung. Damit ist die Bildgröße des Videos in Bildpunkten (Pixeln) gemeint.

Viele Kameras zeichnen heutzutage (voreingestellt) Videos in einer Auflösung von 1.920 x 1.080 Pixeln auf. Diese auch als Full HD bezeichnete Auflösung liefert eine ordentliche Bildqualität und ist problemlos zu verarbeiten. Einige moderne Geräte zeichnen auch in 4K bzw. in einer Größe von 3.840 x 2.160 Pixeln auf. Diese Auflösung wird von Zoom allerdings nicht unterstützt. Bei dem Versuch, ein solches Video zu verwenden, zeigt Zoom das hier dargestellte Hinweisfenster. Eine Grafik, die die Größenunterschiede zwischen Full HD und 4K verdeutlicht, finden Sie auf Seite 123.

Zoom unterstützt maximal Videos in Full HD (1.920 x 1.080)

Hinweis

Die Datenmenge des Videos spielt hierbei bzw. im Zusammenhang mit Zoom übrigens überhaupt keine Rolle, da das Video nicht hochgeladen wird. Vielmehr verbleibt das Video die ganze Zeit an seinem Speicherort bzw. auf Ihrem System. Zoom stellt lediglich eine Verbindung auf Basis einer Verknüpfung her und bezieht die Videoinformation während der Wiedergabe von Ihrem System.

Ideales Motiv für ein Hintergrundvideo (wenn sich die Windräder drehen)

Machen Sie idealerweise eine kurze Probeaufnahme und testen Sie die Sache anschließend in Zoom. Achten Sie dabei auf eventuelle störende Details und probieren Sie dabei ebenfalls aus, ob Sie sich gut vor dem Hintergrundvideo platzieren lassen. Planen Sie dabei durchaus auch entsprechende »Freiflächen« ein. Bei dem hier abgebildeten Windradmotiv ist in der Bildmitte eine recht große »Freifläche« zu sehen. Solche »Freiflächen« sind ideal, um sich davor zu platzieren und einen gewissen Abstand zu den sich bewegenden Objekten zu schaffen.

16.3 Hochgeladene Bilder und Videos löschen

Wenn Sie mehrere Bilder bzw. Videos in Zoom eingefügt haben, wird die Sache recht schnell unübersichtlich. Wenn Sie hochgeladene Bilder oder Videos nicht mehr benötigen, ist es sinnvoll, diese zu löschen. Bewegen Sie dazu den Cursor über das zu löschende Bild und klicken Sie auf das in der rechten oberen Ecke der Bildminiatur dargestellte X-Symbol.

Mit einem Klick auf das X-Symbol können eingefügte Inhalte gelöscht werden

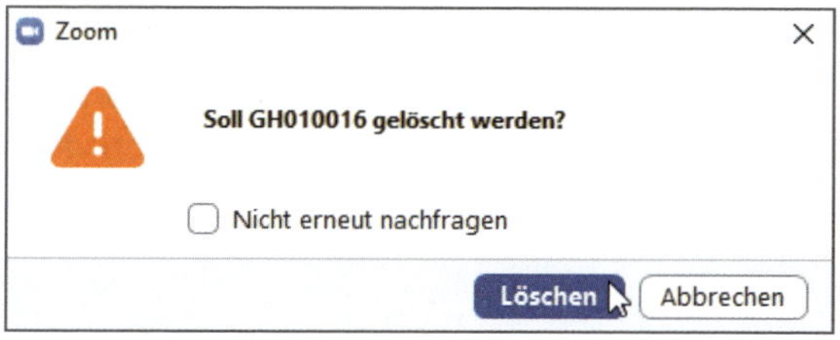

Löschen bestätigen

16.4 Virtueller Smart-Hintergrund vs. Greenscreen

Um solche virtuellen Hintergründe zu verwenden, gibt es in Zoom zwei unterschiedliche Verfahren. Zum einen können Sie die Funktion *Virtueller Smart-Hintergrund* aktivieren, zum anderen können Sie die *Greenscreen-Technik* nutzen. Die Funktion *Virtueller Smart-Hintergrund* stellt Sie automatisch frei und zeigt hinter Ihnen das Bild oder Video Ihrer Wahl. Insbesondere im Bereich der Konturen arbeitet diese Technik allerdings nicht perfekt. Bei schnellen Bewegungen sind daher insbesondere im Bereich der Haare bzw. Kopfkontur unschöne Artefakte zu sehen.

Da diese Technik in Echtzeit funktioniert, muss der verwendete Computer gewisse Mindestvoraussetzungen erfüllen. Wenn diese Voraussetzungen nicht erfüllt sind, zeigt Zoom automatisch eine entsprechende Information an und stellt die Funktion erst gar nicht zum Download bereit.

> **Hinweis**
> Auf meiner Website www.quedenbaum.com stelle ich Ihnen den Link zu den detaillierten Mindestvoraussetzungen zur Verfügung.

Optimale Bildqualität mittels Greenscreen

Hierzu müssen Sie sich vor einem grünen Hintergrund platzieren und das Kontrollfeld *Greenscreen-Technik* aktivieren. Zoom ersetzt die grüne Farbe dann durch ein Bild oder Video Ihrer Wahl. Letztere können Sie nach einem Klick auf das Pluszeichen hochladen. Diese Technik liefert das qualitativ hochwertigste Ergebnis.

Dabei gilt es, den grünen Hintergrund möglichst gleichmäßig auszuleuchten, damit in allen Bereichen ein ähnlicher Farbton zustande kommt. Wenn Sie eine Stoffbahn als Greenscreen verwenden, sollten Sie auf eine möglichst faltenfreie Montage achten, um so die Schattenbildung auf dem Hintergrund zu reduzieren. Das ist insofern wichtig, als jeder Schatten die Farbwirkung des Hintergrunds verändert. Daher sollten Sie auch einen möglichst großen Abstand zwischen sich und dem Greenscreen wählen.

> **Keine grüne Kleidung**
> Tragen Sie bei Verwendung dieser Technik keine grüne Bekleidung oder grünen Schmuck, da Zoom diese Bereiche ansonsten ebenfalls entfernen bzw. durch den virtuellen Hintergrund ersetzen würde.

Spiegelverkehrter Hintergrund

Wenn Sie sich dazu entschlossen haben, Ihr Videobild zu spiegeln, bzw. das Kontrollfeld *Mein Video spiegeln* aktiviert haben, wird auch das jeweils verwendete Hintergrundbild gespiegelt. Das ist aber nur auf Ihrer Seite der Fall. Die Teilnehmer sehen das nicht gespiegelte Bild bzw. den nicht gespiegelten Hintergrund. Mehr Informationen dazu finden Sie in Kapitel 14.4.

Greenscreen-Hintergründe

Es ist eine Vielzahl unterschiedlicher Greenscreen-Hintergründe auf dem Markt erhältlich. Im Idealfall installieren Sie einen solchen Hintergrund und bauen ihn dann nicht mehr ab. Das setzt natürlich gewisse räumliche Bedingungen voraus. Zudem muss man diesen vielleicht ständig sichtbaren grünen Hintergrund auch wirklich wollen.

Daher sind »ausziehbare« Hintergründe eine sehr praktische und vor allem knitterfreie Lösung. Hier sehen Sie ein solches Modell und dessen Funktionsprinzip. Es handelt sich dabei um den ausfahrbaren Greenscreen des Herstellers Elgato. Zunächst wird der nur

10 cm hohe und rund 165 cm breite Aluminiumcontainer aufgeklappt und der Hintergrund einfach nach oben herausgezogen. Dabei richtet sich automatisch ein Ständer auf, der aufgrund seiner besonderen Konstruktionsform den Stoff knitterfrei aufspannt. Nach dem Meeting verschwindet der Hintergrund mit nur wenigen Handgriffen wieder in seinem Container. Dieser ist dank seines geringen Gewichts von rund 9 kg wiederum schnell in einen Abstellraum verbracht oder anderweitig versteckt. Das mit Zoom unter normalen Raumlichtbedingungen erzielbare Ergebnis ist erstaunlich gut.

Hinweis

Auf meiner Website www.quedenbaum.com finden Sie Links zu verschiedenen Greenscreen-Hintergründen.

Eingerollt kann der Greenscreen bequem transportiert und verstaut werden (Fotos: Elgato)

Das Aufrollen bzw. Aufziehen dauert nur wenige Sekunden

Ein Blick auf die Rückseite offenbart das praktische Konstruktionsprinzip

Einen andersfarbigen Hintergrund verwenden

Die Greenscreen-Funktion von Zoom ist eigentlich eine sogenannte Chroma-Key-Funktion. Mit anderen Worten: Die Funktion kann eigentlich jede Farbe entfernen bzw. »ausstanzen«. Auch wenn die Funktion auf Grün voreingestellt ist, können Sie beispielsweise auch einen blauen Hintergrund verwenden. Klicken Sie dazu auf das Farbfeld und anschließend auf den im Bild (noch) sichtbaren farbigen Hintergrund.

Grün oder Blau

Andere Farben als Grün oder Blau sind problematisch, weil sich diese Farbtöne oftmals in Nuancen auf der menschlichen Haut finden. Somit würden an diesen Stellen Löcher auf der Haut entstehen, in denen das neue Hintergrundbild ebenfalls zu sehen wäre. Das gilt es natürlich zu vermeiden. In den letzten Jahren hat sich aus technischen Gründen für solche Zwecke die Farbe Grün gegenüber Blau zunehmend durchgesetzt.

Nach einem Klick auf diese Farbfläche die zu entfernende Hintergrundfarbe anklicken

16.5 Witzige Videofilter und Studioeffekte

Von einigen wenigen Farbanpassungsfunktionen abgesehen, handelt es sich hier in erster Linie um eine Fun-Funktion. Sie können sich mit einem Klick auf der Leinwand eines virtuellen Kinos oder auf der Mattscheibe eines alten Fernsehers platzieren. Zudem können Sie sich mit einem virtuellen Accessoire ausstatten. Zur Verfügung stehen Hüte, Mützen, Brillen und noch einiges mehr. Die Sache funktioniert mithilfe der sogenannten Motion-Tracking-Technologie, bei der Zoom Ihre Bewegungen verfolgt und das jeweils gewählte Accessoire entsprechend Ihren Bewegungen folgt. Um die Funktion zu deaktivieren, klicken Sie einfach auf *Kein*.

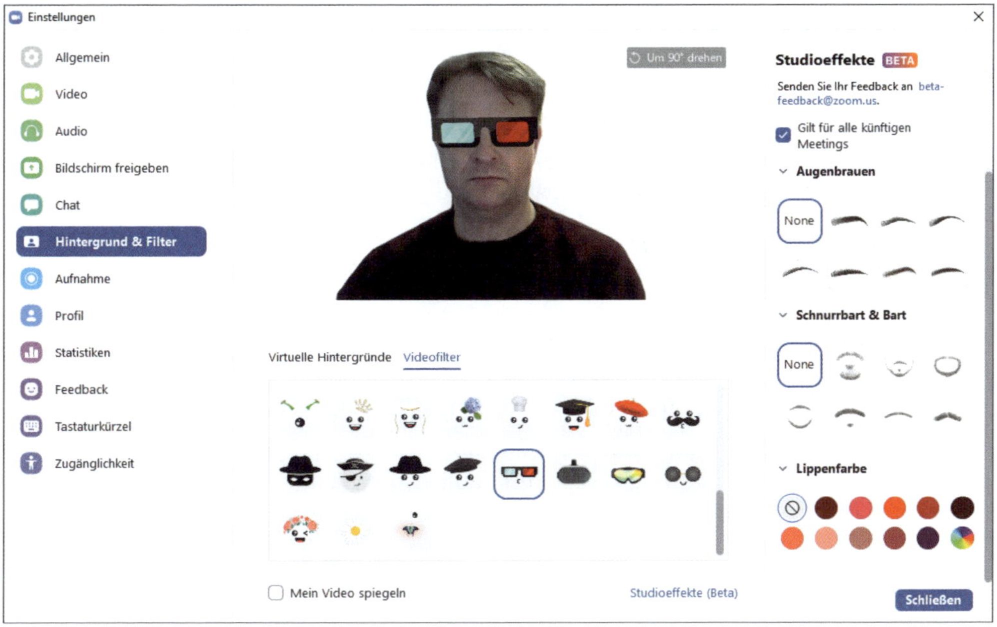

Die Videofilter werden unter dem Vorschaubild angeboten

Rechts finden Sie die *Studioeffekte*. Hier können Sie sich mit einem Bart und/oder mit buschigen Augenbrauen ausstatten. Selbst eine Lippenstiftfunktion steht zur Verfügung.

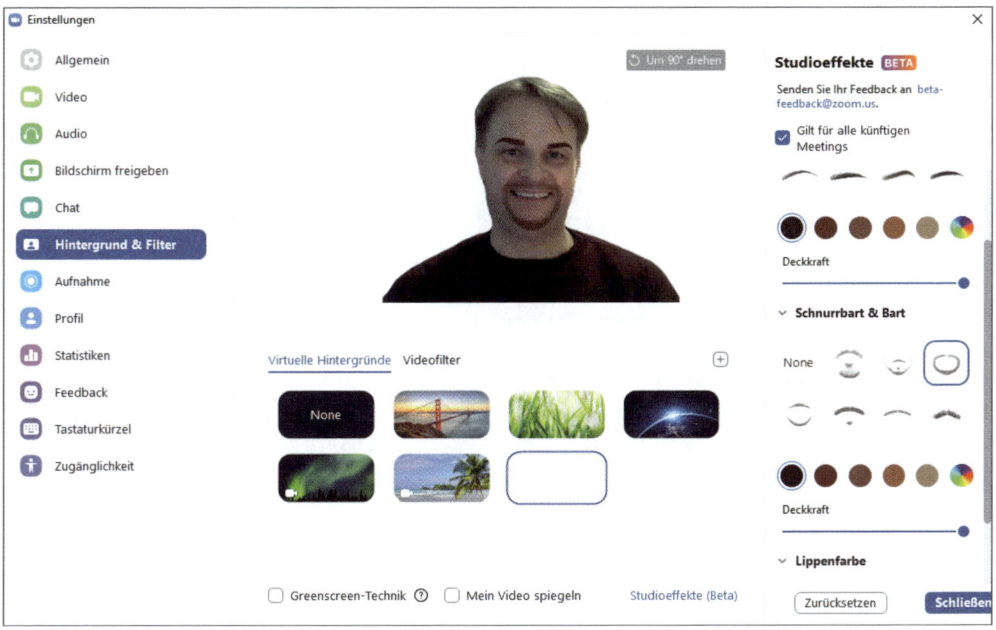

Die Studioeffekte können auf der rechten Seite ausgewählt und angepasst werden

17. Bildschirminhalte mit anderen teilen

Um die auf einem Bildschirm dargestellten Inhalte freizugeben (also anderen Teilnehmern zu zeigen), klicken Sie zunächst auf die Schaltfläche *Bildschirm freigeben*. Schneller geht es unter Windows mit Alt+S bzw. unter macOS mit cmd ⌘+⇧+S.

Auf diese Schaltfläche klicken

Der Tastaturbefehl ist auch dann besonders praktisch, wenn Sie die Schaltfläche *Bildschirm freigeben* aktuell nicht sehen sollten, weil Ihre Zoom-Videofenster gerade verkleinert dargestellt werden, oder wenn Sie einen mit Zoom bisher nicht so vertrauten Anwender um eine Bildschirmfreigabe bitten möchten. Anstatt ihm aufwendig zu beschreiben, worauf er denn nun klicken soll, müssen Sie ihm lediglich den Tastaturbefehl kommunizieren. Dann sollte das schnell und problemlos klappen.

17.1 Das Auswahlfenster

Nachdem Sie auf die Schaltfläche geklickt oder den Tastaturbefehl verwendet haben, erscheint ein Auswahlfenster. In dessen Register *Basic* werden sämtliche Monitore Ihres Systems (hier die oberste Reihe) und alle geöffneten Programm- bzw. Verzeichnisfenster dargestellt.

Somit haben Sie die Wahl, einen Bildschirm vollständig freizugeben oder die Freigabe auf ein bestimmtes Anwendungsfenster (z. B. eine PowerPoint-Präsentation) zu beschränken.

Auswahlfenster

Das Auswahlfenster ist nur für Sie bzw. den jeweils Freigebenden sichtbar. Alle anderen Teilnehmer können somit nicht sehen, welche anderen Programme, Dokumente oder Verzeichnisse auf dem freigebenden Computer aktuell geöffnet sind.

Zudem steht hier ein digitales Whiteboard zur Verfügung, auf dem Sie Dinge skizzieren oder notieren können (siehe dazu auch den Abschnitt 17.8 »Kommentieren«). Die Freigabe eines angeschlossenes iPhones bzw. iPads ist ebenfalls möglich. Mehr Informationen dazu finden Sie im weiteren Verlauf dieses Kapitels.

Daraufhin wird Ihnen und den anderen Teilnehmern der freigegebene Inhalt angezeigt. Wenn Sie bzw. Ihre Teilnehmer zwei oder mehr Monitore verwenden, geschieht das jeweils in einem separaten bzw. groß dargestellten Fenster. Im abgebildeten Beispiel erscheint auf dem System des Freigebenden der freigegebene Inhalt auf einem Monitor

(Vollbild) und das klassische Zoom-Fenster auf einem anderen bzw. benachbarten Monitor des Systems.

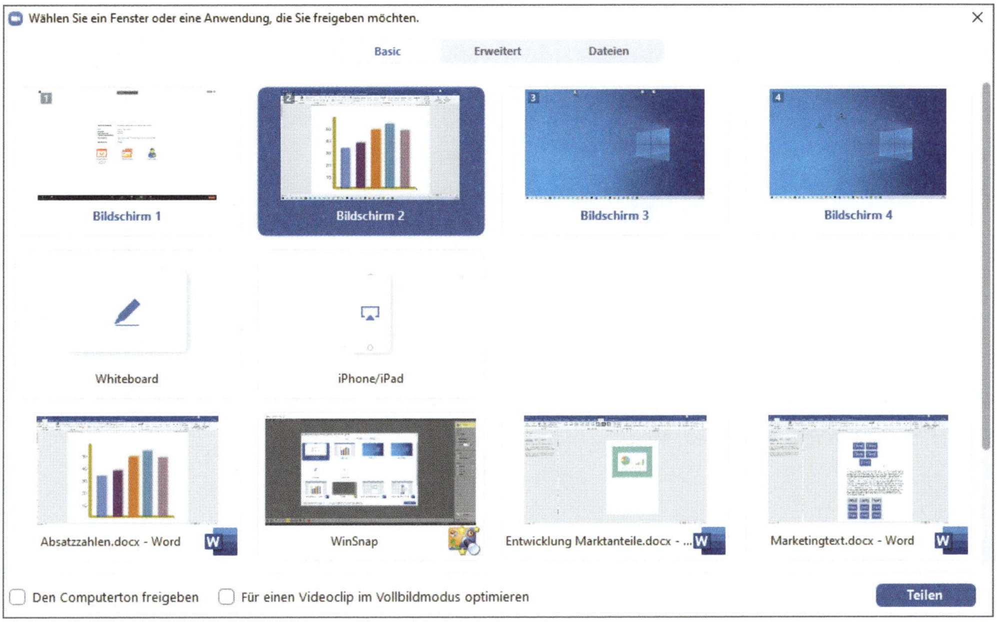

In diesem Fenster den freizugebenden Inhalt mit einem Klick auswählen

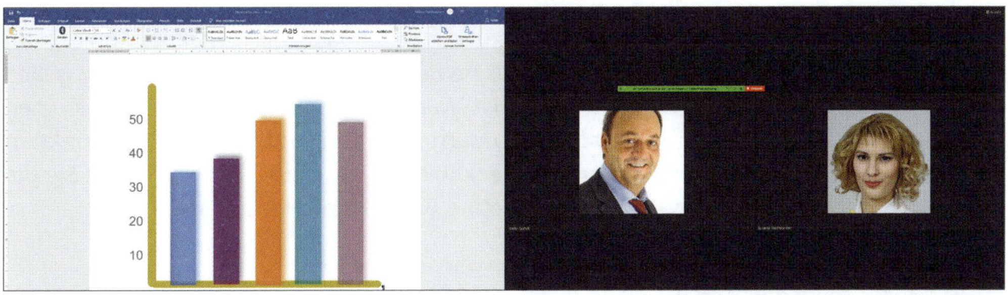

Darstellung beim Freigebenden (zwei Monitore)

Wenn der Teilnehmer ebenfalls mehrere bzw. mindestens zwei Monitore verwendet, sieht die Darstellung dort entsprechend gleich aus. Steht bei einem Teilnehmer hingegen nur ein Monitor zur Verfügung, wird der Freigebende in einer verkleinerten Videoansicht rechts neben dem freigegebenen Inhalt dargestellt. Letzteres ist aber nur der Fall, wenn der Freigebende seine Webcam aktiviert hat. Ist diese deaktiviert, wird der freigegebene Inhalt auf dem Monitor des Teilnehmers im Vollbildmodus wiedergegeben. Um den Teilnehmern eine möglichst große Darstellung anzubieten, macht es für den Freigebenden daher durchaus Sinn, für den Zeitraum der Bildschirmfreigabe seine Webcam mit der Videoschaltfläche zu deaktivieren.

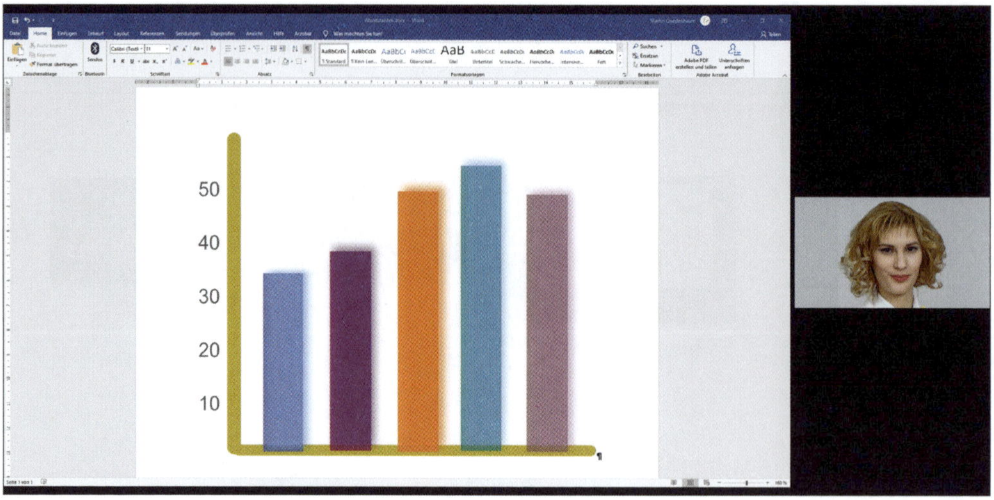

Darstellung beim Teilnehmer (ein Monitor, macOS)

17.2 Kontrolle über die Bildschirmfreigaben anderer Teilnehmer

Um die Kontrolle darüber zu behalten, wer bzw. wann jemand Bildschirminhalte im Rahmen eines Meetings teilen darf, können Sie als Host bzw. Moderator – also als der Veranstalter des Meetings – in der Meeting-Kontrollleiste auf die Schaltfläche *Sicherheit* klicken und im dann erscheinenden Dialog sicherstellen, dass im Bereich *Teilnehmern die Erlaubnis geben* die Funktion *Bildschirm freigeben* deaktiviert ist. Wenn Sie im Verlauf des Meetings einen Teilnehmer zu einer Bildschirmfreigabe auffordern möchten, können Sie diese Funktion vorher aktivieren und anschließend wieder deaktivieren. Auf diese Weise behalten Sie die Kontrolle darüber, ob bzw. wann in Ihrem Meeting Bildschirmfreigaben stattfinden.

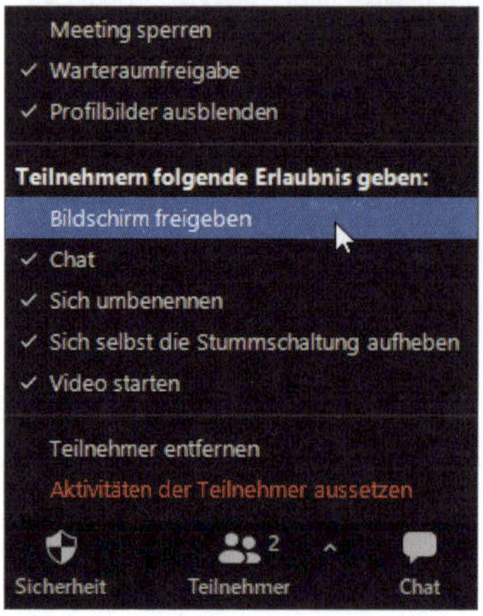

Die Funktion »Bildschirm freigeben« deaktivieren

17.3 Voreinstellung anpassen

Damit diese Funktion auch bei zukünftigen Sitzungen zunächst deaktiviert ist, empfiehlt es sich, Ihre Profileinstellungen entsprechend anzupassen. Besuchen Sie dazu die Seite www.zoom.us, melden Sie sich an und klicken Sie hier auf der linken Seite auf *Einstellungen*.

Navigieren Sie anschließend auf der Seite etwas nach unten zum Bereich *In Meeting (Grundlagen)*. Stellen Sie sicher, dass hier die Funktion *Bildschirmübertragung* aktiv und unmittelbar darunter bei *Wer kann freigeben?* die Option *Nur Host* aktiv ist.

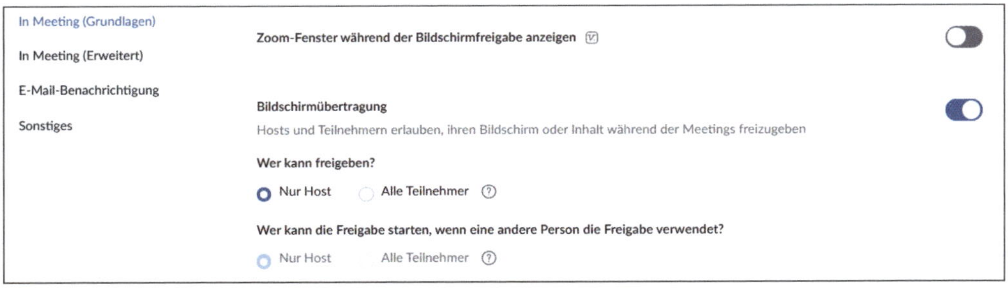

In den Profil-Voreinstellungen diese Option aktivieren

17.4 Musik und Videos freigeben

Damit Ihre Teilnehmer auch Audioinformationen hören können (z. B. bei der Wiedergabe eines Musikstücks oder eines Videos), müssen Sie im Auswahlfenster der Freigabefunktion das Kontrollfeld *Den Computerton freigeben* aktivieren.

Zudem sollten Sie bei der Wiedergabe eines auf Ihrem Rechner vorhandenen Videos oder bei der Wiedergabe eines Onlinevideos (z. B. YouTube) die Funktion *Für einen Videoclip im Vollbildmodus optimieren* aktivieren. Achten Sie dabei unbedingt darauf, die Funktion vor der Wiedergabe zu aktivieren, da ansonsten die damit verbundene Wiedergabeoptimierung nicht zum Tragen kommt.

Für die Freigabe von Videos sollten beide Funktionen aktiviert werden

17.5 PowerPoint-Präsentation im Hintergrund

Wählen Sie zunächst das Register *Erweitert* und klicken Sie dann auf *PowerPoint als virtueller Hintergrund*. Im dann erscheinenden Dialogfenster können Sie die zu zeigende PowerPoint-Datei auswählen. Daraufhin wird Ihr Video verkleinert bzw. rechts unten dargestellt, und die erste Folie der PowerPoint-Präsentation bildet den Hintergrund.

Im Register »Erweitert« die PowerPoint-Freigabe auswählen

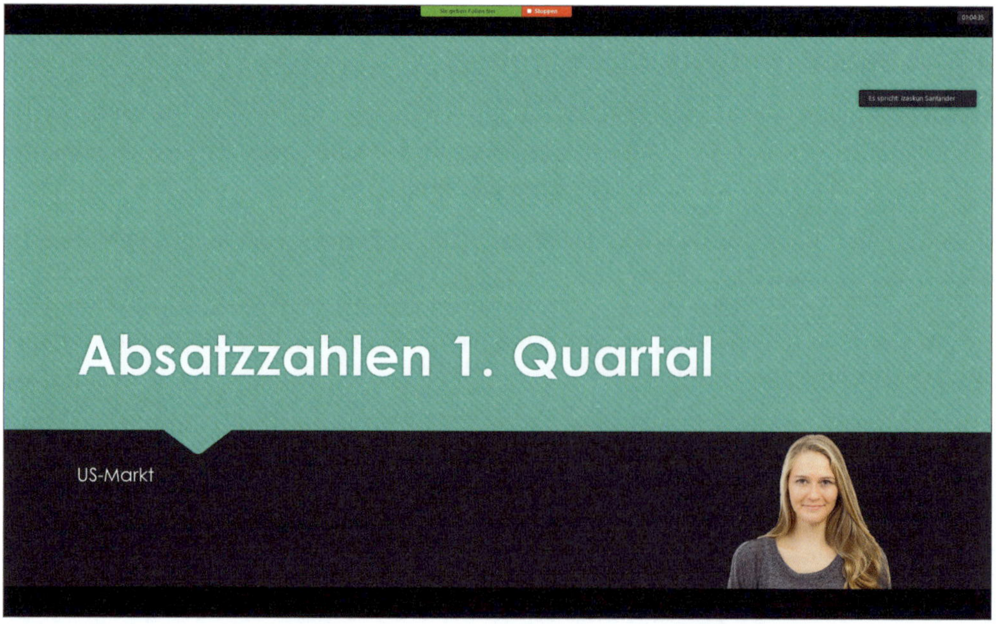

Der Freigebende wird automatisch freigestellt vor der PowerPoint-Präsentation platziert

An der Oberseite erscheint in diesem Modus der Hinweis »Sie geben Folien frei«

17.6 iPhone/iPad freigeben

Beide Geräte des Herstellers Apple können im Rahmen einer Freigabe verwendet werden. Dazu können sie bei Apple-Computern mittels USB-Kabel oder drahtlos über AirPlay angeschlossen werden. Laden Sie zunächst unter https://zoom.us/download das dafür notwendige Plug-in herunter und installieren Sie es mit einem Doppelklick auf die heruntergeladene Datei.

Starten Sie ein Zoom-Meeting, klicken Sie in der Meeting-Kontrollleiste auf *Bildschirm freigeben* und wählen Sie in dem sich dann öffnenden Fenster *iPhone/iPad*.

Freigabe unter Windows 10 per Wi-Fi

Die Windows-Version von Zoom unterstützt lediglich eine kabellose Anbindung von iPhone und iPad. Stellen Sie daher sicher, dass das iPhone bzw. iPad im selben WLAN wie der Computer angemeldet ist.

Klicken Sie in der Meeting-Kontrollleiste auf *Bildschirm freigeben* und wählen Sie in dem sich dann öffnenden Fenster *iPhone/iPad*. Verlassen Sie das Fenster mit einem Klick auf die rechts unten befindliche Schaltfläche *Teilen*. Folgen Sie dem dann eingeblendeten Hinweis und wischen Sie auf dem iPhone/iPad von rechts oben nach unten. Tippen Sie auf *Bildschirm-Synchronisierung* und anschließend auf den Eintrag *zoom-username*.

Jetzt wird das Display des iPhone/iPad auf Ihrem Computer angezeigt und zudem mit den anderen Meeting-Teilnehmern geteilt. Lassen Sie auf dem iPhone/iPad nun den zu teilenden Inhalt bzw. die zu teilende App anzeigen. Um das Teilen zu beenden, klicken Sie auf die rote *Stoppen*-Schaltfläche des Bildschirmfreigabe-Modus.

Freigabe unter macOS per Kabel

Die macOS-Version von Zoom unterstützt sowohl die kabellose als auch die kabelbasierte Anbindung von iPhone und iPad. Die kabellose Anbindung entspricht der unter Windows. Daher beschränke ich mich hier auf die Erläuterung der Kabelvariante.

Schließen Sie zunächst das iPhone bzw. iPad per USB-Kabel an den Apple-Rechner an. Klicken Sie in der Meeting-Kontrollleiste auf *Bildschirm freigeben* und wählen Sie in dem sich dann öffnenden Fenster *iPhone/iPad via Kabel*.

Verlassen Sie das Fenster mit einem Klick auf die rechts unten befindliche Schaltfläche *Bildschirm freigeben*. Jetzt wird das Display des iPhone/iPad auf Ihrem Computer angezeigt und mit den anderen Meeting-Teilnehmern geteilt. Lassen Sie auf dem iPhone/iPad nun den zu teilenden Inhalt bzw. die zu teilende App anzeigen.

Um das Teilen zu beenden, klicken Sie auf die rote *Stoppen*-Schaltfläche des Bildschirmfreigabe-Modus.

Durch Drehen des iPhones wird auch innerhalb der Freigabe das Querformat erreicht

> **Hinweis**
> Rufen Sie die freizugebende App bzw. den freizugebenen Inhalt idealerweise vor der Freigabe des iPhones auf, da die Teilnehmer den Einstellungs- und Auswahlprozess ansonsten live mitverfolgen können bzw. müssen.

17.7 Freigaben aus Dropbox, OneDrive und Co.

Sie können Dokumente auch aus einem Cloud-Hosting-Dienst freigeben. Unterstützt werden Dropbox, OneDrive, Google Drive, Box und Microsoft SharePoint.

Der Ablauf ist bei allen Diensten identisch. Nachdem Sie im Auswahlfenster den gewünschten Cloud-Hosting-Dienst gewählt haben, müssen Sie sich anschließend bei diesem mit Ihren jeweiligen Zugangsdaten einloggen.

Wählen Sie nun den freizugebenden Inhalt aus (z. B. ein Foto oder ein PDF-Dokument) und verlassen Sie das Fenster über die Schaltfläche *Bildschirm freigeben*. Daraufhin wird der Inhalt direkt im Browser oder in einem geeigneten Programm auf Ihrem System geöffnet.

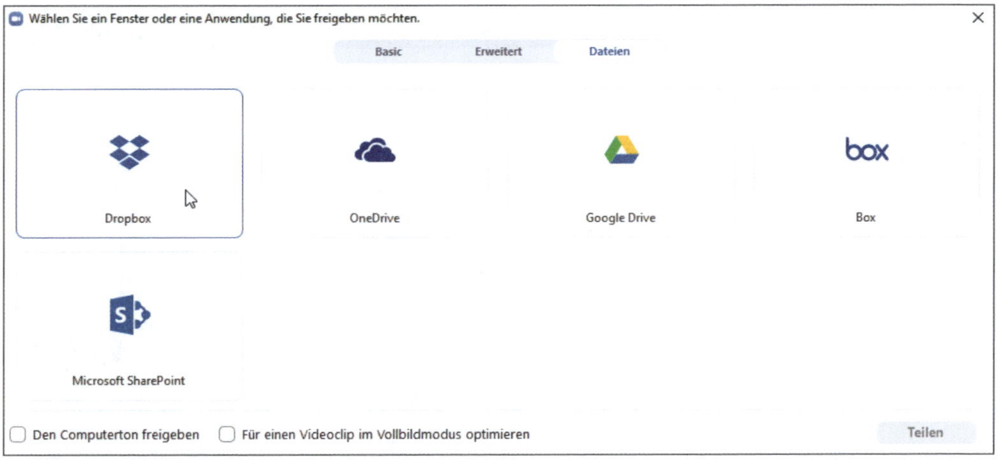

Zunächst den gewünschten Cloud-Hosting-Dienst wählen

Sollte die Freigabe dann nicht automatisch starten, können Sie den Browser oder das Programm in einem zweiten Anlauf über das Register *Basic* des Freigabe-Auswahlfensters freigeben.

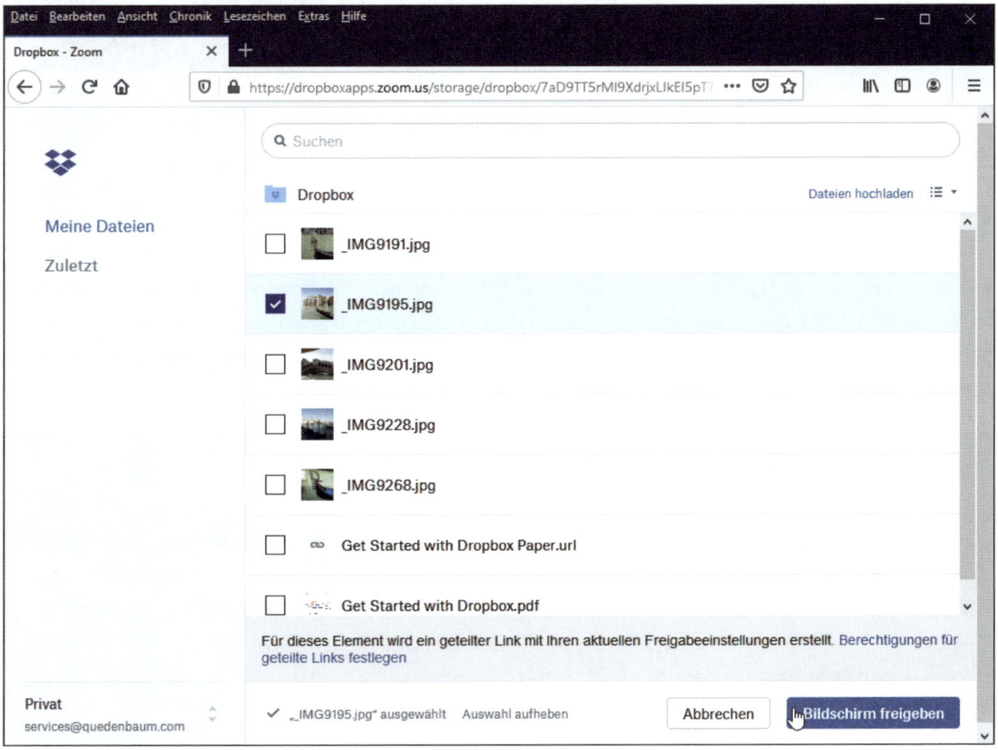

Auswahl des freizugebenden Inhalts (hier Dropbox)

Aus Dropbox heraus geöffnetes bzw. freigegebenes Bild

17.8 Kommentieren

Sie können Ihre Bildschirmfreigaben sehr bequem mit Kommentaren oder grafischen Hinweisen ausstatten. Bewegen Sie dazu den Cursor an den oberen Bildrand der Bildschirmfreigabe. Daraufhin erscheint die Meeting-Kontrollleiste. Klicken Sie hier auf *Kommentieren*.

Screenshot speichern

Bei mehrseitigen bzw. scrollbaren Dokumenten gibt es an dieser Stelle eine Problematik. Wenn sich die Darstellung des freigegebenen Dokuments ändert, verbleiben Ihre Kommentare und Markierungen an ihrer ursprünglichen Stelle und werden so bedeutungslos. Wenn Sie eine von Ihnen kommentierte Bildschirmfreigabe sichern möchten, sollten Sie daher vor jeder Veränderung des Dokuments mit der oben rechts verfügbaren Schaltfläche *Speichern* einen Screenshot sichern.

In dieser Leiste auf »Kommentieren« klicken

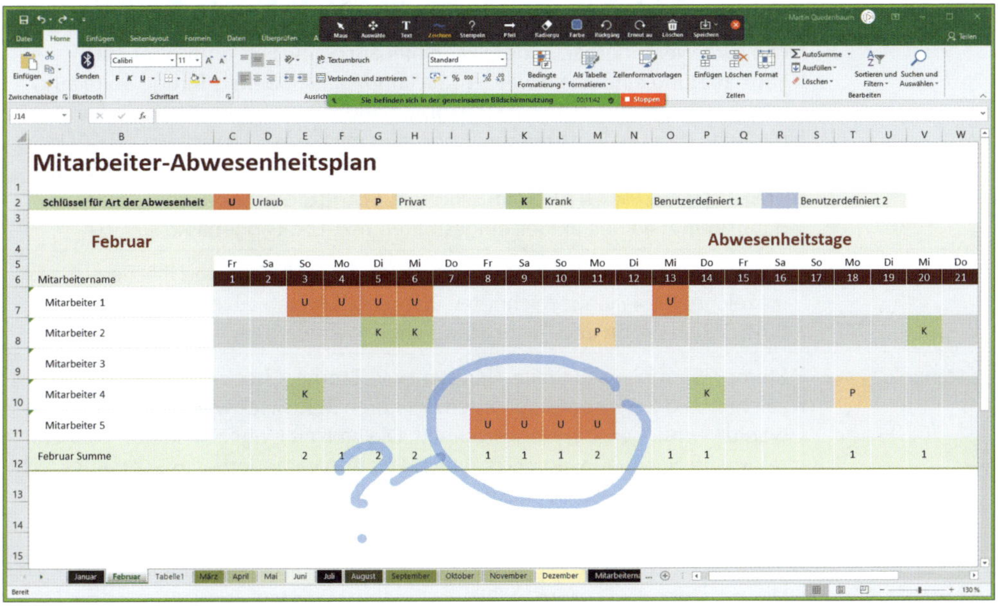

Kommentierte Bildschirmfreigabe

Anschließend wird Ihnen eine weitere Werkzeugleiste angezeigt. Deren Funktionen erläutere ich Ihnen in der nachfolgenden Tabelle.

Diese Leiste stellt diverse Grafikwerkzeuge zur Verfügung

Werkzeug	Bedeutung
Auswählen	Alle hinzugefügten Markierungen oder Texte können im Nachhinein mit diesem Werkzeug ausgewählt werden. Beispielsweise um sie zu verschieben, zu skalieren oder mit dem Mülleimersymbol zu löschen. Sie können auch mehrere Objekte auswählen, indem Sie mit dieser Funktion ein Rechteck über den Objekten aufziehen. Andere verbreitete Sammelauswahlfunktionen (z. B. mittels ⇧ oder Strg bzw. cmd ⌘) werden hingegen nicht unterstützt.

Werkzeug	Bedeutung
Text	Fügt an der von Ihnen gewünschten Stelle ein Textfeld ein, in das Sie einen beliebig langen Text eintragen können. Dabei wird der Text am rechten Rand der Textbox automatisch umbrochen. Wenn Sie die Textbox mit den seitlichen Anfassern auf- oder zusammenziehen, passt sich der Zeilenumbruch entsprechend an. Schriftgröße und Farbe sind über das Menü der Schaltfläche *Farbe* veränderbar. Zudem kann hier auch eine Fett- und/oder Kursiv-Formatierung eingestellt werden. Sie können auch bereits fertige Texte aus anderen Programmen mit Tastenkombinationen einfügen. Kopieren Sie die Texte dazu in dem anderen Programm mit Strg+C bzw. cmd ⌘+C in die Zwischenablage und fügen sie dann in das zuvor markierte Textfeld mit Strg+V bzw. cmd ⌘+V ein. Schriftart, Schriftgröße und Farbe werden dabei immer an den aktuell eingestellten Text-Look angepasst.
Zeichnen	Hiermit können Sie diverse Varianten von Linien, Pfeilen und Flächen einzeichnen. Die eingezeichneten Elemente können auch im Nachgang hinsichtlich Größe und Ausrichtung angepasst werden.
Stempeln	Stempelt auf Wunsch Pfeile, Herzsymbole, Sterne, Check-Häkchen, Fragezeichen und X-Symbole. Mit jedem weiteren Mausklick wird das zuvor angewählte Symbol erneut eingestempelt. Die hiermit eingezeichneten Elemente sind im Nachgang lediglich in ihrer Position veränderbar. Hierzu muss das jeweilige Symbol mit der *Auswählen*-Funktion selektiert und anschließend verschoben werden. Eine Anpassung von Größe, Ausrichtung oder Farbe ist hingegen nicht möglich.
Spotlight/Pfeil	Hiermit kann die Cursorposition verdeutlicht werden. Somit können die Meeting-Teilnehmer stets gut erkennen, wo sich der Cursor aktuell befindet. Dabei steht wahlweise ein farbiger Pfeil oder eine kreisförmige Markierung (Spotlight) zur Verfügung. Während die Farbgebung des Spotlights nicht verändert werden kann, können Sie die Farbe des Pfeils (vor der Auswahl der Funktion) mit einem Klick auf *Farbe* verändern. Die Farbe des Pfeils zeigt sich aber erst bei einem Mausklick. Zudem erscheint dabei innerhalb des Pfeils Ihr Name. Somit wird noch mal verdeutlicht, wer gerade den Cursor führt bzw. wer gerade spricht.
Radiergummi	Löscht mit jeweils einem Klick Texte, Linien, Pfeile usw.
Farbe	Hier können Sie die Werkzeuge für Text, Linien usw. hinsichtlich der zu verwendenden Farbe, Strichstärke und Schriftattribute voreinstellen. Text lässt sich mithilfe dieser Funktionen auch im Nachhinein anpassen. Grafiken lassen sich mit dieser Funktion nachträglich hingegen nicht anpassen.
Rückgängig	Macht den bzw. die letzten Befehl(e) rückgängig.
Erneut	Stellt den bzw. die zuletzt rückgängig gemachten Befehl(e) wieder her.
Löschen	Löscht ein zuvor mit dem Auswählen-Werkzeug gewähltes Element (Text oder Grafik). Zudem können Sie im Menü der Schaltfläche auswählen, ob auf einen Schlag alle von Ihnen oder alle von Teilnehmern stammenden Anmerkungen und Einzeichnungen gelöscht werden sollen.

Werkzeug	Bedeutung
Speichern	Speichert das Whiteboard im Grafikdateiformat PNG.
X-Symbol	Schließt das Werkzeug-Bedienfeld. Um ein geschlossenes Werkzeug-Bedienfeld erneut einzublenden, bewegen Sie den Cursor an die Oberseite des Whiteboards und klicken in der dann erscheinenden Leiste auf *Whiteboard*.

Kommentieren durch andere Teilnehmer verhindern

Wenn Sie sicherstellen möchten, dass nur Sie die von Ihnen freigegebenen Inhalte kommentieren können, bewegen Sie den Cursor an die Oberseite des Whiteboards bzw. des freigegebenen Bereichs und klicken in der dann erscheinenden Meeting-Kontrollleiste auf *Sicherheit*. Deaktivieren Sie hier die Funktion *Anmerkungen zu freigegebenen Inhalten*. Alternativ dazu können Sie auf der rechten Seite der Leiste auf *Mehr* und dann auf *Annotierung durch Teilnehmer deaktivieren* klicken.

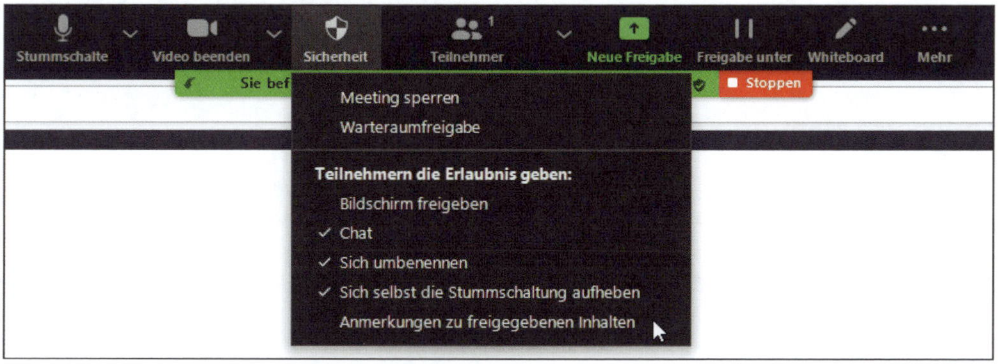

Anmerkung zu freigegebenen Inhalten deaktivieren

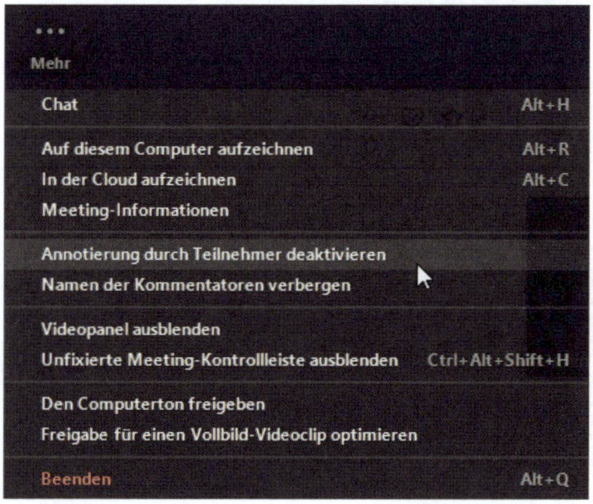

Diese Funktion im Menü »Mehr« auswählen

Eine weitere Freigabe nahtlos nach der bisherigen zeigen

Um die bisherige Freigabe nahtlos durch eine neue Freigabe auszutauschen, klicken Sie einfach auf die Schaltfläche *Neue Freigabe*. Auch hier wählen Sie im anschließenden Dialogfenster die entsprechende Freigabe aus. Der Vorgang bleibt für alle Teilnehmer unsichtbar. Erst nachdem Sie rechts unten im Dialogfenster auf *Teilen* geklickt haben, wird die bisher geteilte Bildschirmansicht durch die neue ausgewählte Ansicht ersetzt.

Aktuell freigegebene Bildschirmansicht (unbemerkt) anpassen

Hin und wieder gilt es, die aktuelle Freigabe anzupassen bzw. zu überarbeiten. Wenn Sie den Vorgang der Anpassung nicht zeigen möchten, können Sie den noch nicht bearbeiteten Zustand »einfrieren«, indem Sie auf die Schaltfläche *Freigabe unterbrechen* klicken. Anschließend können Sie die erforderlichen Anpassungen vornehmen, und zwar, ohne dass die Maßnahmen von den Teilnehmern »beobachtet« werden können, denn die Teilnehmer sehen nach wie vor die noch unbearbeitete bzw. »eingefrorene« Bildschirmansicht. Haben Sie Ihre Anpassungen fertiggestellt, können Sie mit einem Klick auf die gleiche, aber nun mit *Freigabe wiederaufnehmen* betitelte Schaltfläche die von Ihnen angepasste Version zeigen. Alternativ würde hier auch das Tastenkürzel Alt+T funktionieren.

Unfixierte Meeting-Kontrollleiste ausblenden

Manchmal stört die im Rahmen der Bildschirmfreigabe oben dargestellte Meeting-Kontrollleiste. Beispielsweise, wenn Sie im gleichen Bereich auf die verschiedenen Tabs eines Browsers klicken möchten. Klicken Sie in einem solchen Fall einfach rechts auf *Mehr* und wählen Sie den Befehl *Unfixierte Meeting-Kontrollleiste ausblenden*. Um die Leiste wieder einzublenden, müssen Sie anschließend lediglich Esc drücken.

17.9 Aus mehreren Freigaben auswählen

Mit Erlaubnis des Hosts können in einem Meeting auch mehrere Bildschirmfreigaben gleichzeitig erfolgen. Somit können die Teilnehmer, die aktuell nicht selbst etwas freigegeben haben, jeweils selbst entscheiden, welche der aktuell verfügbaren Freigaben sie aktuell betrachten möchten.

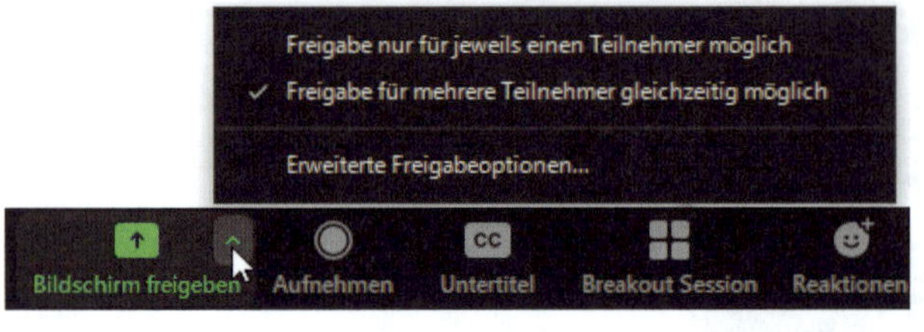

Der Host muss die Freigabe für mehrere Teilnehmer gleichzeitig gestatten

Die Auswahl erfolgt über die Schaltfläche *Optionen anzeigen* im Bereich *Freigegebene Bildschirme*.

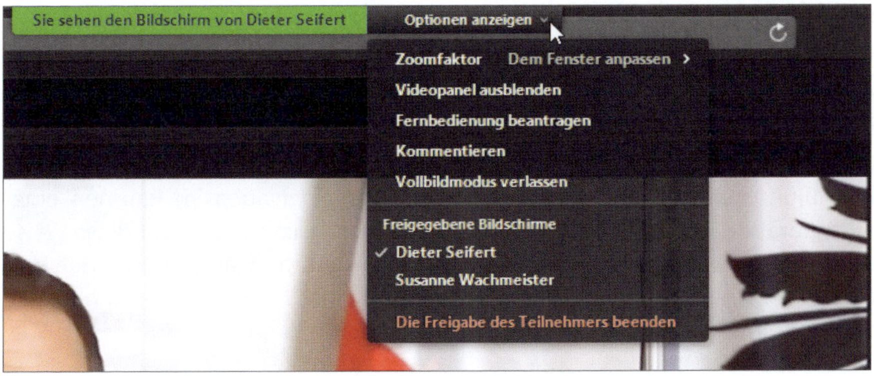

In diesem Menü kann aus den aktuell freigegebenen Bildschirmen gewählt werden

18. Fernbedienung eines anderen Computers

Diese Möglichkeit ist an die Funktion *Bildschirm freigeben* gekoppelt und gestattet die Fernbedienung durch einen anderen Teilnehmer. Das ist beispielsweise dann sinnvoll, wenn im Rahmen einer Schulung der Trainer direkt innerhalb der freigegebenen Software eines Schulungsteilnehmers aktiv werden möchte. Aber auch im Rahmen einer klassischen Präsentation ist die Funktion sinnvoll einzusetzen. Ist es doch auf diese Weise möglich, dass z. B. ein Kollege aktuellste Daten in Ihre Präsentation einfügt oder den Vortrag bestimmter Passagen Ihrer Präsentation im Rahmen eines Meetings übernimmt und so die Wiedergabe einzelner Seiten bzw. Folien selbst steuern kann.

Die Fernbedienungsfunktion bietet vielfältige Anwendungsmöglichkeiten

Zoom ermöglicht die ferngesteuerte Bedienung eines anderen Computers

18.1 Voreinstellungen überprüfen

Damit das funktioniert, sollten Windows-Anwender vor dem Start des Meetings sicherstellen, dass in den Videoeinstellungen das Kontrollfeld bei *Die Fernbedienung aller Anwendungen aktivieren* aktiv ist. Sie erreichen diese Funktion, indem Sie im Startfenster der Software auf das Zahnradsymbol klicken.

Hinweis

In der Mac-Version findet sich diese Voreinstellung nicht. Vielmehr ist die Funktion hier grundsätzlich aktiv. Allerdings gibt es die Möglichkeit, die Fernsteuerung auf das jeweils freigegebene Fenster zu begrenzen.

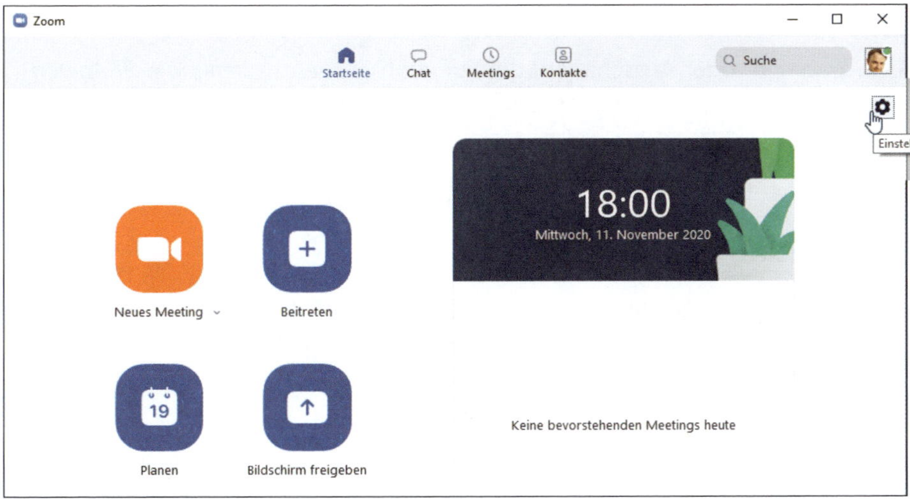

Im Startfenster der Software oben rechts auf das Zahnradsymbol klicken

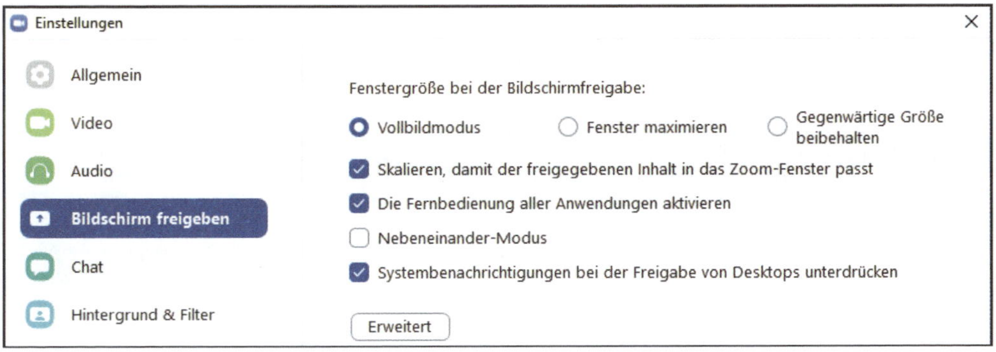

Voreinstellungen der Rubrik »Bildschirm freigeben« (Windows)

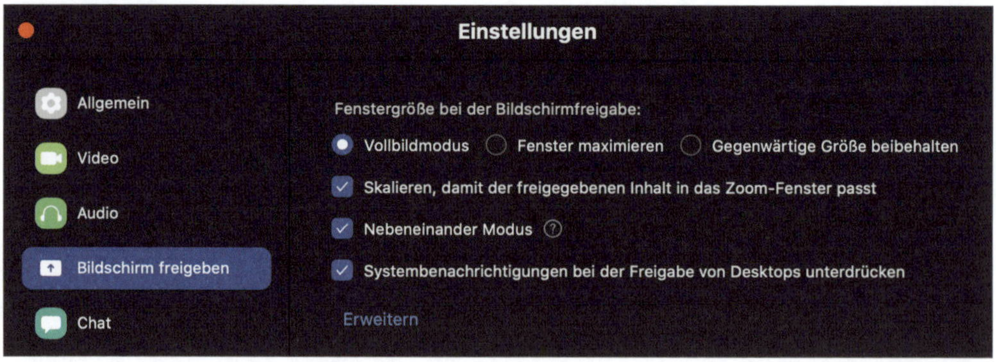

Voreinstellungen der Rubrik »Bildschirm freigeben« (macOS)

> **Hinweis**
> Eine Änderung (Ein- oder Ausschalten) der Funktion *Die Fernbedienung aller Anwendungen aktivieren* wirkt sich immer erst auf die jeweils nächste Sitzung aus.

18.2 Fernbedienung

In einem ersten Schritt müssen Sie oder derjenige Teilnehmer, der einem anderen Teilnehmer die Freigabe auf seinem System ermöglichen möchte, auf die Schaltfläche *Bildschirm freigeben* und anschließend an der Oberseite bzw. in der Meeting-Kontrollleiste auf *Fernbedienung* (Windows) bzw. *Remote Control* (macOS) klicken.

Mit einem Klick auf den jeweiligen Teilnehmernamen kann dann der Teilnehmer ausgewählt werden, dem die Fernsteuerung übertragen werden soll.

> **Hinweis**
> Die Fernsteuerung-Funktionen werden aktuell von der Zoom-App nicht unterstützt.

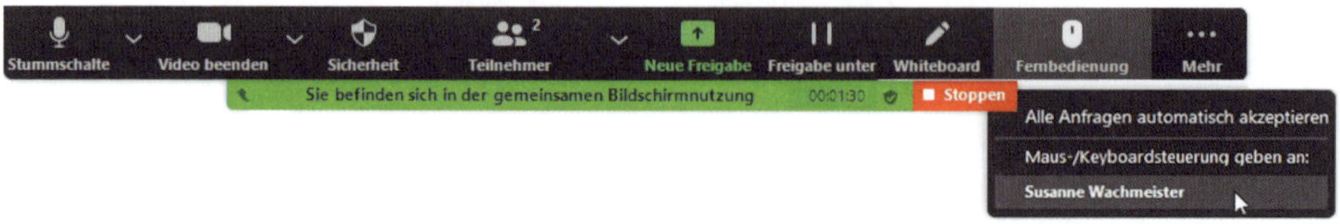

In der Freigabeleiste auf »Fernbedienung« und dann auf den Namen des Teilnehmers klicken

Unabhängig davon kann ein Teilnehmer bei einer bestehenden Bildschirmfreigabe auch von sich aus tätig werden und ein Fernbedienungsrecht erbeten. Hierzu muss er an der

Oberseite des Zoom-Fensters bzw. in der Meeting-Kontrollleiste auf *Optionen anzeigen* und anschließend auf *Fernbedienung beantragen* klicken.

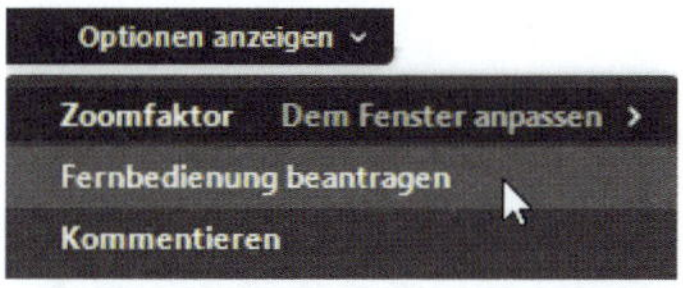

Teilnehmer können bei einer bestehenden Bildschirmfreigabe auch von sich aus tätig werden

Nachdem Sie den Antragsteller ausgewählt haben, werden Sie in der grünen Anzeige darüber informiert, dass Zoom nun auf die Fernsteuerung »wartet«, also entsprechende Fernsteuerungsaktionen erwartet.

Anschließend »wartet« Zoom auf die Fernsteuerung durch den entsprechenden Teilnehmer

Im Gegenzug wird dem Antragsteller ein entsprechender Hinweis angezeigt, dass er nun Ihren Bildschirm steuern kann.

Diese Information wird dem fernsteuernden Teilnehmer angezeigt

Sobald der Antragsteller in dieser Hinsicht einen ersten Klick auf der Oberfläche des fernzusteuernden Computers gemacht hat, ändert sich sowohl die ihm selbst angezeigte Information als auch die Ihnen in der grünen Anzeige dargestellte Meldung.

Nach dem ersten Klick ändert sich die Meldung

Jetzt informiert Zoom darüber, dass der Antragsteller aktuell Ihren Bildschirm steuert.

Auch auf dem jetzt ferngesteuerten Computer ändert sich die Meldung entsprechend

18.3 Fernbedienung beenden

Wenn Sie die Freigabe durch einen Klick auf die rote *Stoppen*-Schaltfläche beenden, endet auch die erteilte Erlaubnis zur Fernsteuerung. Wenn Sie die Bildschirmfreigabe hingegen weiterhin aufrechterhalten und lediglich die erteilte Erlaubnis zur Fernsteuerung beenden möchten, wählen Sie einen anderen Weg. Klicken Sie in diesem Fall auf die Schaltfläche *Ferngesteuert* und in dem dann erscheinenden Menü auf die rote Schaltfläche *Steuerung abbrechen*.

Auf »Ferngesteuert« und anschließend auf »Steuerung abbrechen« klicken

Beenden der Fernbedienung durch den Fernbedienenden selbst

Um den Zugriff auf den anderen Computer zu beenden, kann der Fernbedienende an der Oberseite des Zoom-Fensters auf *Optionen anzeigen* und dann auf *Fernbedienungsrechte aufgeben* klicken.

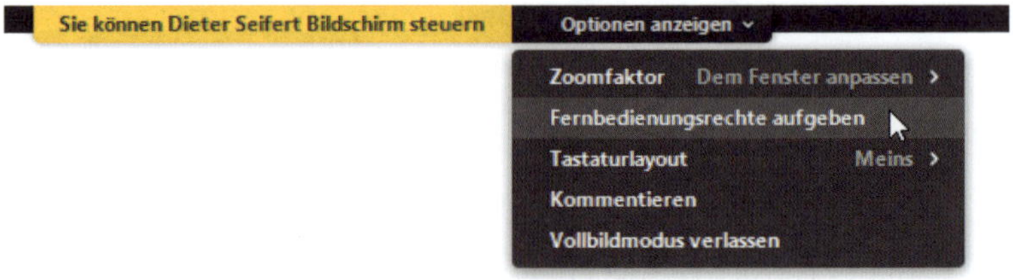

Die Fernbedienung kann durch den Fernbedienenden beendet werden

18.4 Zoomfaktor

Der Fernbedienende hat die Möglichkeit, die Wiedergabegröße des freigegebenen Fensters zu steuern. Die voreingestellt aktive Funktion *Dem Fenster anpassen* sorgt dafür, dass das freigegebene Fenster an die aktuelle Zoom-Fenstergröße des Fernbedienenden angepasst wird. 100 % zeigt das Fenster hingegen in seiner Originalgröße und die anderen angebotenen Größen in entsprechend verkleinerter oder vergrößerter Fassung an.

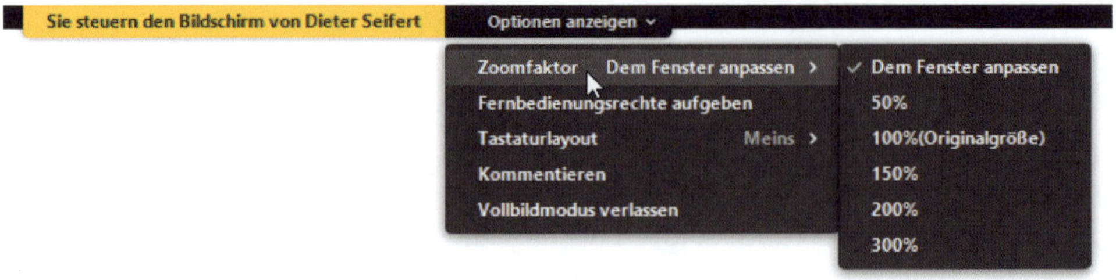

Steuerung des Zoomfaktors durch den Fernbedienenden

18.5 Tastaturlayout

Sollte bei der Bedienung einer freigegebenen Software die Nutzung der Tastatur von Bedeutung sein, kann der Fernbedienende hier entscheiden, ob das von seinem Rechner verwendete Tastaturlayout oder das Tastaturlayout des ferngesteuerten Rechners verwendet werden soll. Diese Funktion kann insbesondere dann von Bedeutung sein, wenn einer der Beteiligten ein fremdsprachiges Tastaturlayout verwendet.

Beispielsweise unterscheiden sich englisch- und deutschsprachige Tastaturlayouts darin, dass Umlaute wie Ö und Ä nur im deutschsprachigen Tastaturlayout verfügbar sind. Gleiches gilt für die Taste ß. Auch bei der oberen Buchstabenreihe gibt es erhebliche Unterschiede. Während im deutschen Tastaturlayout die Abfolge QWERTZ zu finden ist, stellt das englischsprachige Tastaturlayout hier die Abfolge QWERTY zur Verfügung.

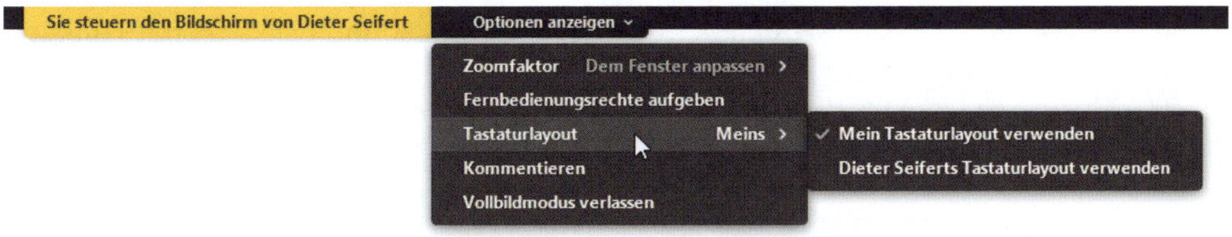

Wahl des Tastaturlayouts durch den Fernbedienenden

Kommentieren

Über das Menü *Optionen anzeigen* wird zudem die Funktion *Kommentieren* angeboten. Somit hat der Fernsteuernde die Möglichkeit, Kommentare, Markierungen und Symbole einzupflegen. Mehr Informationen dazu finden Sie in Kapitel 17.8.

Kommentarfunktionen zur Nutzung durch den Fernbedienenden

19. Chat

Wie in gewöhnlichen Meetings üblich, wird auch bei Zoom-Meetings miteinander geredet. Darüber hinaus haben Zoom-Anwender die Möglichkeit, mit der Chat-Funktion mit anderen Zoom-Anwendern zu kommunizieren.

Ähnlich einer E-Mail können Sie mit der Zoom-Chat-Funktion auch Anhänge versenden und auf diese Weise Dateien jeder Art (z. B. Word-Dokumente, Excel-Dateien, Bilder usw.) mit anderen Zoom-Usern teilen.

Zoom stellt die Chat-Technik sowohl innerhalb eines Zoom-Meetings als auch im Rahmen des Zoom-Startfensters zur Verfügung. Während bei einem Zoom-Meeting der Veranstalter des Meetings – der sogenannte Moderator bzw. Host – maßgeblich bestimmt, ob und in welchem Umfang die Chat-Funktion bereitgestellt wird, können Sie die Chat-Funktion im Rahmen des Zoom-Startfensters ohne Beschränkungen durch andere verwenden. Allerdings erreichen Sie hier nur die Kontakte, die Sie zuvor als Kontakt angelegt haben (siehe dazu auch Kapitel 24).

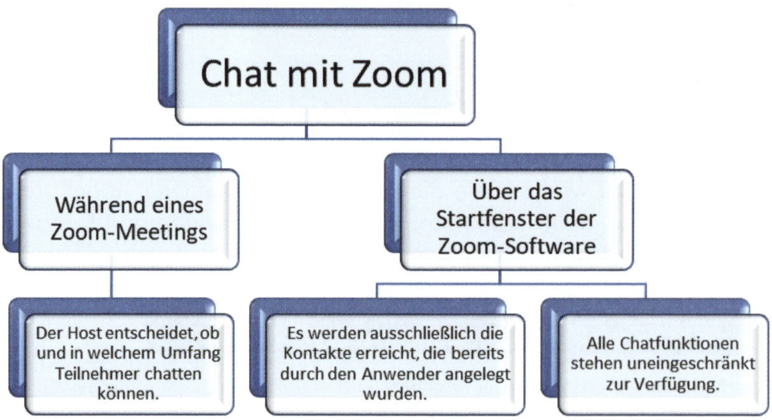

Überblick über die Chat-Funktionen von Zoom

19.1 Chat-Bereich ein- und ausblenden

Der Chat-Bereich wird mit einem Klick auf die in der Meeting-Kontrollleiste angebotene *Chat*-Schaltfläche ein- und ausgeblendet. Schneller geht es mit dem Tastenkürzel Alt+H.

Die Chat-Schaltfläche in der Meeting-Kontrollleiste

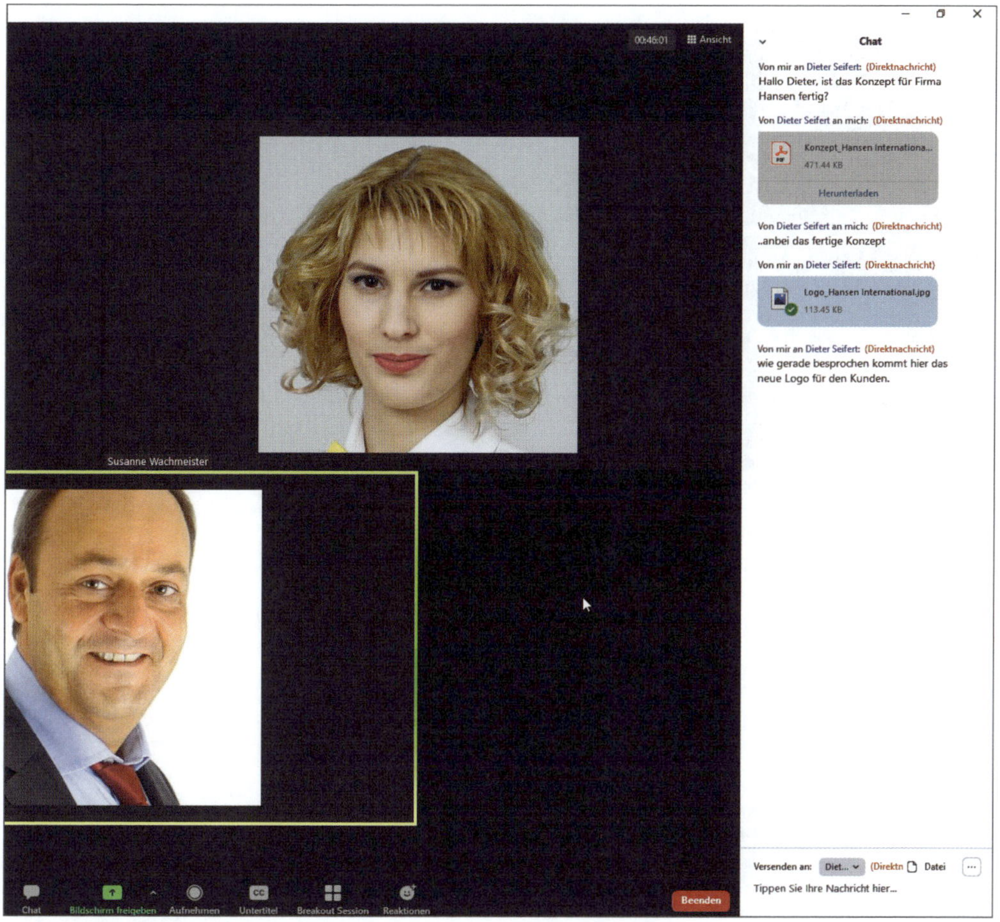

Der Chat-Bereich erscheint an der rechten Seite des Zoom-Fensters

Teilnehmer- und Chat-Bereich

Der Chat-Bereich kann auch zusammen mit dem Teilnehmerbereich auf der rechten Seite dargestellt werden. Mit einem Klick auf die Schaltfläche *Teilnehmer* können Sie diesen Bereich dazuholen und auch wieder ausblenden. Schneller geht es mit Alt+U.

Mit einem Klick auf »Teilnehmer« können Sie diesen Bereich zusammen mit dem Chat-Bereich anzeigen

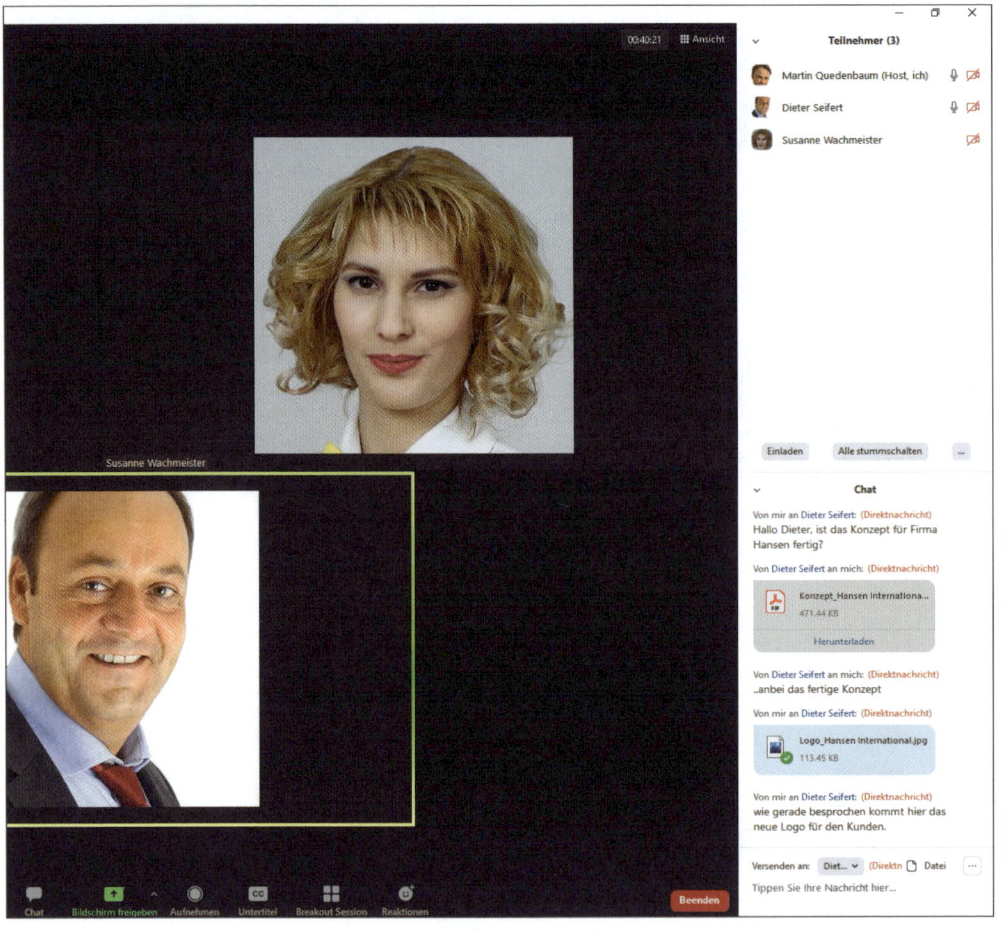

Gleichzeitige Darstellung von Teilnehmer- und Chat-Bereich

19.2 Ab- und Andocken des Chat-Bereichs

Der Chat-Bereich lässt sich vom Zoom-Fenster abdocken und in ein frei verschiebbares Fenster verwandeln. Klicken Sie dazu an der Oberseite des Chat-Bereichs auf den kleinen Haken und wählen Sie *Aufklappen*.

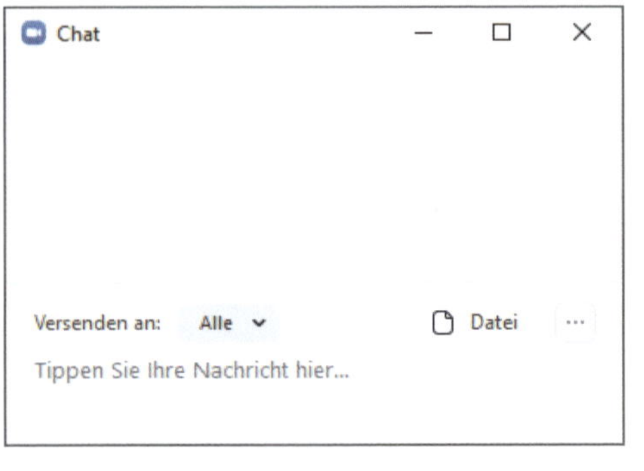

Frei verschiebbares bzw. abgedocktes Chat-Fenster

Um das nun frei verschiebbare Chat-Fenster erneut rechts an das Zoom-Fenster anzudocken, müssen Sie im Chat-Fenster unten rechts auf die drei Punkte und anschließend auf *Mit Meetingfenster verbinden* klicken.

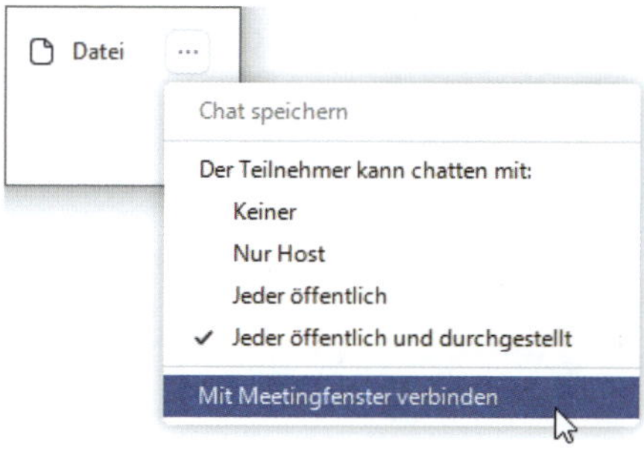

Mit diesem Befehl kann das Chat-Fenster an das Zoom-Fenster angedockt werden

19.3 Chat-Nachrichten

Zeilenumbruch

Bei Chat-Nachrichten werden Sie sich in den meisten Fällen nicht um den Zeilenumbruch Ihres Textes kümmern (wollen), sondern vielmehr den automatischen Zeilenumbruch der Chat-Funktion nutzen. Sollten Sie dennoch einmal bewusst einen manuellen Zeilenwechsel wünschen, können Sie das mit dem Tastenkürzel ⇧+↵ erreichen.

Chat-Nachrichten an alle bzw. für alle sichtbar versenden

Um eine Nachricht an alle Teilnehmer des Meetings zu posten, klicken Sie neben *Versenden an* auf *Alle* bzw. *Jeder*.

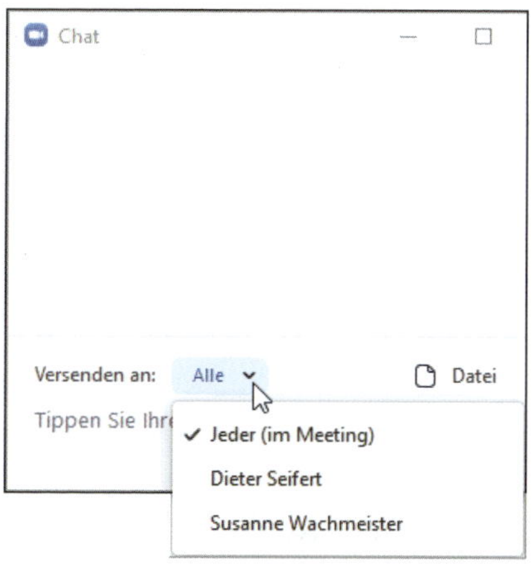

Überblick über die Zoom-Chat-Funktionen

19.4 Nachricht nur einem bestimmten Empfänger schicken

Öffnen Sie dazu im Chat-Fenster das Menü *Versenden an* und wählen Sie anschließend den gewünschten Empfänger. Grundsätzlich werden Ihnen hier alle am Meeting teilnehmenden Personen zur Auswahl angeboten. Daraufhin wird die gewünschte Person als Empfänger dargestellt und rechts daneben der Zusatz *Direktnachricht* angezeigt. Geben Sie anschließend an der Unterseite des Fensters den zu versendenden Text ein und versenden Sie die Chat-Nachricht mit der ↵-Taste Ihrer Tastatur.

Privat-Nachricht
In früheren Versionen wurde diese Funktion als *Privat-Nachricht* bezeichnet.

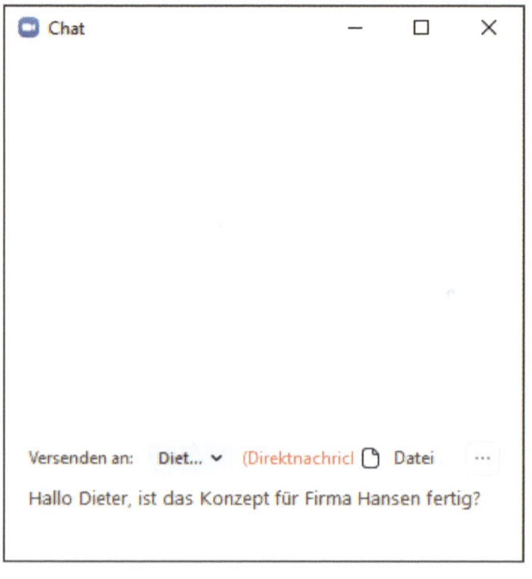

Texteingabe an der Unterseite

Versandte Chat-Nachricht

19.5 Vereinfachte Empfängerauswahl

Bei Meetings mit vielen Teilnehmern kann das Anwählen des Empfängers eine lästige Sache sein. Einfach geht es, wenn der entsprechende Empfänger bereits im Chat-Verlauf dargestellt wird. In diesem Fall müssen Sie hier lediglich auf dessen Namen klicken. Dieser wird daraufhin unten als Empfänger dargestellt und der Chat automatisch als privat eingestuft bzw. als Direktnachricht gekennzeichnet.

Hinweis
Der Host bzw. Moderator kann weder während des Meetings noch im Anschluss an das Meeting als privat verschickte Chat-Nachrichten »sehen«.

19.6 Fragen per Chat formulieren

Stellen Sie bei einer Frage immer das Fragezeichen voran. Somit können der Host bzw. Moderator und/oder die anderen Teilnehmer schneller erkennen, dass es sich bei Ihrer Chat-Nachricht um eine Frage handelt.

Bei Fragen idealerweise das Fragezeichen voranstellen

19.7 Chat-Funktion freigeben, einschränken oder deaktivieren

Über einen Klick auf das rechts unten angeordnete Punktsymbol erreichen Sie die Chat-Einstellungen. Wenn Sie als Host bzw. Moderator agieren, können Sie hier unter anderem festlegen, wie die Meeting-Teilnehmer die Chat-Funktion verwenden können. Die Bedeutungen der dem Host zur Verfügung stehenden Chat-Voreinstellungen werden in der Tabelle erläutert.

Funktion	Bedeutung
Keiner	Ist diese Funktion aktiv, dürfen die Teilnehmer zwar die vom Moderator verfassten Chat-Nachrichten lesen, aber selbst keine Chat-Nachrichten schreiben.
Nur Host	Aktivieren Sie diese Funktion dann, wenn die Teilnehmer lediglich Ihnen (also dem Moderator) eine Chat-Nachricht schreiben dürfen.
Jeder öffentlich	Mit dieser Funktion können Sie dafür sorgen, dass Teilnehmer Ihnen (also dem Moderator) und jedem anderen der Meeting-Teilnehmer schreiben dürfen.
Jeder öffentlich und durchgestellt	Wenn Sie diese Funktion aktivieren, gestatten Sie jedem Meeting-Teilnehmer, dass er sowohl Ihnen als Moderator als auch den anderen Meeting-Teilnehmern jeweils eine individuelle Nachricht schreiben darf und zudem auch an alle Meeting-Teilnehmer gleichzeitig bzw. für alle sichtbar schreiben kann.

Benachrichtigung bei Eingang einer neuen Nachricht

Beim Eingang einer Nachricht wird Ihnen ein entsprechender Hinweis angezeigt. Wenn Ihnen das zu viel wird, können Sie diese Benachrichtigungen ausschalten.

Chat bei der Nutzung von Breakout-Räumen

Wenn Sie in einem Meeting Breakout-Räume verwenden, gibt es hinsichtlich der Chat-Funktionalität einige Besonderheiten. Mehr Informationen dazu finden Sie in Kapitel 20.

19.8 Anhänge

Wie bei einer E-Mail oder WhatsApp-Nachricht können Sie mit der Chat-Funktion auch Anhänge versenden. Auf diese Weise können Sie beispielsweise PDF-Dokumente, Textdokumente (z. B. Word-Dateien) oder Bilder teilen. Über das rechts neben dem Empfänger abgebildete Symbol *Dateien* haben Sie Zugriff auf die auf Ihrem Computer gespeicherten Daten.

Wenn Sie hingegen auf in der Cloud gespeicherte Daten zugreifen möchten, stehen Ihnen dazu auch die bekannten Cloud-Speicher Dropbox, Microsoft OneDrive, Google Drive oder Box zur Verfügung.

Hinweis
Die maximale Dateigröße für Anhänge beträgt 512 MB.

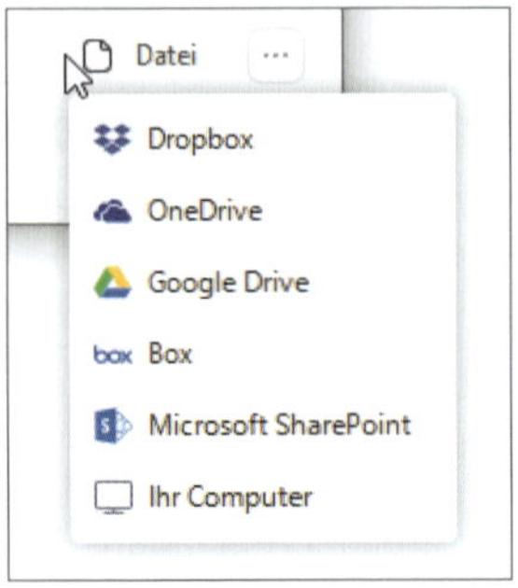

Auswählen, wo der zu versendende Anhang aktuell vorliegt

Je nach Art des Anhangs werden diese im Chat-Fenster mit einem für den jeweiligen Dateityp gängigen Symbol dargestellt. Im hier abgebildeten Beispiel ist das ein PDF und eine Grafik bzw. ein Bild im Dateiformat JPEG. Bevor Sie oder der Empfänger einen solchen Anhang in Augenschein nehmen können, müssen Sie diesen zunächst herunterladen. Das erledigen Sie mit einem Klick auf ebendieses unter dem Anhang blau dargestellte Wort.

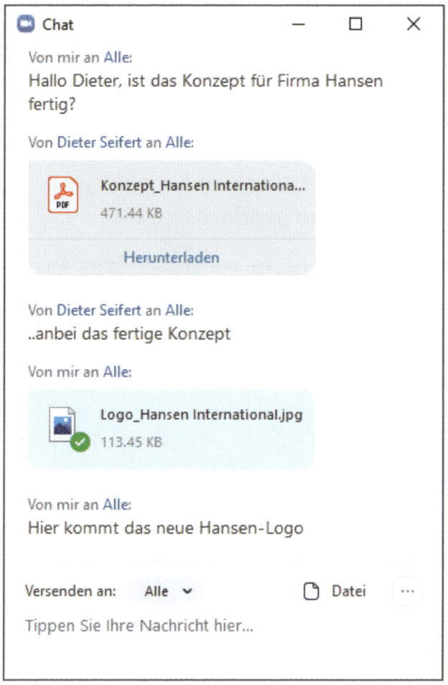

Chat-Nachrichten mit Anhang

19.9 Chat-Verlauf speichern

In den meisten Fällen werden Sie den Chat-Verlauf wahrscheinlich nicht speichern wollen. Wenn Ihnen die so übermittelten Texte hier und da dennoch archivierungswürdig erscheinen sollten, können Sie den Chat-Verlauf als Textdatei (**.txt*) speichern. Sie erreichen die Funktion mit einem Klick auf die drei an der Unterseite des Chat-Fensters dargestellten Punkte. Anschließend wird Ihnen im Chat-Fenster der Hinweis *Chat gespeichert* und rechts daneben der Link *Im Ordner anzeigen* dargestellt.

Hinweis
Hierbei werden lediglich die Chat-Texte und die Namen der Absender gespeichert. Anhänge werden auf diese Weise hingegen nicht gesichert.

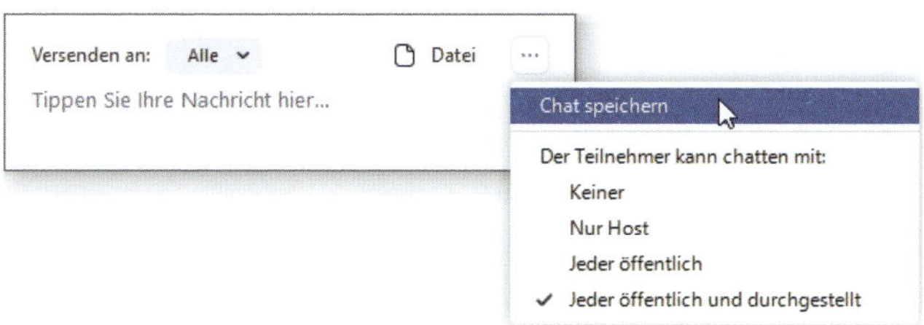

Hier kann der Chat-Verlauf gespeichert werden

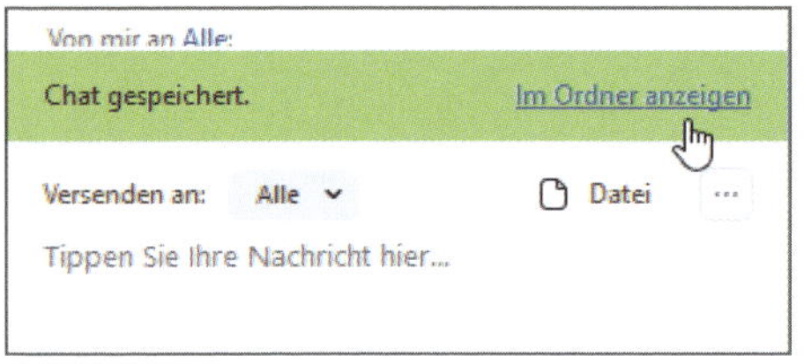

Mit einem Klick auf die Bestätigung kann der gespeicherte Chat-Verlauf geöffnet werden

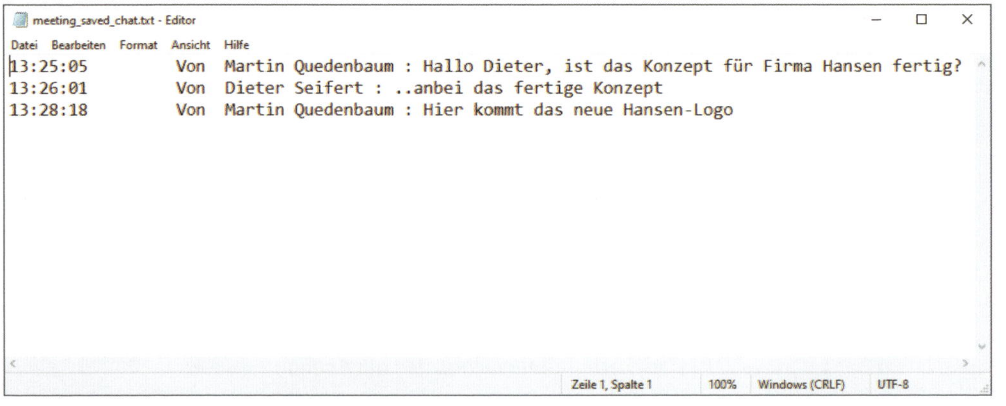

So sieht die Sicherung eines Chat-Verlaufs aus

Hinweis

Wenn Sie den Chat-Verlauf eines Meetings mehrfach speichern, wird die vorherige Sicherung bzw. die entsprechende TXT-Datei jeweils aktualisiert.

20. Gruppenarbeit – Breakout-Räume

Mit der Funktion der Breakout-Rooms bzw. Breakout-Räume können Sie innerhalb eines Meetings weitere »Besprechungsräume« anlegen und Teilnehmer auf diese Räume verteilen, beispielsweise um das Arbeiten oder die Diskussion in kleinen Gruppen zu ermöglichen, oder wenn Sie in Ihrer Funktion als Moderator Teilnehmer innerhalb eines Meetings einzeln sprechen möchten.

Dabei können Sie die Teilnehmer auf bis zu maximal 50 Räume aufteilen, wobei bis zu maximal 200 Teilnehmer jedem dieser Räume zugewiesen werden können.

Breakout-Räume ermöglichen Gruppenarbeit innerhalb eines Meetings

> **Hinweis**
> Die Funktionalität dieser »kleinen« Besprechungsräume entspricht 1:1 der des »Haupt-Meeting-Raums«.

20.1 Voreinstellungen erforderlich

Damit diese Funktion im Meeting zur Verfügung steht, muss in Ihrem Moderator- bzw. Host-Profil die entsprechende Funktion aktiviert sein. Eine nachträgliche Änderung hat keine Auswirkung auf ein bereits laufendes Meeting.

In den eigenen Profileinstellungen muss die Breakout-Raum-Funktion aktiviert sein

20.2 Dauer der Breakout-Session absprechen

Bevor Sie Ihre Teilnehmer in die verschiedenen Breakout-Räume schicken, sollten Sie ihnen kommunizieren, wie lange die Breakout-Session dauern soll bzw. wovon die Dauer abhängig ist.

Die Dauer der Session vor dem Wechsel in die Breakout-Räume absprechen

> **Hinweis**
> Wenn Sie sich für eine konkrete Zeitdauer entscheiden, können Sie mit den im weiteren Verlauf dieses Abschnitts erläuterten Optionen die Funktion *Breakout-Räume automatisch schließen nach x Minuten* aktivieren. Somit endet die Breakout-Session automatisch nach der zuvor mit den Teilnehmern vereinbarten Zeit. Diese bekommen voreingestellt 60 Sekunden vor dem Ende der Session eine entsprechende Erinnerung angezeigt und können sich so auf das Ende der Session einstellen.

Wenn Ihnen eine konkrete Zeit vorschwebt, sollten Sie das in aller Deutlichkeit vorher kommunizieren. Wenn Sie hinsichtlich der Zeitdauer nicht so ganz sicher sind, empfiehlt es sich, das auch klar zu kommunizieren. Machen Sie die Dauer dann zum Beispiel von bestimmten Dingen abhängig. Beispielsweise so: »Wir nehmen uns für die Breakout-Session so viel Zeit, bis alle Gruppen mit einem Arbeitsergebnis aufwarten können. Ich stimme mich dazu während der Session mit allen Gruppen hinsichtlich des jeweiligen Arbeitsfortschritts ab.«

Nach dem Klick auf die Schaltfläche *Breakout Session* erscheint ein Dialog, in dem es zunächst die Anzahl der benötigten Räume einzustellen und dann zu entscheiden gilt, ob die Teilnehmer automatisch oder manuell auf die Räume verteilt werden sollen. Zudem besteht die Möglichkeit, dass Sie den Teilnehmern selbst die Raumwahl überlassen.

Hier kann eine Breakout-Session gestartet werden

Nach einem Klick auf die Schaltfläche *Erstellen* erscheint ein weiteres Fenster, in dem sowohl die Räume als auch die Teilnehmer-Verteilung angezeigt wird. In den meisten Fällen werden Sie die Meeting-Räume umbenennen wollen. Zudem können Sie Teilnehmer in andere Räume verschieben, beispielsweise auch, indem Sie die Raumzuordnung einzelner Teilnehmer austauschen.

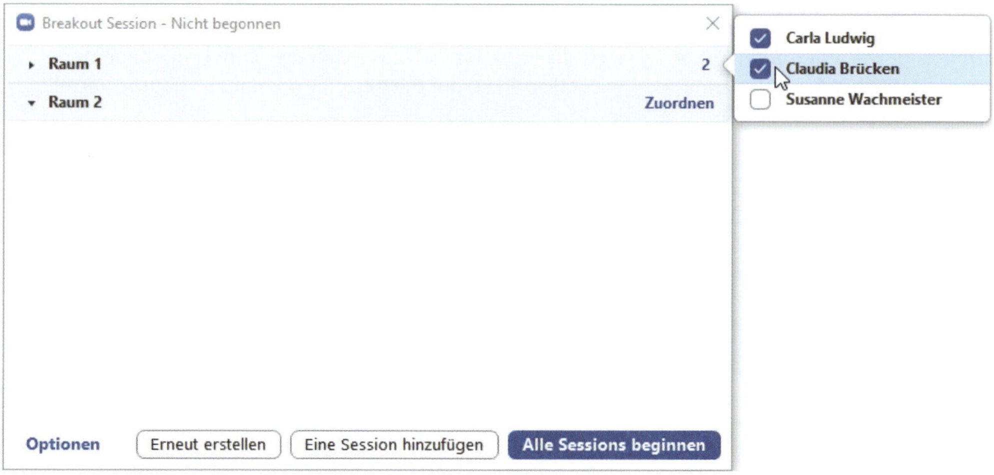

Hier kann der Moderator die Teilnehmer den Räumen zuordnen

Hinweis

Die entsprechenden Dialogfenster sind für die Teilnehmer unsichtbar. Daher können diese nicht sehen, wie Sie die Teilnehmer auf die Breakout-Räume verteilen.

20.3 Optionen

Links unten erreichen Sie diverse Optionen. Beispielsweise können Sie hier einstellen, dass Sie den Teilnehmern erlauben, die Raumwahl selbst vorzunehmen oder jederzeit zum »Haupt-Meeting-Raum« zurückzukehren.

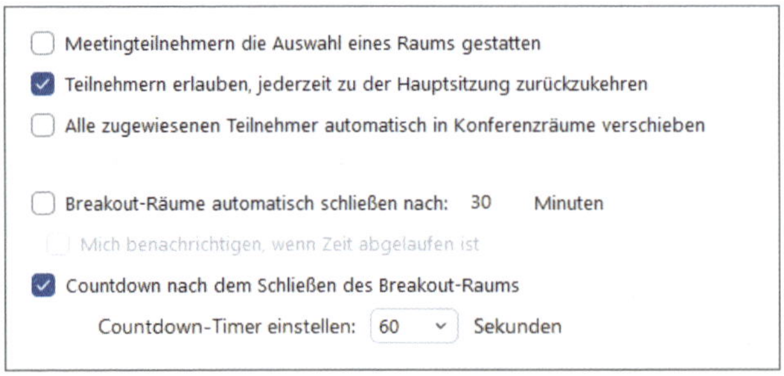

Dieses Fenster wird über die Schaltfläche »Optionen« erreicht

Funktion	Bedeutung
Meetingteilnehmern die Auswahl eines Raums gestatten	Wenn diese Funktion aktiv ist, kann jeder Teilnehmer selbst entscheiden, in welchen der aktuell eingerichteten Breakout-Räume er wechseln möchte.
Teilnehmern erlauben, jederzeit zu der Hauptsitzung zurückzukehren	Selbsterklärend
Alle zugewiesenen Teilnehmer automatisch in Konferenzräume verschieben	Ist die Funktion aktiv, werden die Teilnehmer nach dem Zufallsprinzip auf die einzelnen Breakout-Räume verteilt.
Breakout-Räume automatisch schließen nach: x Minuten	Hier können Sie dafür sorgen, dass die Breakout-Räume nach einer von Ihnen vorgegebenen Zeit automatisch geschlossen werden.
Countdown nach dem Schließen des Breakout-Raums	Voreingestellt ist hier ein Countdown aktiviert bzw. auf 60 Sekunden eingestellt. Dieser wird beispielsweise dann angezeigt, wenn Sie die Breakout-Sessions manuell stoppen oder wenn die von Ihnen angesetzte Zeit abgelaufen ist. Somit haben die Session-Teilnehmer ausreichend Zeit, sich auf das Ende der Session bzw. auf die Rückkehr in den »Haupt-Meeting-Raum« vorzubereiten, beispielsweise um ein gemeinsames Fazit zu erstellen oder letzte Absprachen zu treffen.

Wenn Sie alle Einstellungen vorgenommen haben, können Sie mit einem Klick auf *Alle Sessions beginnen* die Verteilung auf die Breakout-Räume starten. Daraufhin erscheint bei jedem der Teilnehmer ein Dialogfenster, in dem dieser aufgefordert wird, sich in den ihm zugedachten Breakout-Raum zu begeben.

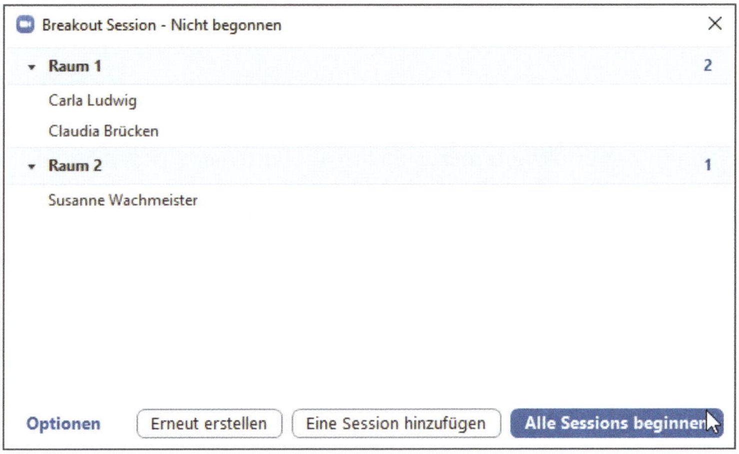

Auf »Alle Sessions beginnen« klicken

Den zur Breakout-Session eingeladenen Teilnehmern wird nun eine Aufforderung angezeigt, sich in den jeweiligen Breakout-Raum zu begeben.

Diese Aufforderung erscheint auf den Displays bzw. Monitoren der Teilnehmer

Im nach wie vor geöffneten Fenster können Sie nun verfolgen, ob auch wirklich alle Teilnehmer ihren jeweiligen Breakout-Raum betreten haben. In diesem Fall erscheint vor dem jeweiligen Namen ein grüner Punkt. Teilnehmer, die ihren Breakout-Raum noch nicht betreten haben, werden nach wie vor mit einem grauen Punkt gekennzeichnet.

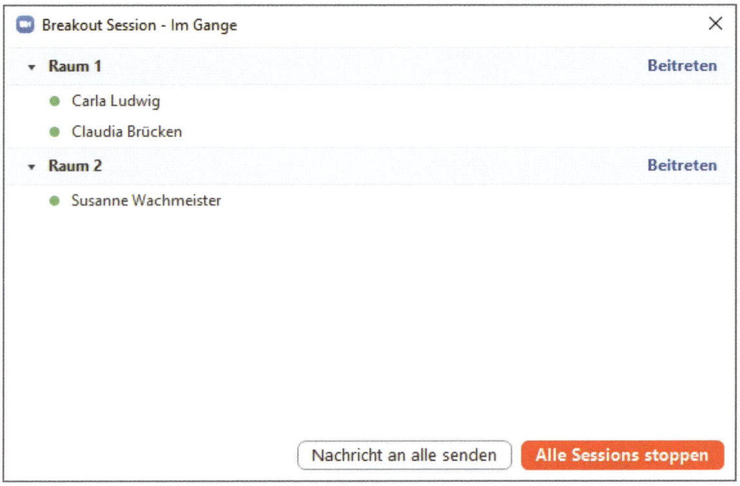

Alle Teilnehmer sind in ihren jeweiligen Breakout-Raum gewechselt

20.4 Teilnehmer nachträglich in einem anderen Raum platzieren

Sie können Teilnehmer jederzeit in einen anderen Raum verschieben. Klicken Sie dazu auf den zu verschiebenden Teilnehmer und dann rechts davon auf *Verschieben nach Raum x*.

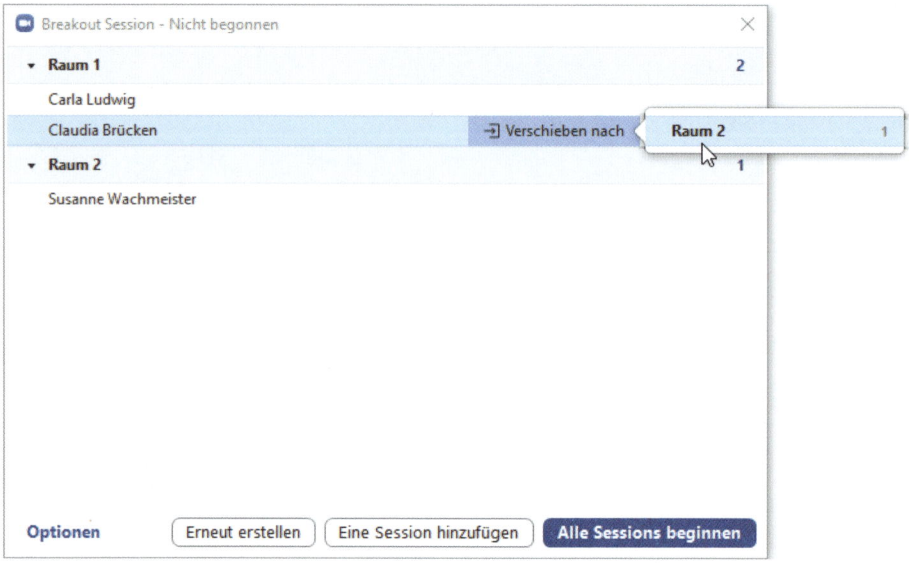

Teilnehmer lassen sich auch nachträglich in einen anderen Breakout-Raum verschieben

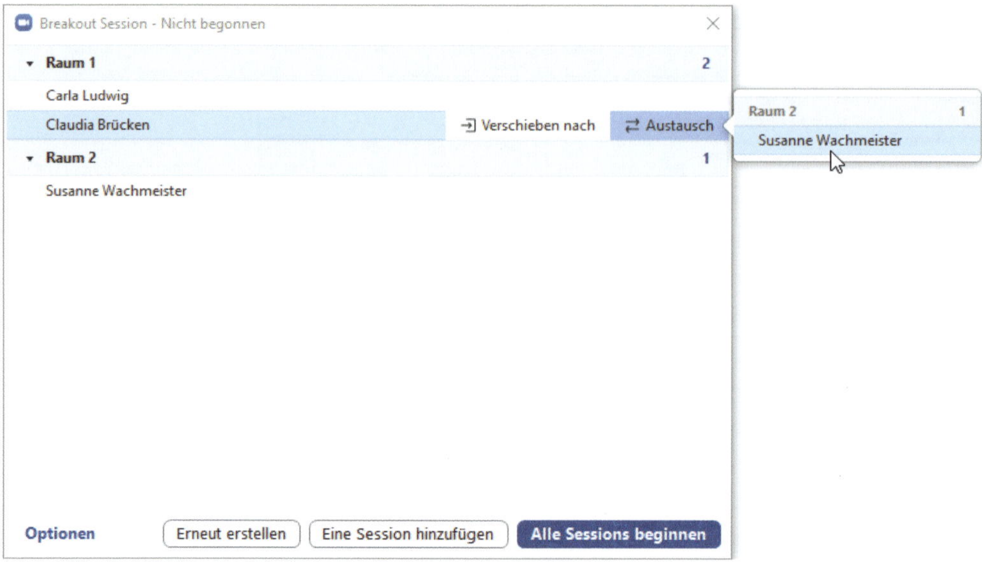

Auch ein Raumtausch zwischen zwei Teilnehmern ist möglich

20.5 Als Moderator einen Breakout-Raum betreten

Darüber hinaus können Sie als Moderator bzw. Host jeden dieser Räume betreten. Klicken Sie dazu einfach auf die *Beitreten*-Schaltfläche rechts oberhalb des jeweiligen Breakout-Raums. Anschließend erscheint ein Hinweis, dass Sie den Breakout-Raum betreten haben.

Als Moderator einen der Breakout-Räume betreten

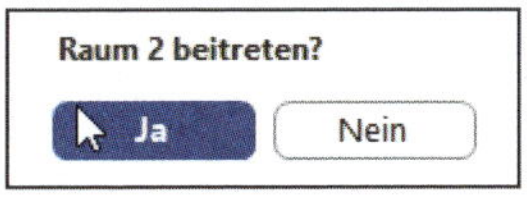

Abfrage mit Ja beantworten

Wenn Sie den Breakout-Raum betreten haben bzw. an einer Breakout-Session teilnehmen, wird die *Beitreten*-Schaltfläche abgegraut dargestellt.

Um in einen anderen Breakout-Raum zu wechseln, müssen Sie lediglich auf die schwarz dargestellte *Beitreten*-Schaltfläche eines anderen Breakout-Raums klicken. Auf diese Weise können Sie den jeweiligen Breakout-Raum jederzeit verlassen.

20.6 Breakout-Räume nutzen

Hinsichtlich der Chat-Kommunikation gibt es bei der Nutzung von Breakout-Räumen einige Besonderheiten.

An alle Teilnehmer bzw. Breakout-Räume

Als Host haben Sie zwar nicht die Möglichkeit, alle Breakout-Räume gleichzeitig zu betreten, aber Sie können zumindest allen Teilnehmern, die sich aktuell in (unterschiedlichen) Breakout-Räumen befinden, eine Nachricht schicken. Klicken Sie dazu im Dialogfenster ganz unten auf *Nachrichten an alle senden*.

Hinweis

Während die Teilnehmer in den Breakout-Räumen sind, ergibt es keinen Sinn, die Chat-Funktion im Hauptraum zu verwenden, da die Chats dann niemanden erreichen.

Chats aus den Breakout-Räumen

Das Empfangen von Nachrichten aus den Breakout-Räumen ist ebenfalls möglich.

Jede Nachricht erscheint kurz in einem Nachrichten-Dialogfenster und ist in der Folge dann im Chat-Bereich dauerhaft sichtbar.

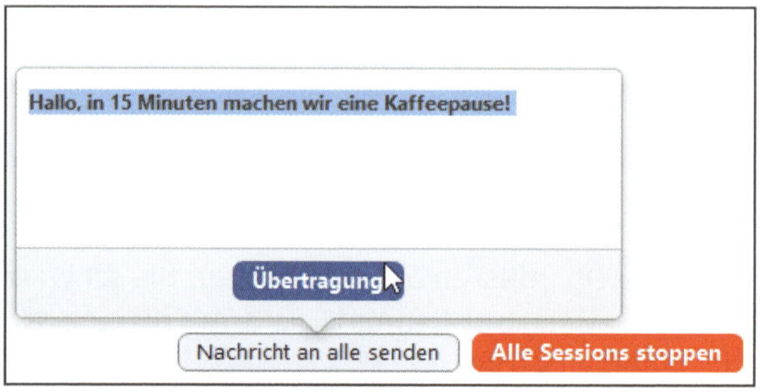

Über diese Funktionen werden die Teilnehmer in allen Breakout-Räumen erreicht

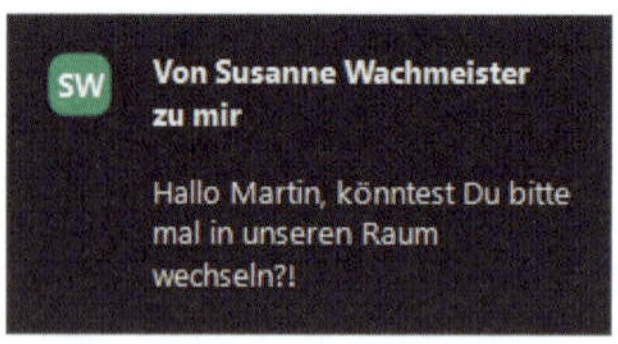

So sieht der Moderator an ihn adressierte Chat-Nachrichten

20.7 Breakout-Session beenden

Klicken Sie an der Unterseite des Fensters *Breakout-Session* auf die rote Schaltfläche *Alle Sessions stoppen*. Daraufhin wird Ihnen ein Hinweis angezeigt, dass alle Teilnehmer nun 60 Sekunden Zeit haben, um ihren jeweiligen Breakout-Raum zu verlassen.

Diese Meldung bzw. diese zeitliche Verzögerung setzt allerdings voraus, dass die voreingestellte Option *Countdown nach dem Schließen* nach wie vor aktiv bzw. nach wie vor auf 60 Sekunden eingestellt ist. Siehe dazu auch die Erläuterung der Optionen auf Seite 180.

Mit einem Klick auf diese Schaltfläche die Breakout-Räume schließen

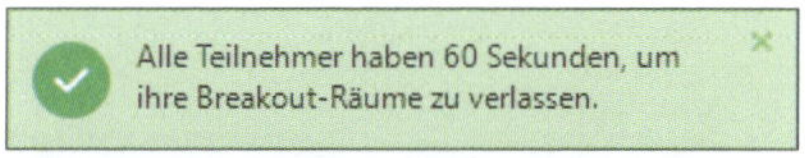

Diese Meldung wird Ihnen unmittelbar nach dem Klick auf die rote Schaltfläche angezeigt

Diese Aufforderung erscheint auf den Displays bzw. Monitoren der Teilnehmer

21. Die Zoom-App

Smartphones und Tablets bieten technisch gesehen alle Voraussetzungen, um an einem Zoom-Meeting teilnehmen zu können. Daher stellt Zoom auch eine entsprechende App zur Verfügung. Diese gibt es sowohl als Android- wie auch als iOS-Version für iPhones und iPads. Dabei hat Zoom einen Großteil der in diesem Buch erläuterten Funktionen in die App integriert.

21.1 Android-Version

Geben Sie in das Suchfeld des Google Play Store als Suchbegriff *Zoom* ein. Daraufhin wird Ihnen unter anderem der Suchvorschlag *Zoom Cloud Meetings* angezeigt. Hierbei handelt es sich um den offiziellen Namen der Zoom-App. Tippen Sie auf den Namen und anschließend auf *Installieren* und dann auf *Öffnen*.

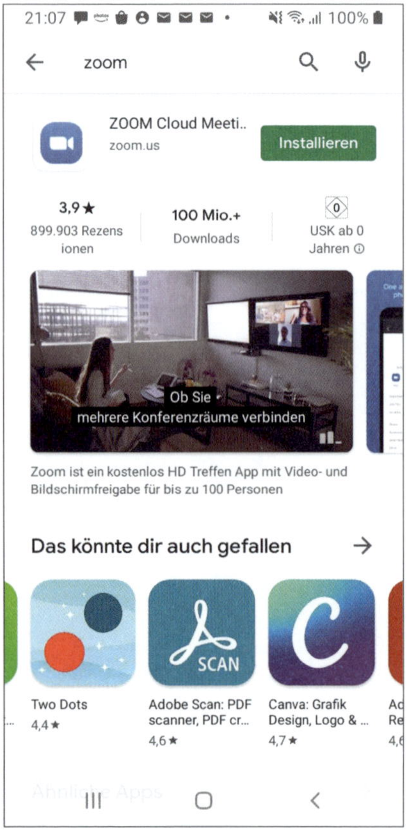

Die App Zoom Cloud Meetings im Play Store

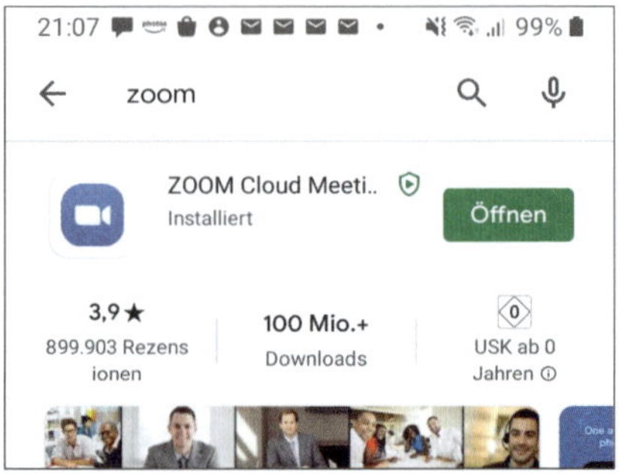

Nach der Installation auf »Öffnen« klicken

Jetzt können Sie beispielsweise an einem Meeting teilnehmen, zu dem Sie eingeladen wurden, oder selbst ein Meeting starten.

Während die Teilnahme an einem Meeting auch ohne Registrierung funktioniert, können Sie eigene Meetings nur nach vorheriger Registrierung starten. Nachfolgend werden beide Varianten sowie auch die Registrierung erläutert.

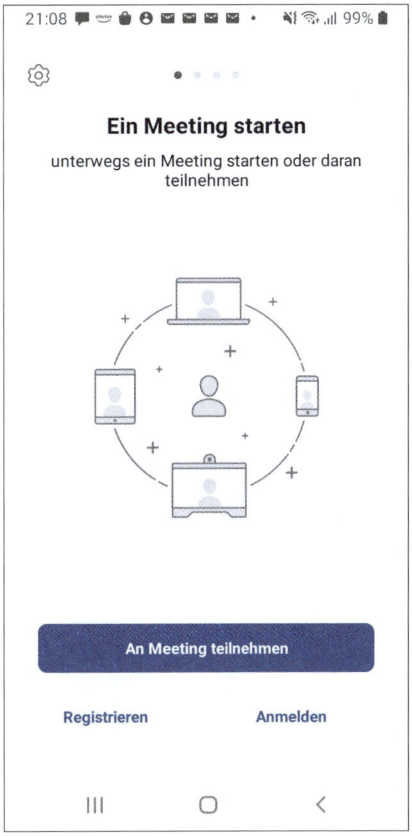

An einem Meeting teilnehmen, anmelden oder registrieren

An einem Meeting teilnehmen

Wenn Sie eine Einladung zu einem Zoom-Meeting erhalten haben, klicken Sie auf *An Meeting teilnehmen*. Im weiteren Verlauf können Sie dann dem Meeting beitreten.

Die hierfür notwendigen Zugangsdaten – die Meeting-ID und einen eventuell notwendigen Kenncode – sollten Sie mit der Einladung erhalten haben.

Einladungslink
Liegt Ihnen auf Ihrem Smartphone bzw. Tablet der Einladungslink (Zoom-Meeting-Link) vor? Dann tippen Sie einfach auf diesen Link.

Die Zoom-App wird daraufhin automatisch geöffnet, Sie sparen sich somit die Eingabe der Meeting-ID und des eventuell notwendigen Kenncodes (also des Meeting-Passworts).

Selbst ein Meeting starten

Wenn Sie bereits bei Zoom registriert sind, können Sie selbst ein Meeting starten. Ist das der Fall, geben Sie hier die bei der Registrierung angegebene E-Mail-Adresse und Ihr Zoom-Passwort ein. Wenn Sie bei Google oder Facebook registriert sind, können Sie sich auch mit Ihrem Google- oder Facebook-Account anmelden. Zudem wird die Anmeldung über SSO unterstützt.

Single Sign-on

SSO (**S**ingle **S**ign-**o**n) ist ein insbesondere in größeren Firmen verwendetes System, bei dem ein Anwender nach einer einmaligen Authentifizierung auf verschiedene Portale bzw. Dienste ohne eine jeweils erneute Anmeldung zugreifen kann.

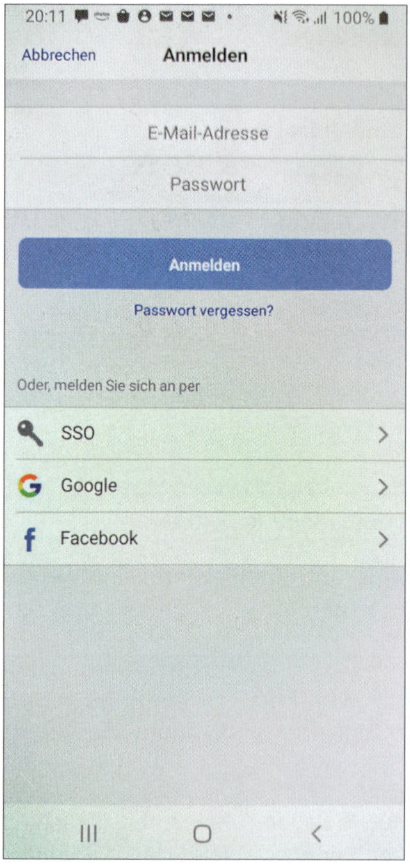

Anmelden

Registrieren

Wenn Sie bereits bei Zoom registriert sind, können Sie diesen Abschnitt überspringen. Ansonsten klicken Sie auf *Registrieren* und geben dann zunächst Ihr Geburtsdatum und in einem weiteren Fenster Ihren Vor-und Zunamen sowie Ihre E-Mail-Adresse an. An die von Ihnen angegebene E-Mail-Adresse wird daraufhin eine E-Mail geschickt. Hier müssen Sie einen Bestätigungslink anklicken, um Zoom auf diese Weise Ihre E-Mail-Adresse zu bestätigen. Jetzt sind Sie registriert.

Hinweis
Wenn Sie bei Google oder Facebook registriert sind, können Sie sich auch mit Ihrem Google- oder Facebook-Account registrieren.

Geburtsdatum sowie E-Mail-Adresse und Namen eingeben

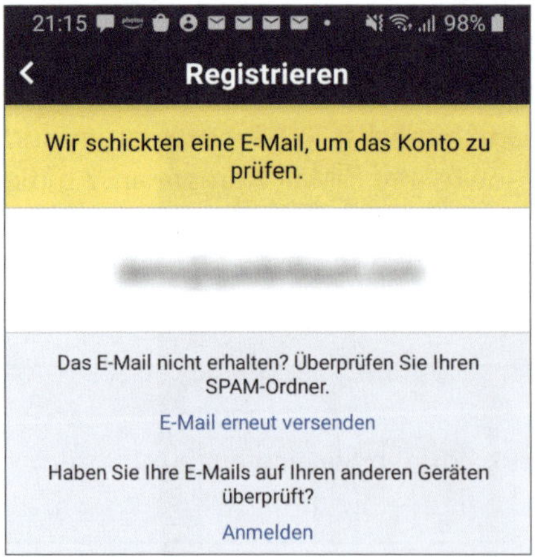

Zoom schickt jetzt noch eine Kontroll-E-Mail an Sie

In der Bestätigungsmail auf »Aktivieren Sie Ihr Konto« klicken

21.2 iOS-Version

Geben Sie in das Suchfeld des App Store als Suchbegriff *Zoom* ein. Daraufhin wird Ihnen der Suchvorschlag *Zoom Cloud Meetings* gemacht. Hierbei handelt es sich um den offiziellen Namen der Zoom-App.

Tippen Sie auf den Namen und wählen Sie so die App aus. Tippen Sie anschließend auf das Download-Symbol und dann auf *Öffnen*.

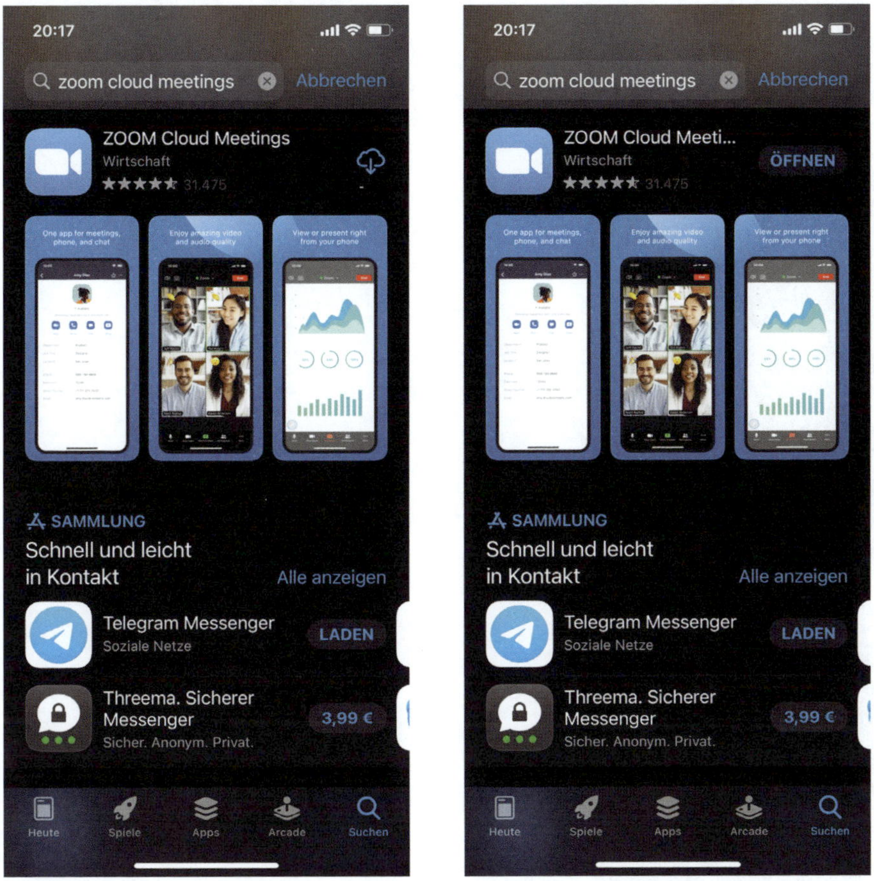

Die App Zoom Cloud Meetings im App Store. Nach der Installation auf »Öffnen« klicken

Jetzt können Sie beispielsweise an einem Meeting teilnehmen, zu dem Sie eingeladen wurden, oder selbst ein Meeting starten. Während die Teilnahme an einem Meeting auch ohne Registrierung funktioniert, können Sie eigene Meetings nur nach vorheriger Registrierung starten. Hier werden beide Varianten sowie die Registrierung erläutert.

An einem Meeting teilnehmen

Wenn Sie eine Einladung zu einem Zoom-Meeting bekommen haben, klicken Sie auf *An Meeting teilnehmen*. Im weiteren Verlauf können Sie dann dem Meeting beitreten. Die hierfür notwendigen Zugangsdaten (die Meeting-ID und einen eventuell notwendigen Kenncode) sollten Sie mit der Einladung erhalten haben.

> **Einladungslink**
> Liegt Ihnen auf Ihrem iPhone oder iPad der Einladungslink (Zoom-Meeting-Link) vor? Dann tippen Sie einfach auf diesen Link. Die Zoom-App wird daraufhin automatisch geöffnet, Sie sparen sich somit die Eingabe der Meeting-ID und des eventuell notwendigen Kenncodes (also des Meeting-Passworts).

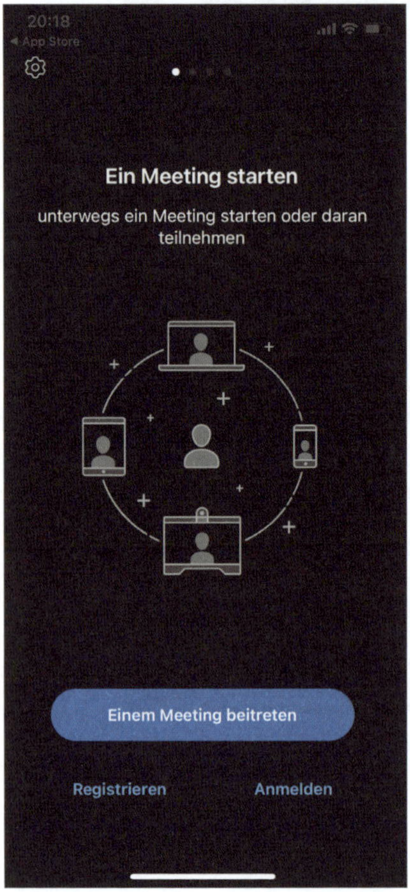

An einem Meeting teilnehmen, anmelden oder registrieren

Selbst ein Meeting starten

Wenn Sie bereits bei Zoom registriert sind, können Sie sich nun anmelden, um selbst ein Meeting zu starten. In diesem Fall geben Sie die bei der Registrierung angegebene E-Mail-Adresse und Ihr Zoom-Passwort ein. Wenn Sie bei Google oder Facebook registriert sind, können Sie sich auch mit Ihrem Google- oder Facebook-Account anmelden. Zudem wird die Anmeldung über SSO unterstützt. Nachdem Sie sich angemeldet haben, wird die eigentliche Bedienoberfläche der App dargestellt.

Anmelden

> **Single Sign-on**
>
> SSO (**S**ingle **S**ign-**o**n) ist ein insbesondere in größeren Firmen verwendetes System, bei dem ein Anwender nach einer einmaligen Authentifizierung auf verschiedene Portale bzw. Dienste ohne eine jeweils erneute Anmeldung zugreifen kann.

Registrieren

Wenn Sie bereits bei Zoom registriert sind, können Sie diesen Abschnitt überspringen. Ansonsten klicken Sie auf *Registrieren* und geben dann zunächst Ihr Geburtsdatum und in einem weiteren Fenster Ihren Vor-und Nachnamen sowie Ihre E-Mail-Adresse ein. An die von Ihnen genannte E-Mail-Adresse wird daraufhin eine Mail geschickt. Hier gilt es, einen Bestätigungslink anzuklicken, um Zoom auf diese Weise Ihre E-Mail-Adresse zu bestätigen. Somit sind Sie registriert.

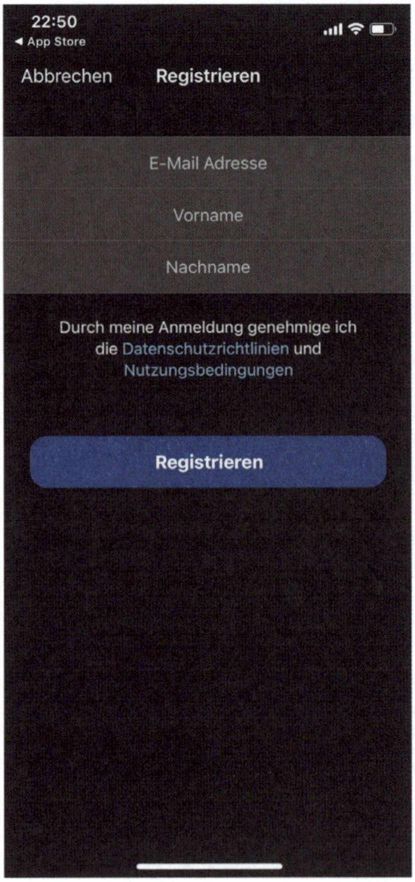

Geburtsdatum sowie E-Mail-Adresse und Namen eingeben

Zoom schickt jetzt noch eine Kontroll-E-Mail an Sie

zoom

Anmelden

Hallo ,

Glückwunsch für Ihre Registrierung bei Zoom!
Um Ihr Konto zu aktivieren, klicken Sie bitte auf die folgende Schaltfläche, um Ihre E-Mail-Adresse zu verifizieren:

Aktivieren Sie Ihr Konto

Sollte die vorhergehende Schaltfläche nicht funktionieren, fügen Sie bitte Folgendes in Ihren Browser ein:
https://zoom.us/activate?code=
vE.BQkAAAF0oqTFCAAnjQATZGVtb0BxdWVkZW5iYXVtLmNvbQEAZAAAFmxaYmt
=client

Besuchen Sie für weitere Hilfe unser **Support-Center**.

Viel Spaß mit Zoom!

In der Bestätigungsmail auf »Aktivieren Sie Ihr Konto« klicken

21.3 Die Oberfläche

Wenn Sie sich angemeldet haben, werden Ihre bisherigen Einstellungen von der App übernommen. Somit werden auch in der Vergangenheit hinzugefügte Kontakte an der Unterseite der App im Bereich *Treffen & Chat* angezeigt.

Mit einem Klick auf die rechts davon angeordnete Schaltfläche *Meetings* können Sie ebendiese starten und Einladungen versenden.

Daneben finden Sie die Schaltfläche *Kontakte*. Wenn Sie hier auf einen der gelisteten Kontakte klicken, können Sie direkt mit diesem telefonieren oder ein Zoom-Meeting abhalten. Zudem erläutere ich Ihnen nachstehend, wie Sie mit Ihren Zoom-Kontakten ein klassisches Telefonat führen.

Die ganz rechte Schaltfläche *Einstellungen* (das Zahnradsymbol) gestattet den Zugriff auf die Einstellungen der App. Die hier angebotenen Optionen und deren Bedeutung erläutere ich am Ende dieses Kapitels.

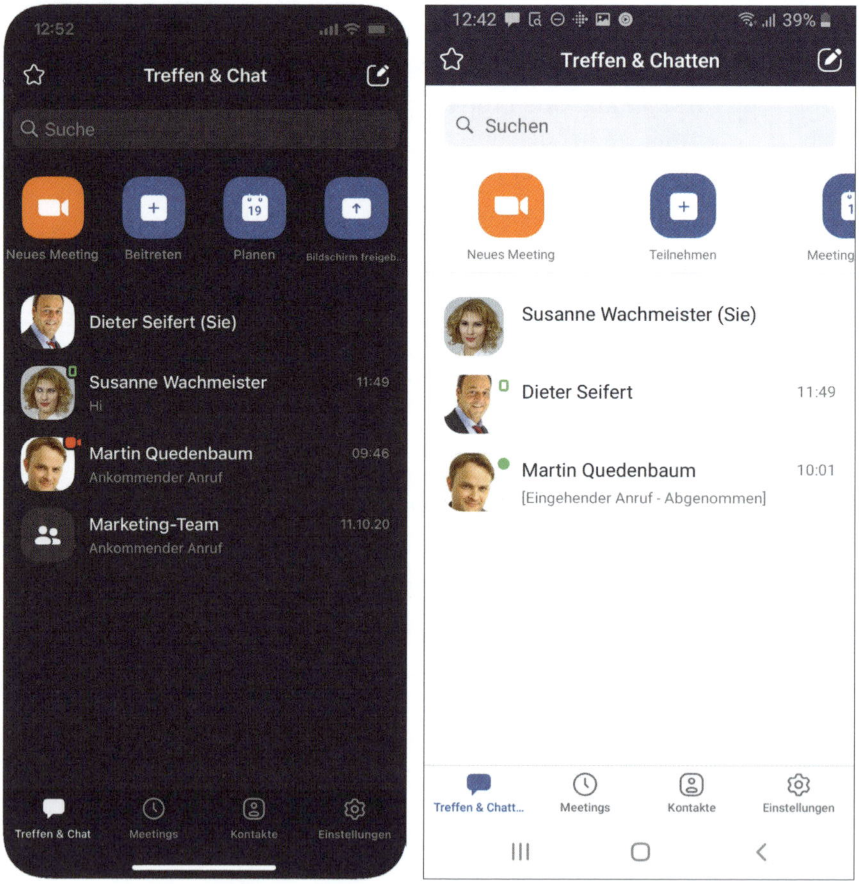

Die Oberfläche der Zoom-App, links die iOS-Version, rechts die Android-Version

21.4 Telefonieren

Nachstehend habe ich für Sie den Ablauf eines solchen Anrufs aus Sicht des Anrufenden und aus Sicht des Angerufenen dokumentiert.

Anruf aus Sicht des Anrufers

Tippen Sie in der App auf das Register *Kontakte* und dann im Bereich *Unternehmenskontakte* auf den anzurufenden Kontakt. Überprüfen Sie in der nun dargestellten Übersicht des Kontaktes zunächst einmal, ob der gewünschte Kontakt aktuell auch tatsächlich verfügbar bzw. online ist. Ein entsprechender Hinweis findet sich unter dem Profilbild des jeweiligen Kontaktes.

Tippen Sie auf die Schaltfläche *Anrufen*, um den Anruf zu starten. Nimmt der Angerufene den Anruf entgegen, müssen Sie diesen zunächst einmal aus dem Warteraum abholen (siehe dazu auch Kapitel 10). Anschließend können Sie den Angerufenen begrüßen und das Gespräch kann beginnen. Um weitere Funktionen nutzen zu können, beispielsweise die Kamera freizugeben, oder um das Gespräch zu beenden, müssen Sie lediglich auf Ihr Display tippen.

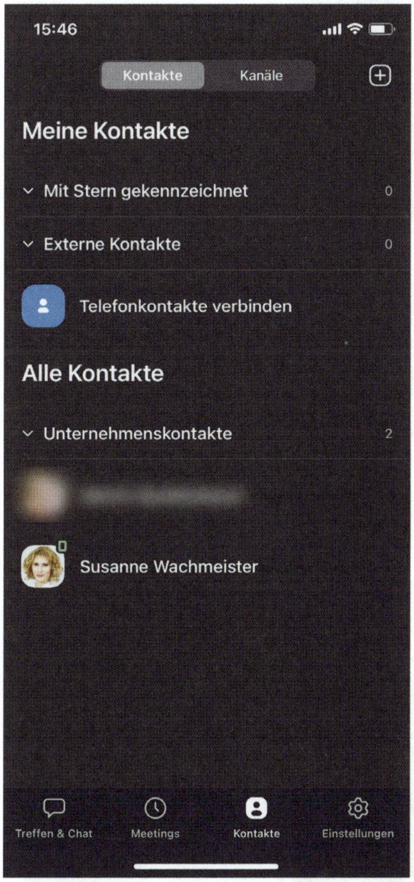

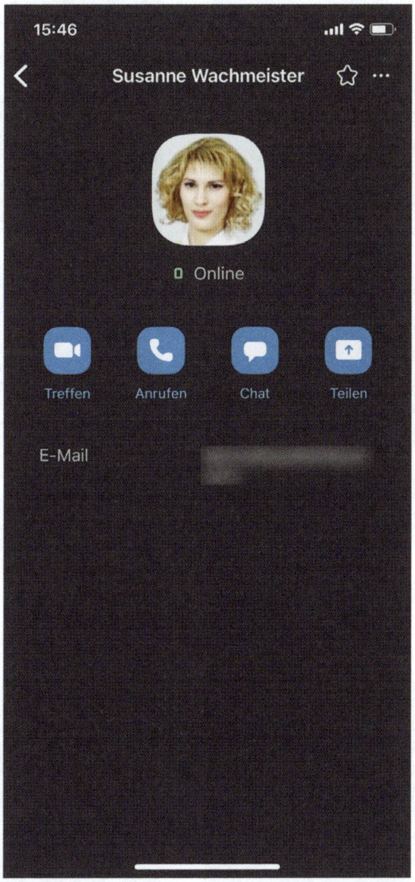

Den Kontakt auswählen und dann auf »Anrufen« tippen

Der Angerufene muss vom Anrufer aus dem Warteraum abgeholt werden (siehe oben rechts)

Wenn der Anrufer auf sein Display tippt, wird das Zoom-Interface sichtbar (hier iOS)

Anruf aus Sicht des Angerufenen

Mit einem Klick auf *Beitreten* (macOS, Windows) bzw. *Annehmen* (App) kann der Angerufene das Telefonat annehmen. Ansonsten lässt Zoom es ca. 12-mal klingeln und bricht dann den Anrufversuch mit dem Hinweis ... *ist nicht anwesend* ab. Nimmt der Angerufene den Anruf an, muss er sich noch kurz gedulden, da ihn der Anrufer zunächst aus dem Warteraum (siehe Kapitel 10) eintreten lassen muss. Ist das geschehen, sieht der Angerufene das Profilbild des Anrufenden. Hat dieser kein Profilbild hinterlegt, wird wie bei Zoom üblich nur dessen Name angezeigt. Dem Telefonat steht jetzt nichts mehr im Weg. Um weitere Funktionen nutzen zu können, beispielsweise um die Kamera freizugeben oder um das Gespräch zu beenden, muss der Angerufene lediglich auf sein Display tippen.

Diesen Hinweis sehen Zoom-Software-Nutzer (Windows 10 bzw. macOS), wenn sie angerufen werden

Wird der Anruf angenommen, erscheint ein Hinweis darauf, dass sich der Angerufene zunächst noch im Warteraum befindet (hier Android)

Wenn der Angerufene auf sein Display tippt, wird das Zoom-Interface sichtbar (hier Android)

21.5 App-Einstellungen

Tippen Sie unten rechts auf das Zahnradsymbol. Sowohl in der Android- als auch in der iOS-App finden sich hier die Rubriken *Meetings*, *Kontakte*, *Chat* und *Über*. Darüber hinaus stellt die iOS-App auch die Rubriken *Allgemein* und *Siri-Sprachbefehle* zur Verfügung.

Funktionen der Rubrik Meetings	Bedeutung
Mein Mikrofon immer stumm-schalten	Voreingestellt nicht aktiv. Somit ist das Mikrofon voreingestellt immer aktiv. Das ist insbesondere dann nützlich, wenn Sie mit einem Ihrer Kontakte telefonieren möchten.
Mein Video immer ausschalten	Voreingestellt nicht aktiv.
Videovorschau immer anzeigen	Voreingestellt aktiv.
Mein Video spiegeln	Voreingestellt aktiv.

Funktionen der Rubrik Meetings	Bedeutung
Automatisches Kopieren von Einladungslinks	Kopiert bei Beginn des Meetings den Einladungslink (Zoom-Meeting-Link) automatisch in die Zwischenablage. So kann er direkt in eine E-Mail oder in den Nachrichtenentwurf eines Messengers eingefügt werden, um eventuell noch andere Teilnehmer einzuladen.
Teilnehmer ohne Videoübertragung anzeigen	Teilnehmer, die ohne bzw. mit deaktivierter Webcam am Meeting teilnehmen, werden dennoch mit einem Teilnehmersymbol bzw. ihrem Zoom-Profilbild in der Galerie angezeigt.
Name anzeigen, wenn Teilnehmer beitreten	Sobald ein neuer Teilnehmer dem Meeting beitritt, wird dessen Name angezeigt.
Steuerelemente für das Meeting immer anzeigen	Vorangestellt ist die Funktion deaktiviert. Die Steuerelemente stehen somit erst zur Verfügung, wenn der Anwender einmal auf sein Display tippt.
Synchronisierte Kalender	Ist diese Funktion aktiv, trägt Zoom geplante Meetings automatisch in den Kalender des Gerätes ein.
Meeting-Hinweis	Sorgt dafür, dass der Anwender von Zoom an bevorstehende Meetings erinnert wird.
Geschlossene Untertitel	Ist diese Funktion deaktiviert, werden keine Untertitel dargestellt, selbst wenn diese aktuell verfügbar sind. Diese hinlänglich aus Film und Fernsehen bekannte Textdarstellung erscheint im unteren Bereich des Fensters. Der Moderator eines Meetings kann in seinen erweiterten Meeting-Einstellungen die Funktion *Untertitel* aktivieren und im Anschluss selbst Untertitel eingeben oder den Job an einen anderen Teilnehmer delegieren. Mithilfe der Untertitel können sehr schnell ergänzende Informationen dargestellt werden.
Sicherer Fahrmodus	Ist die Funktion aktiv, unterstützt die App einen Modus, der Sie beim Autofahren vor Ablenkung durch die App schützen soll. Hierzu einfach bei laufendem Meeting nach rechts wischen. Dabei wird Ihr Mikrofon stummgeschaltet und Ihre Kamera deaktiviert. Wenn Sie etwas sagen möchten, müssen Sie nur auf einen besonders groß gestalteten Button *Tippen, um zu Sprechen* klicken. Indem Sie nach links wischen, können Sie zum normalen Zoom-Modus zurückkehren.
Mein Erscheinungsbild retuschieren	Diese Funktion macht das Bild unschärfer. Damit verschwinden Fältchen und andere Hautprobleme. Der Grad der Unschärfe kann mit dem Regler angepasst werden.

Funktionen der Rubrik Meetings	Bedeutung
Virtuellen Hintergrund speichern für	Wenn Sie einen virtuellen Hintergrund ausgewählt haben, kann dieser wahlweise automatisch auch für alle zukünftigen Meetings (*Alle Meetings*) oder lediglich für das jeweilige Meeting (*Nur aktuelles Meeting*) verwendet werden. Mehr Informationen zu virtuellen Hintergründen finden Sie in Kapitel 16.
Seitenverhältnis	In den meisten Fällen werden Sie an dieser Einstellung nichts ändern wollen. Sollten Sie das Gefühl haben, dass bei einer Darstellung das Bild gedehnt oder gestaucht erscheint, können Sie das mit dieser Funktion zu korrigieren versuchen.
Hauttonreaktion	Diese Funktion ist nicht etwa dazu gedacht, das Videobild bzw. Ihren von der Webcam aufgezeichneten Hautton anzupassen. Vielmehr steht diese Funktion in Verbindung mit der in der Meeting-Kontrollleiste angebotenen Option *Reaktionen* bzw. mit den hier verfügbaren Icons *Daumen hoch* und *Klatschen*. Diese Icons werden in der von Ihnen unter *Hauttonreaktion* ausgewählten Farbe dargestellt.
Funktionen der Rubrik Chat	**Bedeutung**
Nur private Benachrichtigungen oder Vermerke	Voreingestellt wird Ihnen beim Eingang einer Nachricht ein entsprechender Hinweis angezeigt. Wenn Sie das stören sollte, können Sie hier festlegen, dass das nur bei »privaten« Benachrichtigungen der Fall ist. Mit der Funktion *Ausgenommen Kanäle* können Sie das für Nachrichten bestimmter Kanäle (siehe dazu Kapitel 23.3) deaktivieren. Indem Sie auf *Nichts* tippen, schalten Sie die Benachrichtigungsfunktion komplett aus.
Nicht abgerufene Nachrichten	Hier können Sie diverse Dinge zu noch nicht abgerufenen, also noch nicht von Ihnen gelesenen Nachrichten einstellen. Beispielsweise, dass diese unabhängig von der ursprünglichen Abfolge der eingegangenen Nachrichten stets ganz oben in der Liste der eingegangenen Nachrichten verbleiben und Sie diese (ohne zu scrollen) immer direkt erkennen können. Zudem können Sie hier veranlassen, dass Ihnen die Anzahl der aktuell noch nicht von Ihnen gelesenen Nachrichten angezeigt wird.
Benachrichtigung für Schlüsselwörter empfangen	Nach einem Klick auf diese Funktion können Sie für Sie besonders interessante Schlüsselwörter eingeben. Sobald eine Nachricht eintrifft, die eines dieser Schlüsselwörter enthält, werden Sie benachrichtigt.

Funktionen der Rubrik Meetings	Bedeutung
Deaktivieren, wenn im Meeting	Voreingestellt aktiv, sorgt diese Funktion dafür, dass Ihnen während eines Zoom-Meetings keine Benachrichtigungen angezeigt werden.
Nicht stören	Hier können Sie einen Zeitraum festlegen, in dem Sie keine Hinweise über eingegangene Nachrichten erhalten möchten.
Wann ich benachrichtigt werden soll	*Stets, auch wenn ich auf dem Desktop aktiv bin* sorgt dafür, dass Ihnen auch dann Benachrichtigungen auf Ihrem Smartphone oder Tablet angezeigt werden, wenn Sie die Zoom-Software auf Ihrem Computer verwenden. *Nur wenn ich auf dem Desktop nicht aktiv bin* hat zur Folge, dass Ihnen immer dann keine Benachrichtigungen auf Ihrem Smartphone oder Tablet angezeigt werden, wenn Sie aktuell die Zoom-Software auf Ihrem Computer verwenden.
Wie ich benachrichtigt werden soll	Voreingestellt sind hier die App-interne Vibration und der App-interne Warnton aktiviert.

22. Ihr eigener Zoom-Raum

Im Gegensatz zu »echten« Meetings finden Zoom-Meetings in einem virtuellen Raum statt. In vielen Firmen, Hotels oder anderen Institutionen ist jeder Raum eindeutig benannt.

Während Konferenzräume in Hotels oftmals wohlklingende oder an die Region des Hotels angepasste Namen haben, sind die meisten Büroräume in der Regel nur mit einem mehr oder weniger kryptischen Kürzel gekennzeichnet. Die von Zoom jeweils zur Verfügung gestellten Tagesräume sind ebenfalls kryptisch durch die Meeting-ID gekennzeichnet. Jedes neue Meeting findet praktisch in einem neuen Raum statt und erhält daher auch jeweils eine andere Kennzeichnung bzw. Meeting-ID. Daher ist es für jeden Teilnehmer unerlässlich, die entsprechende Meeting-ID zu kennen oder einen von Ihnen genutzten Einladungslink (Zoom-Meeting-Link) zu verwenden.

Hinweis

Der Einladungslink führt jeden Teilnehmer automatisch zum jeweiligen Meeting, da dieser unter anderem die jeweilige Meeting-ID enthält.

22.1 Ihre persönliche Meeting-ID (PMI)

Wenn Sie das ständige Verschicken von Einladungen leid sind, können Sie bestimmte Meetings auch grundsätzlich in einem bestimmten Raum stattfinden lassen. Sie und die möglichen Teilnehmer können sich dann (regelmäßig) zu bestimmten Zeiten in diesem Raum verabreden. Das funktioniert, weil dieser Meeting-Raum von Zoom stets mit derselben Meeting-ID gekennzeichnet wird. Diese Meeting-ID wird als persönliche Meeting-ID (kurz PMI) bezeichnet.

> **Keine PMI in der Basis-Lizenz**
> Die persönliche Meeting-ID steht erst ab der Pro-Version zur Verfügung. Nutzer der kostenlosen Basis-Lizenz können diese Technik daher nicht nutzen.

22.2 Anzeige der persönlichen Meeting-ID

Nach dem Start der Zoom-Software wird Ihnen Ihre persönliche Meeting-ID im Register *Meetings* angezeigt.

Die persönliche Meeting-ID im Register »Meetings« der Zoom-Software

Auf der Zoom-Website www.zoom.us finden Sie die persönliche Meeting-ID im Bereich *Profil* im Register *Persönlich*.

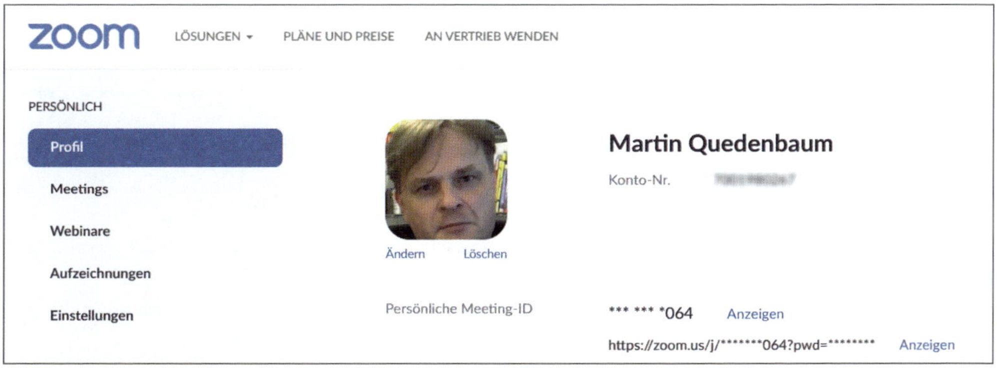

Die persönliche Meeting-ID auf der Zoom-Website

22.3 Einstellungen des persönlichen Meeting-Raums

Neben der persönlichen Meeting-ID finden Sie im Register *Meetings* auch die aktuellen Einstellungen Ihres persönlichen Raums vor. Die gängigen Sicherheitseinstellungen sind voreingestellt alle aktiv. Beispielsweise sind die Funktionen *Warteraum* und *Kennwort* aktiviert.

Warteraum

Wenn von Ihnen eingeladene Teilnehmer die Einladung inklusive der Zugangsdaten weitergeben, kann es natürlich vorkommen, dass sich auch eigentlich ungebetene Gäste in das Meeting mogeln möchten. Indem Sie sicherstellen, dass die Warteraum-Funktion aktiv ist, können Sie diesen den Zutritt aber problemlos verwehren. Siehe dazu auch Kapitel 10.

22.4 Einstellungen auf der Zoom-Website anpassen

Mit einem Klick auf die an der unteren Seite befindliche *Bearbeiten*-Schaltfläche können Sie die Voreinstellungen Ihren Vorstellungen entsprechend anpassen. In der nachfolgenden Tabelle finden Sie eine Erläuterung der hier verfügbaren Funktionen.

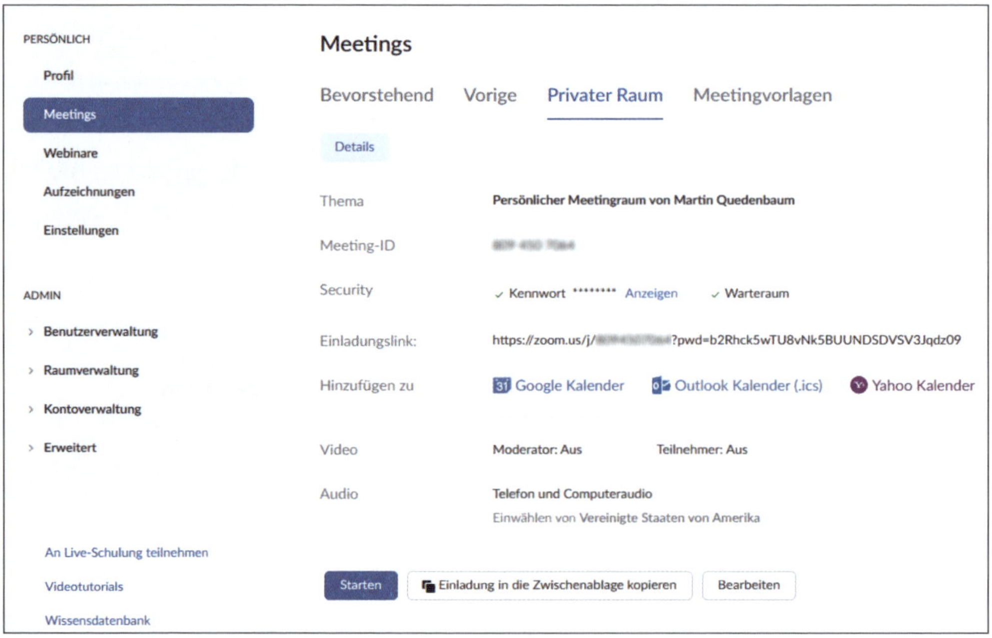

Auf der Zoom-Website im Bereich »Meetings«

Funktion	Bedeutung
Video	Hier können Sie einstellen, ob Ihre Webcam und die Webcam(s) des bzw. der anderen Teilnehmer beim Betreten aktiviert sind oder nicht.
Audio	Voreingestellt ist hier *Telefon und Computeraudio*. Somit können Teilnehmer sowohl die Audiofunktionen des jeweils verwendeten Computers als auch an diesen Computer angeschlossene Mikrofone und Kopfhörer bzw. Headsets, im Zweifelsfall aber auch die Telefoneinwahl nutzen. Diese ist für Teilnehmer gedacht, die über keinen entsprechend ausgestatteten Computer verfügen. Diese können sich so per Telefon in das Meeting einwählen und auf diese Weise zuhören bzw. selbst etwas sagen. Mehr Informationen dazu finden Sie in Kapitel 20.
Beitritt vor Moderator	Ermöglicht es Teilnehmern, dem Meeting beizutreten bzw. den Warteraum zu betreten, auch wenn der Moderator selbst das Meeting noch nicht betreten hat.
Beim Beitritt stummschalten	Ist die Funktion aktiv, werden die Mikrofone aller Teilnehmer beim Betreten stummgeschaltet. Das ist vor allem dann sinnvoll, wenn Sie mit relativ vielen Teilnehmern rechnen. So verläuft das Beitreten der einzelnen Teilnehmer akustisch unauffällig ab. Wenn Sie in Ihrem Profil nichts anderes eingestellt haben, können die Teilnehmer anschließend ihre Stummschaltung bei Bedarf selbst aufheben.
Die Besprechung automatisch aufzeichnen	Sorgt dafür, dass das Meeting automatisch bzw. ohne weitere Nachfrage lokal aufgezeichnet wird. Mehr Informationen zu lokalen Aufzeichnungen finden Sie in Kapitel 15.
Alternative Moderatoren	Hier können Sie einen (oder auch mehrere) alternativen Moderator festlegen. Dieser kann Sie parallel unterstützen oder das Meeting auch vollständig ohne Sie durchführen. Diese Funktion steht auch dann zur Verfügung, wenn Sie sich als Moderator bzw. Host aus dem Meeting über die rote *Verlassen*-Schaltfläche oder das Tastenkürzel Alt+Q zurückziehen. Hier können Sie dann einen neuen Moderator festlegen.

22.5 Einstellungen in der Zoom-Software anpassen

Wählen Sie dazu im Anwendungsfenster der Software das Register *Startseite* und klicken Sie hier auf den kleinen abwärts gerichteten Pfeil unterhalb der Schaltfläche *Neues Meeting*. Bewegen Sie den Cursor über die eingeblendete persönliche Meeting-ID und klicken Sie auf den dann dargestellten Menüeintrag *PMI-Einstellungen*.

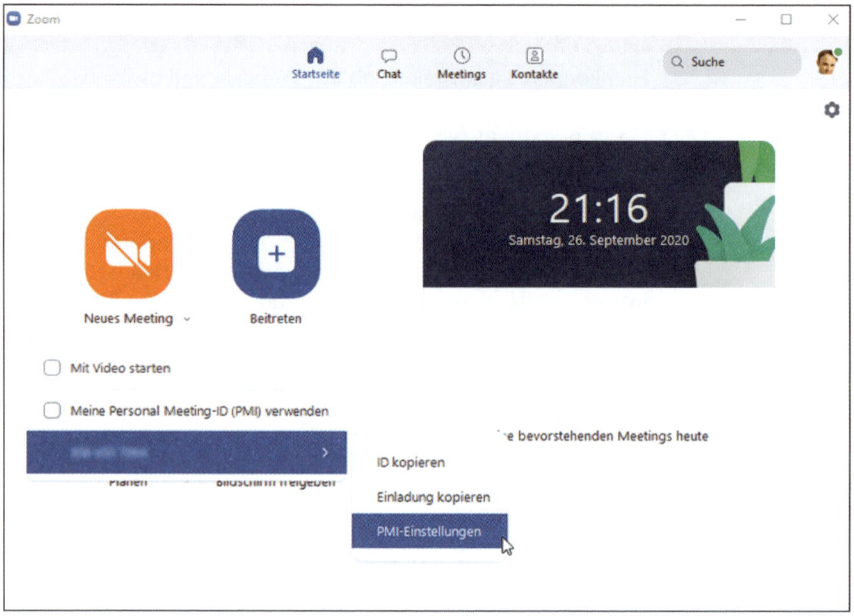

Hier geht es zu den PMI-Einstellungen

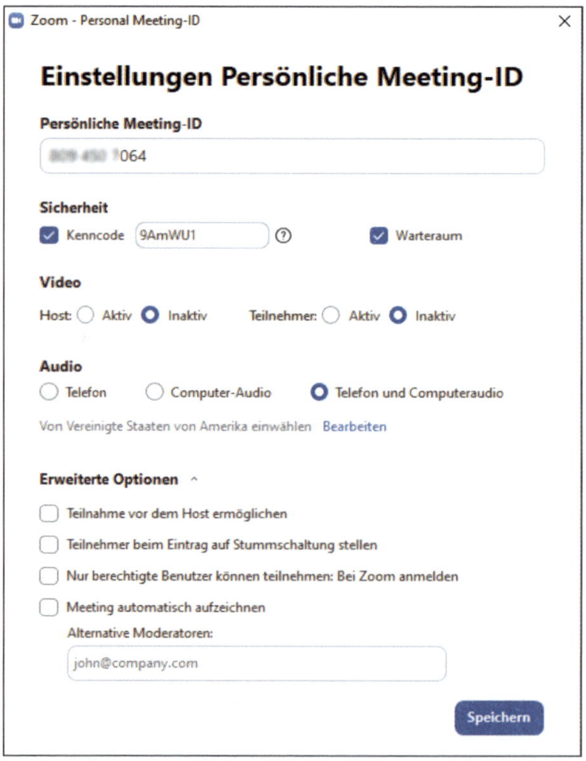

Einstellungsdialog der Zoom-Software

22.6 Sofort-Meeting im eigenen Meeting-Raum starten

Wie bei Zoom-Meetings üblich, können Sie das sowohl über die Zoom-Software, die Zoom-App als auch über die Zoom-Website (www.zoom.us) machen. Nachfolgend erläutere ich die Vorgehensweise unter Verwendung der Software und der Zoom-Website.

Zoom-Software

Wählen Sie dazu im Anwendungsfenster der Software das Register *Startseite*, klicken Sie auf den kleinen abwärts gerichteten Pfeil unterhalb der Schaltfläche *Neues Meeting*, stellen Sie sicher, dass die Funktion *Meine Personal Meeting-ID (PMI) verwenden* aktiv ist, und klicken Sie dann auf die orangefarbene Schaltfläche *Neues Meeting*.

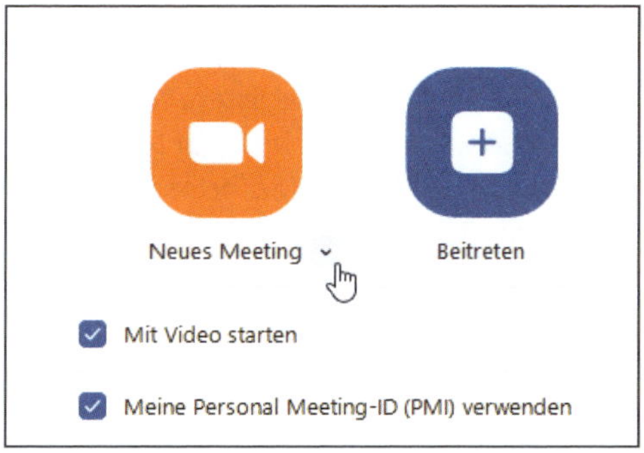

Die Funktion »Meine Personal Meeting-ID (PMI) verwenden« muss aktiv sein

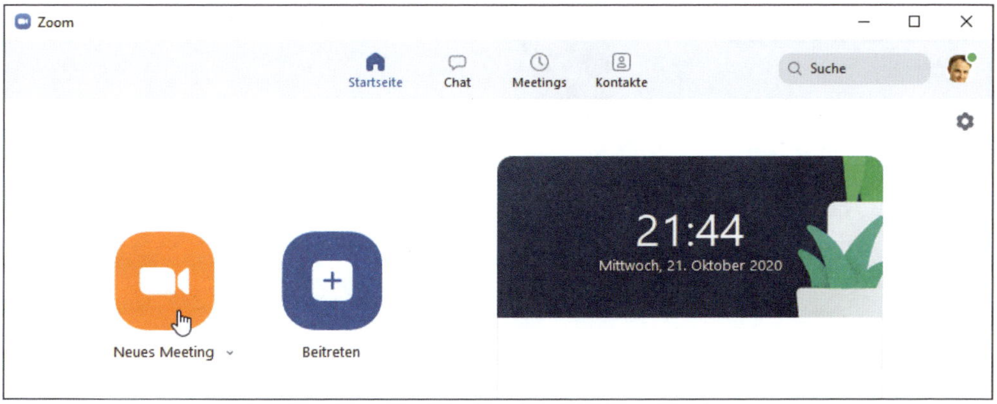

Start eines Ad-hoc-Meetings in Ihrem persönlichen Raum über die Zoom-Software

Auf der Zoom-Website

Damit Zoom bei Ihren Sofort-Meetings Ihre persönliche Meeting-ID verwendet, müssen Sie das (einmalig) in Ihren Profileinstellungen entsprechend anpassen. Gehen Sie dazu auf www.zoom.us und klicken Sie rechts oben auf *Mein Konto*.

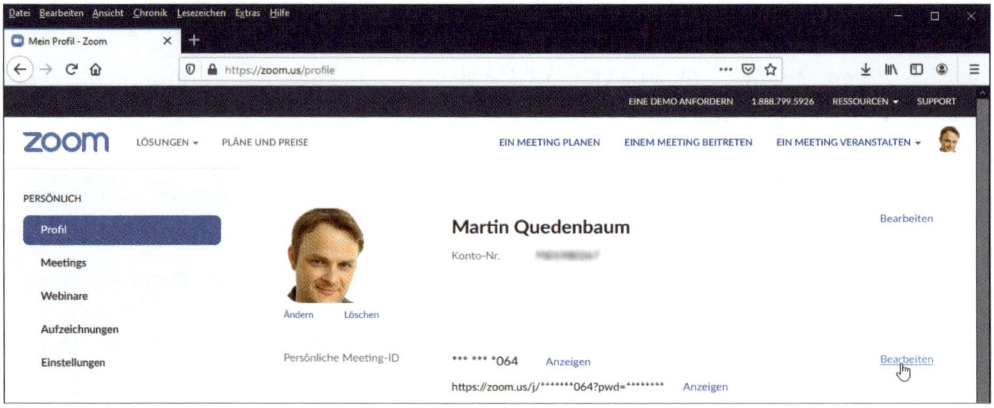

Rechts neben dem Bereich »Persönliche Meeting-ID« auf »Bearbeiten« klicken

Stellen Sie sicher, dass auf der linken Seite im Bereich *Persönlich* das Register *Profil* ausgewählt ist, und klicken Sie rechts neben dem Bereich *Persönliche Meeting-ID* auf *Bearbeiten*. Aktivieren Sie anschließend das Kontrollfeld *Persönliche Meeting-ID für Sofortmeetings verwenden* und übernehmen Sie die Einstellung mit einem Klick auf die Schaltfläche *Änderungen speichern*.

Die Funktion aktivieren

Wenn Sie zukünftig ein Sofort-Meeting über die Website starten, wird dabei automatisch Ihre persönliche Meeting-ID verwendet.

Hier können Sie auf der Zoom-Website ein Sofort-Meeting starten

Einladung verschicken

Wenn Sie das Meeting über die oben geschilderte Funktion der Website gestartet haben, wird dadurch das *Zoom Meeting*-Fenster geöffnet. Auch wenn die Meeting-ID für diesen Raum immer gleich bleibt (es sei denn, dass Sie diese anpassen möchten), müssen Sie potenzielle Teilnehmer ja zumindest einmal einladen. Das gilt insbesondere für ein Ad-hoc-Meeting.

Zunächst auf den Pfeil und dann auf »Einladen« klicken

Klicken Sie dazu in der Meeting-Kontrollleiste auf den Pfeil der *Teilnehmer*-Schaltfläche und anschließend auf *Einladen*. Klicken Sie in dem sich daraufhin öffnenden Fenster wahlweise auf *Einladungslink kopieren* oder auf *Einladung kopieren*. Während bei der ersten Variante lediglich ein Link erzeugt bzw. in die Zwischenablage kopiert wird, generiert die zweite Variante einen kompletten bzw. typischen Zoom-Einladungstext. In beiden Fällen können Sie den Inhalt unter Windows mit Strg+V und unter macOS mit cmd ⌘+V in eine E-Mail oder in einen Messenger-Post einfügen und versenden.

Die beiden links unten angeordneten Schaltflächen produzieren Zugangsdaten

Wenn sich die Einladung an Teilnehmer richtet, bei denen Sie keine Probleme mit der Audiofunktionalität vermuten, werden Sie wahrscheinlich einfach nur den Link kopieren und an Ihre Teilnehmer versenden wollen, da die Teilnehmer hier lediglich auf den Link klicken müssen, um dem Meeting beizutreten. Sollten Sie sich in dieser Hinsicht nicht sicher sein, macht es mehr Sinn, den Einladungstext zu verwenden, da Teilnehmer somit in den Genuss der Telefoneinwahlnummern kommen. Diese können Sie verwenden, wenn der jeweils genutzte Computer bzw. das verwendete Gerät keine oder nur eine eingeschränkte Audiofunktionalität bereitstellt.

23. Benutzerverwaltung

Zoom unterstützt das Anlegen spezieller Kontakte. Mit den so erfassten Kontakten können Sie zum einen sehr bequem und zum anderen durch die Möglichkeit der Gruppen- bzw. Kanalbildung sehr effizient kommunizieren.

Die entsprechenden Funktionen finden Sie auf der Zoom-Website (www.zoom.us). Loggen Sie sich auf der Seite ein, klicken Sie links im Bereich *Admin* auf *Benutzerverwaltung* und anschließend auf *Benutzer*.

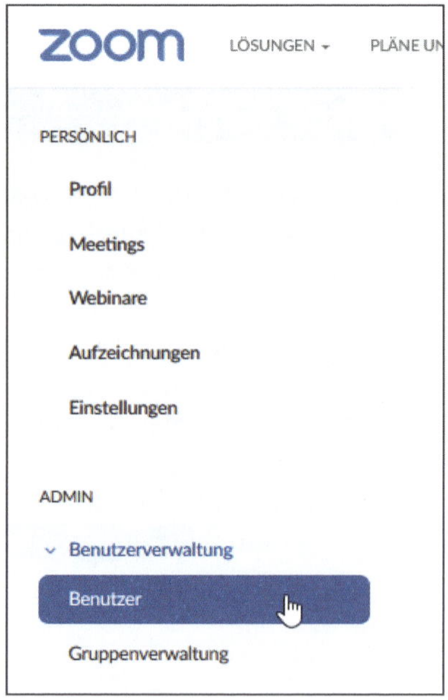

Auf www.zoom.us im Bereich »Admin« auf »Benutzer« klicken

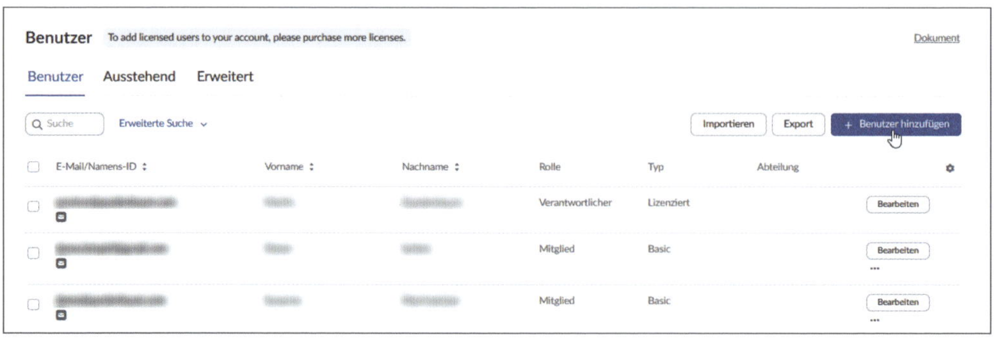

Die Zoom-Benutzerverwaltung

Daraufhin werden Ihnen die bisher erstellten Benutzer angezeigt. Wenn Sie nicht in die IT-Struktur einer größeren Firma eingebettet sind und zuvor selbst noch keine weiteren Benutzer angelegt haben sollten, wird hier wohl nur Ihr bei der Anmeldung angegebener Name bzw. die dabei hinterlegte E-Mail-Aresse zu sehen sein.

23.1 Benutzertyp

Je nachdem, über welche Lizenz Sie verfügen, können Sie die so angelegten Benutzer mit einem bestimmten Benutzertyp und mit entsprechend erweiterten Funktionen ausstatten. Wenn Sie eine Pro-Lizenz nutzen, macht das beispielsweise nur dann Sinn, wenn Sie dazu eine entsprechende Anzahl an Moderatoren bzw. Hosts (also Benutzerlizenzen) dazugebucht haben. Benutzer der Business-Lizenz haben hingegen von vornherein zehn und Nutzer der Enterprise-Lizenz 50 Host-Lizenzen zur Verfügung (siehe dazu auch Kapitel 4).

23.2 Einen neuen Benutzer anlegen

Klicken Sie ganz rechts auf die Schaltfläche *Benutzer hinzufügen*. In dem sich dann öffnenden Dialogfenster geben Sie die E-Mail-Adresse und einige andere Daten zum neuen Benutzer ein.

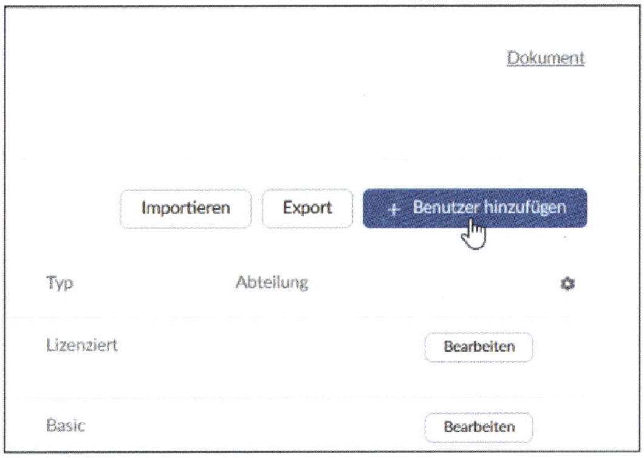

Mit der rechts oben abgebildeten Schaltfläche können neue Benutzer hinzugefügt werden

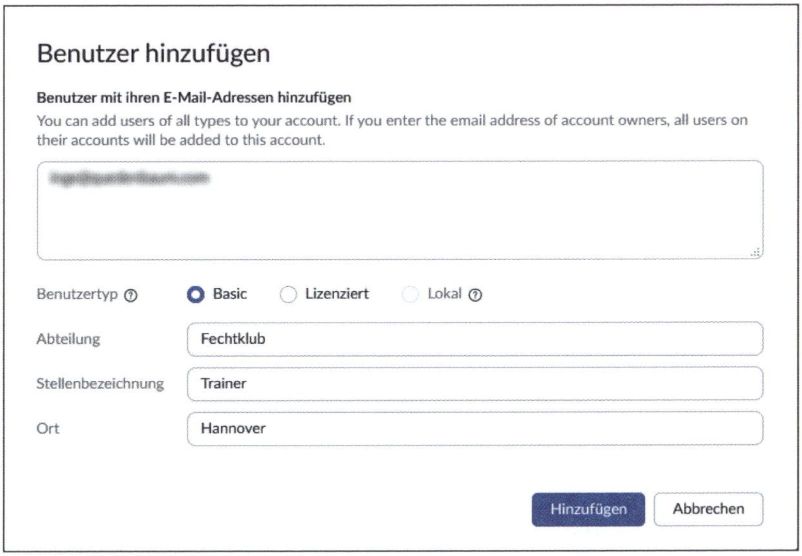

Hier die E-Mail-Adresse und einige Angaben zum neuen Benutzer eingeben

Einladung

Der so hinzugefügte Benutzer erhält anschließend eine Einladungs-E-Mail. Diese wird von Zoom an die von Ihnen hinterlegte E-Mail-Adresse versandt. Nimmt der so eingeladene Benutzer die Einladung an bzw. klickt er auf die in der E-Mail enthaltene Schaltfläche *Die Anfrage genehmigen*, wird er anschließend bzw. nachdem er sich bei Zoom registriert hat, im Rahmen Ihres Zoom-Accounts als Benutzer geführt. Ein Benutzer, der zwar auf den Link geklickt, aber sich noch nicht registriert hat, wird in diesem Fenster mit dem Vermerk *Wartend auf Registrierung* geführt.

Einladungs-E-Mail

Der Inhalt des nächsten Dialogfensters hängt davon ab, ob der Empfänger bei Zoom bereits – unter Verwendung der im Rahmen der Einladung verwendeten E-Mail-Adresse – registriert ist oder nicht. Ist der oder die Eingeladene bereits bei Zoom registriert, erscheint das nachstehend abgebildete Dialogfenster.

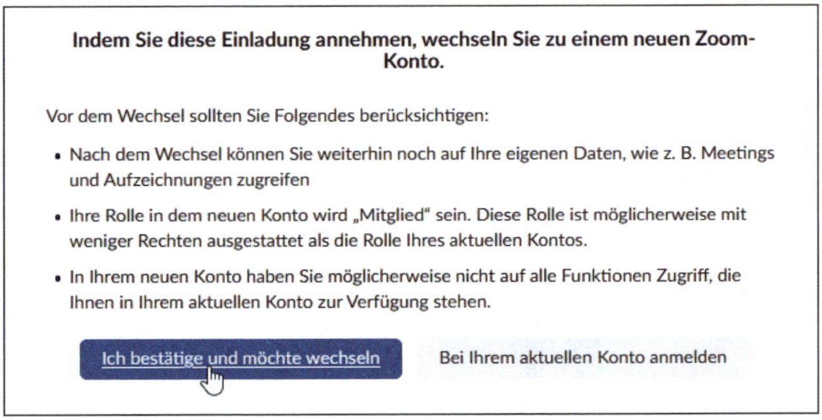

Information für Benutzer, die bereits bei Zoom registriert sind

Ist der oder die Eingeladene hingegen noch nicht bei Zoom registriert oder hat im Rahmen der Registrierung eine andere E-Mail-Adresse verwendet, erscheint ein Dialogfenster, in dem die eingeladene Person dazu aufgefordert wird, sich bei Zoom anzumelden, wobei *Anmelden* hier eigentlich eine Registrierung meint.

Der oder die Eingeladene wird aufgefordert, sich bei Zoom anzumelden bzw. zu registrieren

Wenn der eingeladene Teilnehmer bei Google oder Facebook registriert ist, kann er sich auch mit seinem Google- oder Facebook-Konto registrieren bzw. anmelden. Zudem ist über *Mit einem Passwort anmelden* eine klassische Anmeldung möglich.

Solange der oder die Eingeladene sich nicht registriert hat, wird der eingeladene Kontakt im Register *Ausstehend* geführt.

Der eingeladene Teilnehmer muss sich registrieren

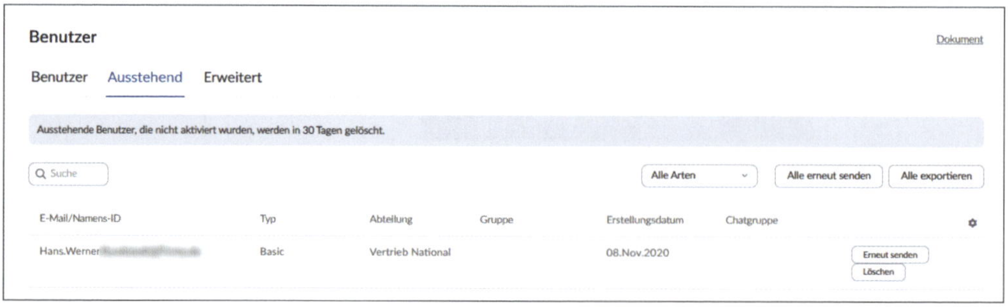

Nicht registrierte Eingeladene finden sich im Register »Ausstehend« wieder

Einladung erneut verschicken

Manchmal werden solche Einladungen vom Spamfilter des Eingeladenen blockiert oder automatisch als Spam eingestuft. Dann bekommt der Eingeladene diese Mail vielleicht überhaupt nicht zu Gesicht.

In dem Fall hilft vielleicht nur ein kurzer Anruf, um auf die Mail hinzuweisen und diese dann erneut zu verschicken. Hierzu können Sie im Register *Ausstehend* einfach auf *Erneut senden* klicken.

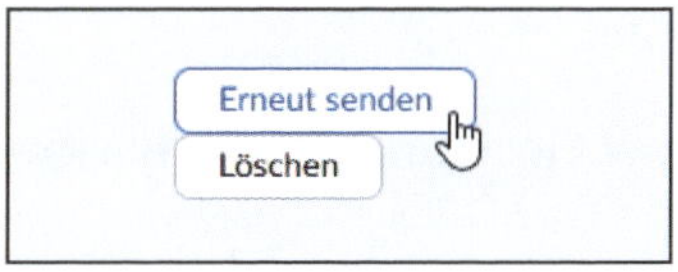

Mit dieser Funktion im Register »Ausstehend« können Einladungen erneut verschickt werden

Einladung löschen

Wenn sich der Eingeladene nicht Ihrem Konto zuordnen lassen möchte bzw. die Einladung nicht annimmt, können Sie den entsprechenden Eintrag im Register *Ausstehend* mit der *Löschen*-Schaltfläche entfernen.

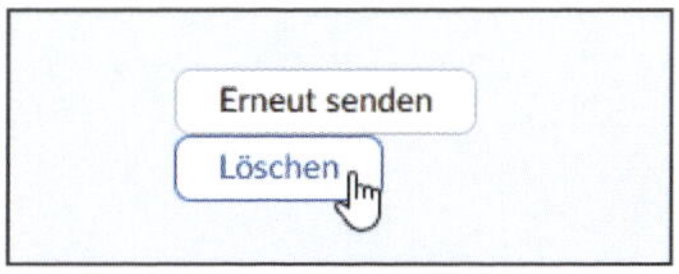

Hiermit können (erfolglose) Einladungen gelöscht werden

Automatisch gelöscht

Nicht angenommene Einladungen werden von Zoom nach 30 Tagen automatisch gelöscht.

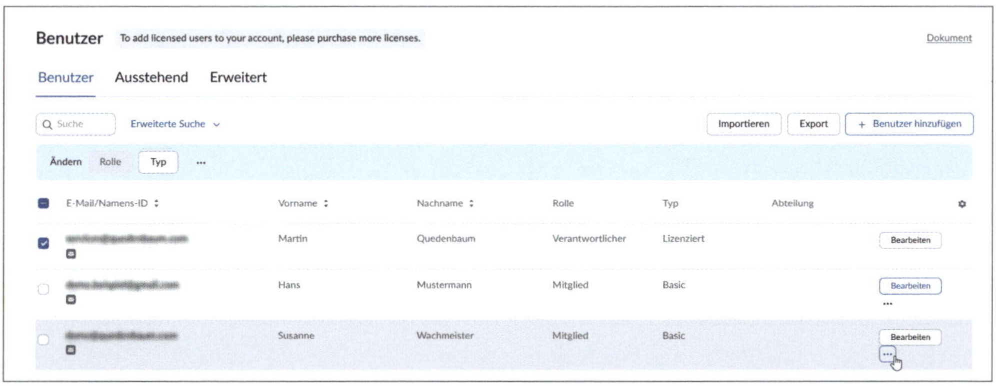

Auf der rechten Seite stellt Zoom weitere Funktionen bereit

Während die so hinzugefügten Nutzer mehr oder weniger sofort verfügbar sind bzw. im Rahmen der Benutzerverwaltung angezeigt werden, kann es eine gewisse Zeit dauern, bis diese auch in der Zoom-Software im Bereich *Kontakte* gelistet werden und zur Verfügung stehen.

Bearbeiten

Im Bereich *Benutzer bearbeiten* können Sie die im Rahmen der Einladung definierten Angaben bearbeiten oder ergänzen.

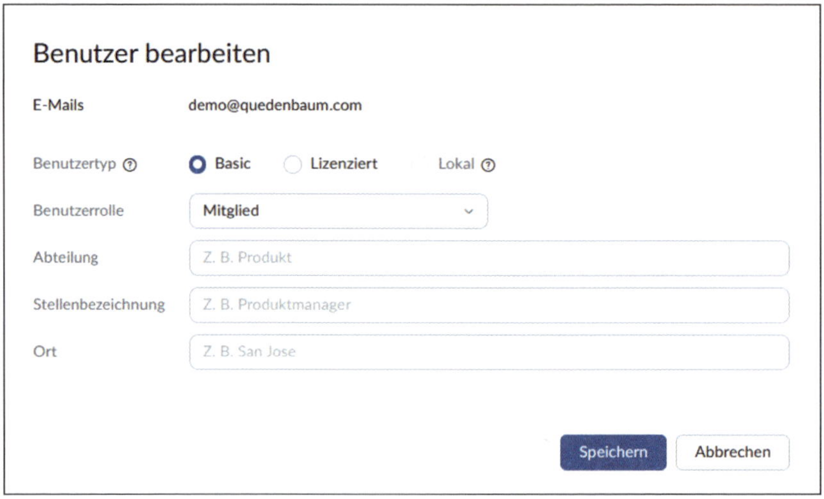

Mit einem Klick auf »Bearbeiten« kann dieses Fenster geöffnet werden

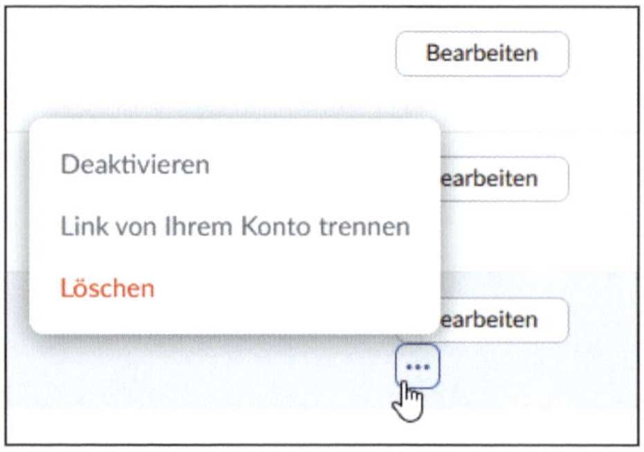

Über die drei Punkte ist dieses Menü erreichbar

Deaktivieren

Verwenden Sie diese Funktion, um einen Benutzer auszuloggen bzw. am zukünftigen Einloggen zu hindern (siehe dazu die nachfolgende Erläuterung zur Funktion *Freischalten*). Die Daten bzw. Einstellungen des Benutzers bleiben dabei erhalten.

Freischalten

Diese Funktion wird im Menü erst dann sichtbar bzw. angeboten, wenn Sie den Benutzer zuvor deaktiviert haben. Ein erneutes Einloggen eines von Ihnen deaktivierten Benutzers ist erst dann wieder möglich, wenn Sie ihn hiermit erneut freischalten.

Link von Ihrem Konto trennen

Hier können Sie einen Benutzer von Ihrem Zoom-Konto entfernen. Dadurch verliert dieser die durch Ihre Einladung zugewiesenen Unternehmenskontakte.

Löschen

Hier können Sie einen Benutzer vollständig von Ihrem Zoom-Konto entfernen. Er wird dadurch auch aus Ihren Unternehmenskontakten gelöscht. Im Gegensatz zur Funktion *Link von Ihrem Konto trennen* kann sich der Benutzer anschließend nicht erneut einloggen.

23.3 Kanäle (Benutzergruppen)

Sie können Kontakte zu Gruppen zusammenfassen und mit diesen kompakt kommunizieren. Eine solche Gruppe wird in Zoom als Kanal bezeichnet. Mit einer solchen Gruppe können Sie Meetings abhalten oder per Chat kommunizieren.

Kanäle – ein effizientes Tool für die Kommunikation mit Teilnehmergruppen

Wenn Sie an die Teilnehmer einer solchen Gruppe bzw. eines Kanals eine Chat-Nachricht verschicken, ist das vom Prinzip her nichts anderes, als wenn Sie einen E-Mail-Verteiler nutzen. Wie beim E-Mail-Verteiler besteht der Vorteil schlicht darin, dass Sie für die zu schreibenden Nachrichten nicht jedes Mal die Kontakte einzeln auswählen müssen, sondern nur die entsprechende Gruppe.

Zoom-Kanäle – insbesondere für die Kommunikation mit (sehr) großen Gruppen gedacht

Zoom-Kanäle eignen sich beispielsweise auch sehr gut für die Kommunikation mit Schulklassen

Selbst bei kleinen Gruppen sind Zoom-Kanäle sinnvoll

Kanal anlegen

Starten Sie die Zoom-Software und klicken Sie im Register *Kontakte* auf das Pluszeichen. Wählen Sie in dem sich daraufhin öffnenden Menü die Option *Einen Kanal erstellen* aus.

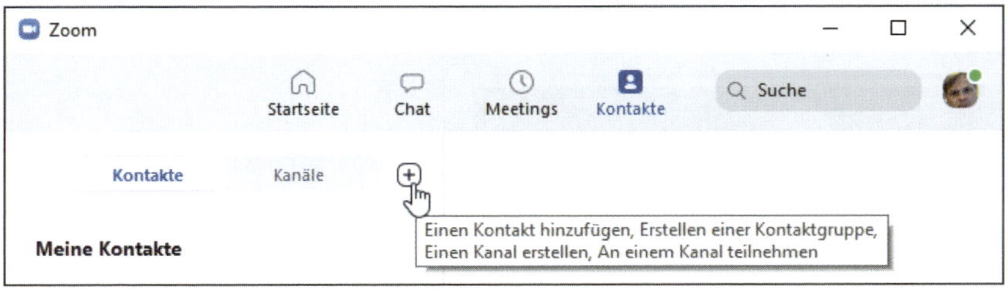

Zunächst auf das Pluszeichen klicken

Hier findet sich der Befehl zum Erstellen eines Kanals

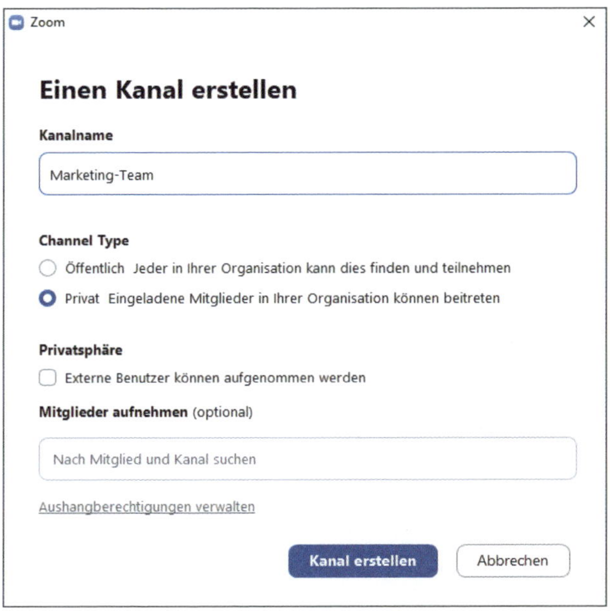

Daraufhin erscheint das gleichnamige Dialogfenster. Vergeben Sie hier einen möglichst aussagekräftigen Namen. Voreingestellt ist die Option *Privat* aktiv. Somit haben Sie die vollständige Kontrolle über die Mitglieder des Kanals, die Sie im nächsten Schritt einladen können.

Hier findet sich der Befehl zum Erstellen eines Kanals

Klicken Sie dazu in das Eingabefeld *Nach Mitglied und Kanal suchen*. Daraufhin erscheint eine Liste Ihrer Kontakte. Wählen Sie hier die Kontakte aus, die Mitglied des Kanals werden sollen. Sobald Sie auf einen der Kontakte klicken, wird dieser dem Kanal hinzugefügt.

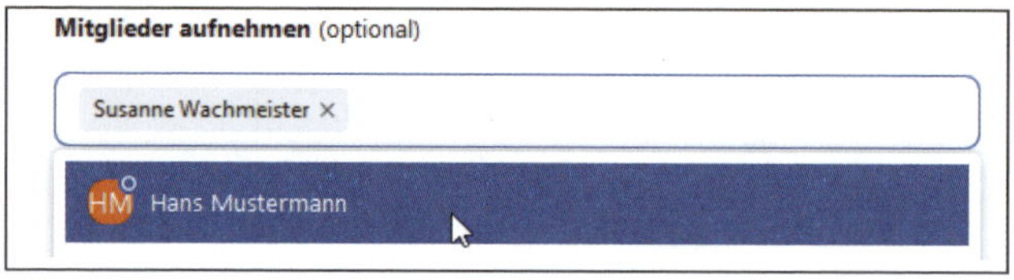

Mitglieder des Kanals festlegen

Mitglieder hinzufügen

Klicken Sie abschließend auf die Schaltfläche *Kanal erstellen*, um den Vorgang abzuschließen. Daraufhin zeigt das Fenster automatisch das Register *Chat* an. Wenn Sie möchten, können Sie hier direkt loslegen und den Mitgliedern des Kanals eine kurze Begrüßungsnachricht schreiben. Antworten von Kanalmitgliedern werden hier ebenfalls abgebildet.

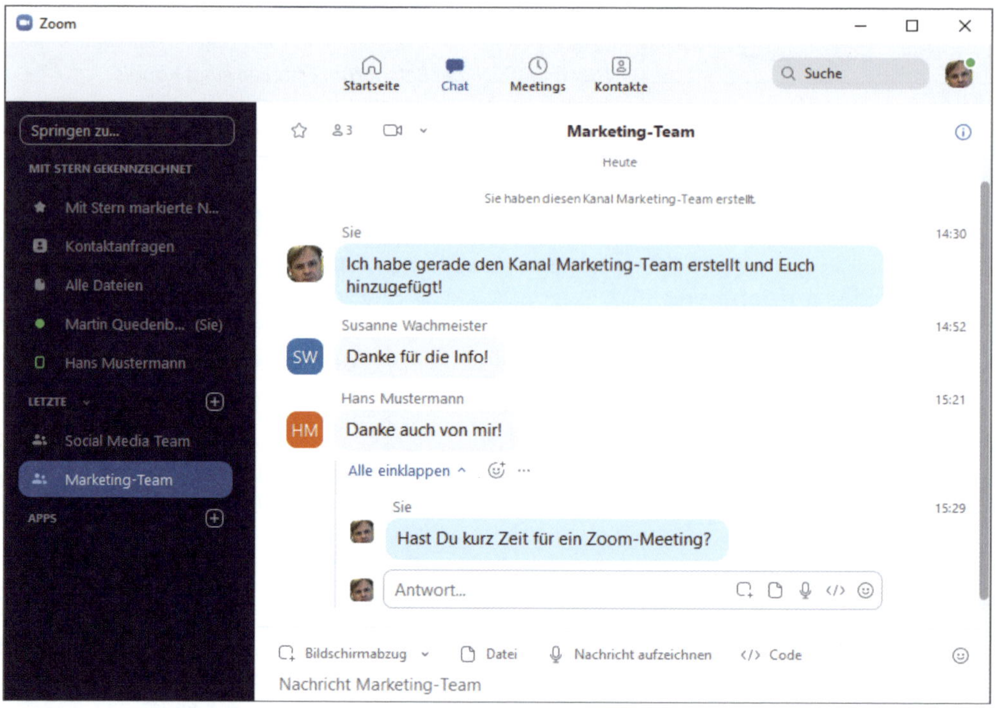

Chat mit Kanalmitgliedern

Wenn Sie noch weitere Kanäle anlegen, werden diese jeweils auf der linken Seite abgebildet. Nach einem Klick auf den entsprechenden Eintrag wird Ihnen das Chat-Fenster für diesen Kanal angezeigt.

Informationen zum Kanal

Mit einem Klick auf das rechts oben dargestellte i-Symbol können Sie sich den Bereich *Über diesen Kanal* und damit alle Informationen zu diesem Kanal anzeigen lassen. Beispielsweise können Sie hier überprüfen, wer Mitglied dieses Kanals ist, oder alle über diesen Kanal verschickten Bilder und andere Dateien einsehen. Auch die mit einem Stern gekennzeichneten Nachrichten werden hier aufgelistet.

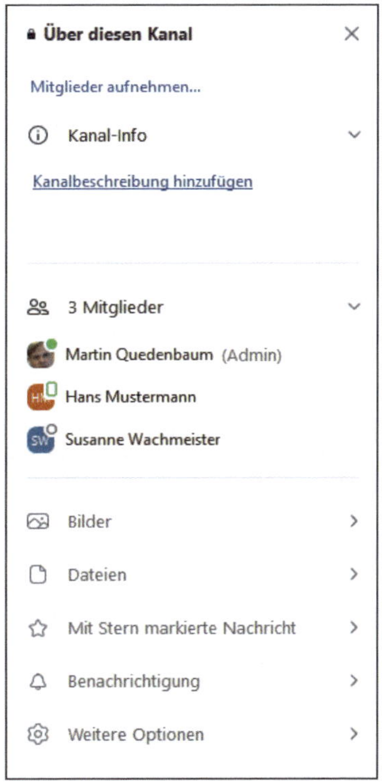

Alle Infos zum Kanal auf einen Blick

Einem Kanal im Nachhinein weitere Mitglieder hinzufügen

Das können Sie beispielsweise im Bereich *Über diesen Kanal* erledigen (siehe vorangehende Abbildung). Klicken Sie dazu ganz oben in diesem Bereich auf *Mitglieder aufnehmen*. Daraufhin erscheint eine Liste Ihrer Kontakte. Kontakte, die bereits Mitglied des Kanals sind, werden hier mit dem Zusatz *Hinzugefügt* gekennzeichnet. Neben Kontakten können Sie auf diesem Weg auch einen oder mehrere Kanäle bzw. dessen Mitglieder dem aktuellen Kanal hinzufügen.

Mitglieder hinzufügen

24. Mit angelegten Kontakten kommunizieren

Der Hauptvorteil der im vorherigen Kapitel erläuterten Kontakte und der Kontaktverwaltung besteht darin, dass Sie mit den so erfassten Kontakten sehr schnell und durch die Möglichkeit der Gruppen- bzw. Kanalbildung sehr effizient kommunizieren können.

24.1 Verfügbarkeitsstatus

Anhand einer einfachen Farbcodierung lässt sich der augenblickliche Verfügbarkeitsstatus eines Zoom-Kontaktes erkennen. Diese Symbole werden auf der Registerkarte *Chat* und auch auf der Registerkarte *Kontakte* angezeigt.

Farbe	Bedeutung
Grün	Die Zoom-Software des Teilnehmers ist aktuell geöffnet.
Grau	Abwesend
Rot	Nicht stören
Weiß	Zoom-Software wurde nicht gestartet

Den eigenen Verfügbarkeitsstatus festlegen

Klicken Sie auf Ihr Profilbild. Anschließend werden Ihnen die Status-Optionen *Grün*, *Grau* und *Rot* zur Auswahl angeboten. Der Status *Weiß* ergibt sich automatisch, er wird immer dann angezeigt, wenn Sie die Software nicht gestartet haben. Wenn Sie hier den Status *Nicht stören* (*Rot*) anwählen, können Sie festlegen, wie lange Sie nicht gestört werden möchten. Neben den angebotenen Zeiträumen können Sie mit der gleichnamigen Funktion auch selbst einen Zeitraum festlegen. Dieser bezieht sich dann allerdings auf den Status *Abwesend* (*Grau*). Dieser orientiert sich an der Zeitdauer der Inaktivität in Bezug auf Zoom. Voreingestellt ist das der Fall, wenn Zoom 15 Minuten lang keine Aktivität Ihrerseits verzeichnet. Diesen Zeitraum können Sie nun verkürzen oder verlängern.

Schließen vs. Zoom verlassen

Hierbei gilt es zu beachten, dass die Zoom-Software nach einem Klick auf das jeweils rechts oben dargestellte X-Symbol lediglich geschlossen, aber eben nicht beendet wird. Zoom läuft vielmehr im Hintergrund weiter und wird als Schaltfläche in der Taskleiste bzw. im Dock von macOS angezeigt. Somit behält Zoom auch die Grün-Kennzeichnung bei und signalisiert anderen Teilnehmern, dass der betreffende Teilnehmer aktuell verfügbar ist.

Um Zoom tatsächlich zu beenden, müssen Sie mit der rechten Maustaste auf die in der Taskleiste bzw. im macOS-Dock dargestellte Schaltfläche klicken und den Befehl *Zoom verlassen* wählen. Daraufhin wird Ihr Verfügbarkeitsstatus bei anderen Anwendern auf *Weiß* geändert.

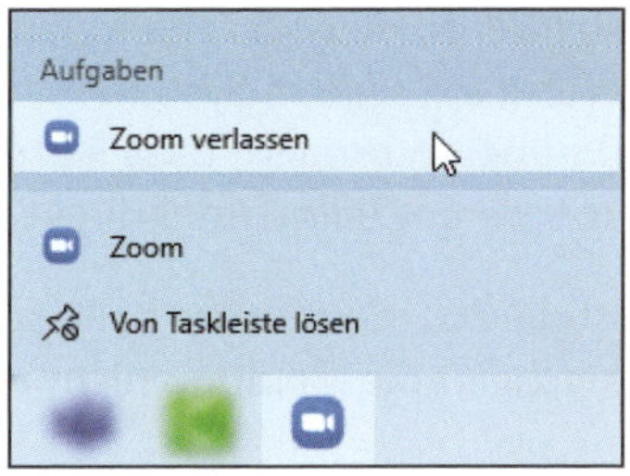

Der Befehl »Zoom verlassen« im Kontextmenü des Programmsymbols (hier in der Windows-Taskleiste)

24.2 Blitzschnelles Zoom-Meeting

Starten Sie die Zoom-Software und öffnen Sie den Bereich *Kontakte*. Klappen Sie den Bereich *Unternehmenskontakte* auf und bewegen Sie den Cursor über dem Kontakt, den Sie zu einem Ad-hoc-Meeting einladen möchten.

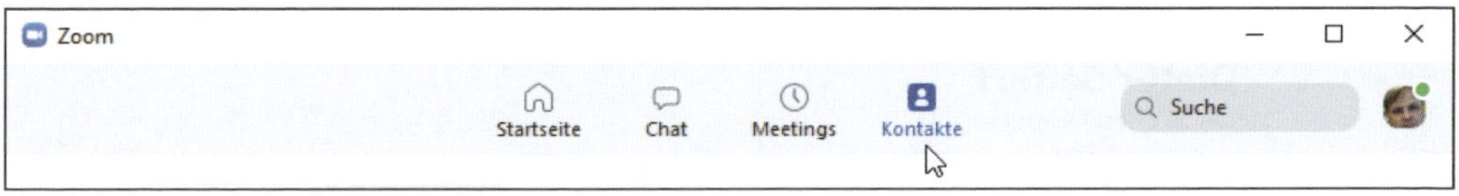

Zoom-Software starten und auf »Kontakte« klicken

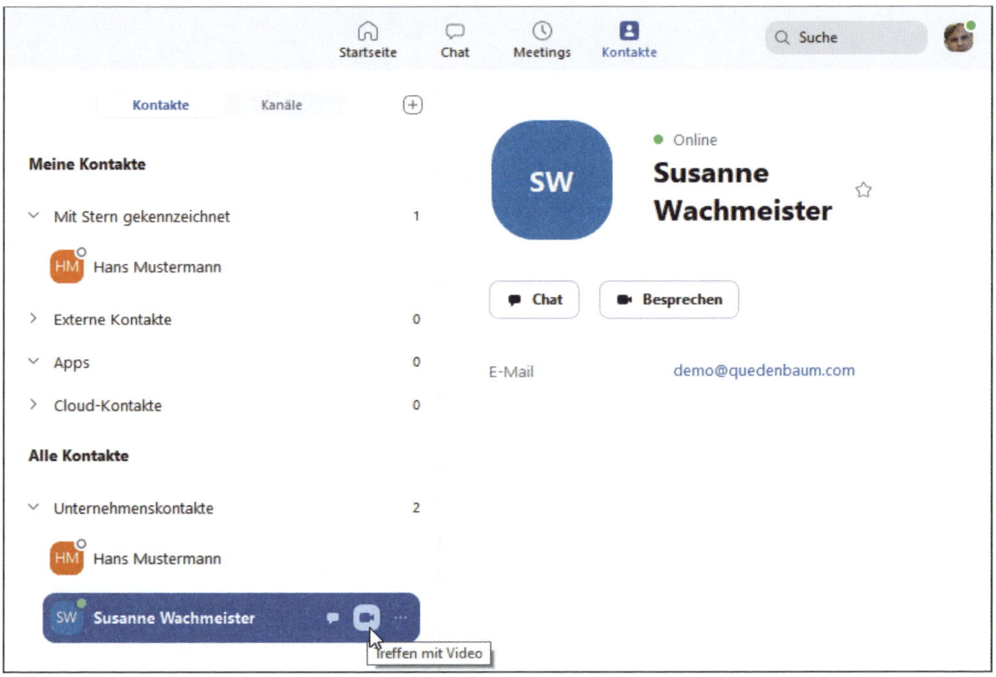

Auf das Kamerasymbol klicken

Hat der so eingeladene Meeting-Teilnehmer aktuell seine Zoom-Software ausgeblendet, ertönt auf seinem System nun ein Rufton und es erscheint ein Dialog, der den Teilnehmer darüber informiert, dass Sie zu einem Meeting einladen. Mit einem Klick auf *Teilnehmen* kommt der Teilnehmer direkt in das Meeting bzw. in den Warteraum des Meetings.

Ist die Zoom-Software beim so eingeladenen Meeting-Teilnehmer hingegen geschlossen, erscheint die Meldung nicht und der Rufton wird ebenfalls nicht wiedergegeben.

Hinweis
Mehr zum Thema Warteraum und wie Sie einen Teilnehmer aus dem Warteraum abholen, erfahren Sie in Kapitel 10.

Diese Meldung erscheint beim eingeladenen Teilnehmer

24.3 Kanal-Video-Meeting

Ein Ad-hoc-Meeting mit allen Teilnehmern eines Kanals zu starten, ist aus mehreren Bereichen der Zoom-Software heraus möglich.

Wählen Sie beispielsweise auf der linken Seite des Registers *Chat* zunächst den entsprechenden Kanal aus und klicken Sie dann auf das an der Oberseite des Registers dargestellte Kamerasymbol. Eine weitere Möglichkeit besteht darin, auf die rechte Seite des jeweiligen Kanaleintrags zu klicken und hier den Befehl *Treffen mit Video* auszuwählen.

Eine weitere Möglichkeit in dieser Hinsicht bietet der Bereich *Kontakte*. Klicken Sie hier zunächst auf das Register *Kanäle* und anschließend auf das Kamerasymbol des jeweiligen Kanals.

In allen hier vorgestellten Fällen erscheint anschließend das hier abgebildete Dialogfenster. Klicken Sie in diesem Fenster auf *Ja*, um das Meeting zu starten.

Auf das Kamerasymbol klicken

Im Menü des jeweiligen Kanaleintrags wird die Funktion ebenfalls angeboten

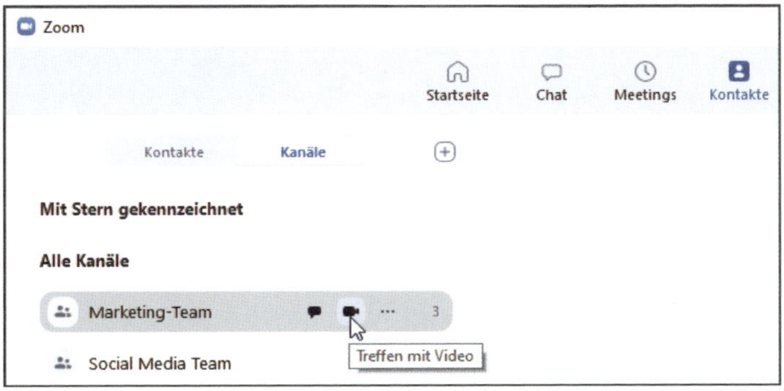

Auch aus dem Bereich »Kontakte« (Register »Kanäle«) kann ein Kanal-Video-Meeting gestartet werden

Das Dialogfenster mit einem Klick auf »Ja« schließen

Blitzschnelle Chats

Starten Sie die Zoom-Software und öffnen Sie den Bereich *Kontakte*. Klappen Sie den Bereich *Unternehmenskontakte* auf und bewegen Sie den Cursor über den Kontakt, mit dem Sie chatten möchten. Klicken Sie auf das jetzt sichtbare Chat-Symbol und geben Sie anschließend an der Unterseite des Fensters den zu versendenden Text ein. Versenden Sie die Chat-Nachricht mit ⏎.

Chat-Nachrichten sichtbar
Die Chat-Nachrichten eines Kanals sind für alle Mitglieder des Kanals sichtbar.

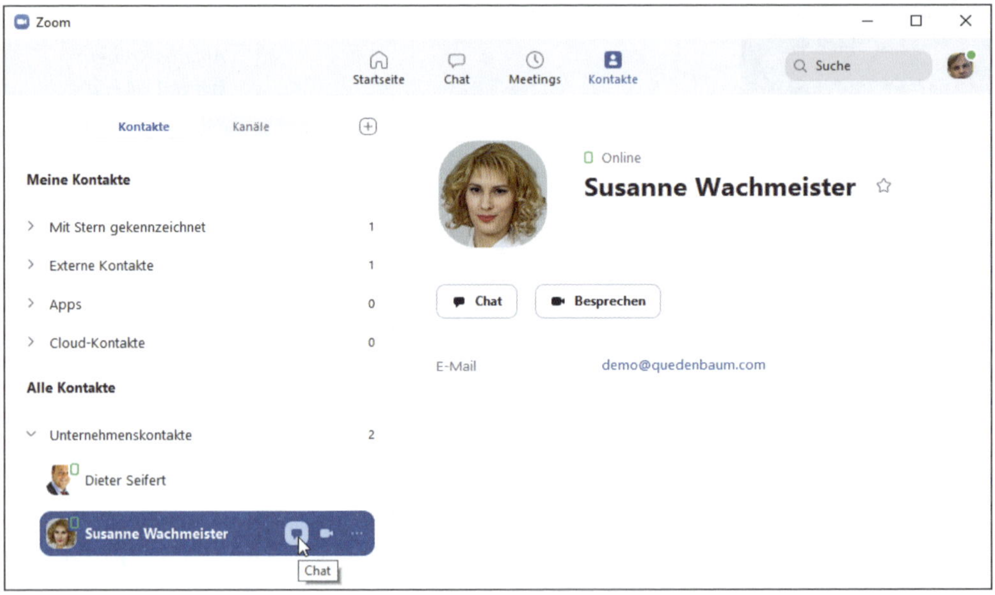

Auf das Chat-Symbol klicken

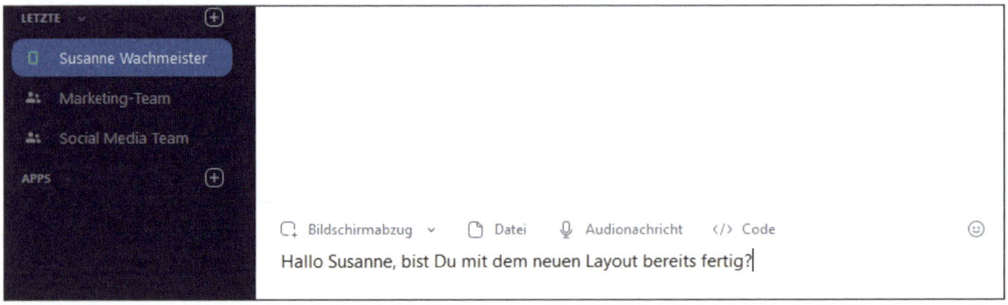

An der Unterseite des Chat-Fensters den Text eingeben

Hat der so eingeladene Meeting-Teilnehmer aktuell seine Zoom-Software ausgeblendet, wird der Chat-Text auf dem System des Empfängers dennoch sichtbar. Hierzu wird der Chat-Text in Form eines kleinen, sich nach ca. 5 Sekunden automatisch schließenden Fensters angezeigt.

Ist die Zoom-Software beim eingeladenen Meeting-Teilnehmer hingegen geschlossen, erscheint die Meldung nicht.

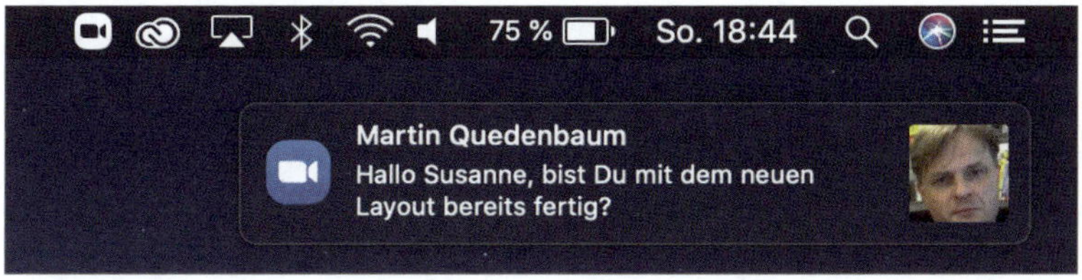

Kleines Fenster mit dem Chat-Text

Wenn der Teilnehmer in dieser Zeit den Cursor über das Fenster bewegt und auf die dann erscheinende Funktion *Antworten* klickt, bleibt das Fenster geöffnet und der Teilnehmer kann eine Antwort eintippen.

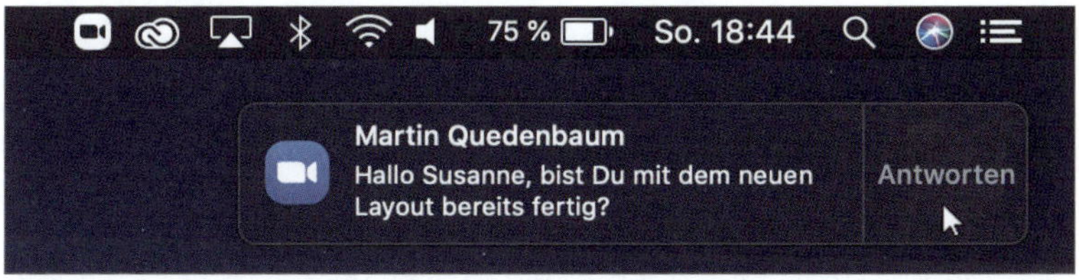

Auf »Antworten« klicken …

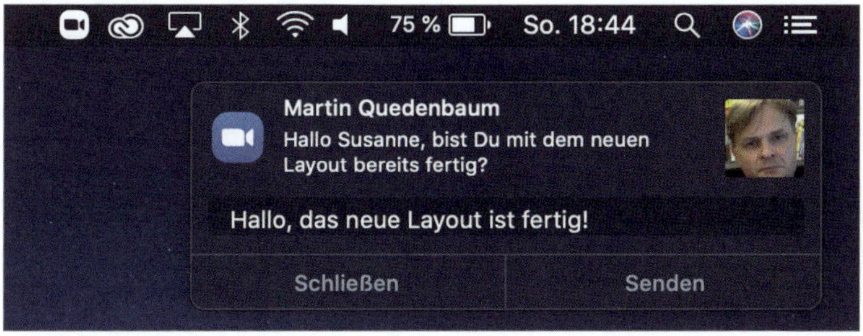

… und die Antwort schreiben …

Sollte er nicht bzw. nicht so schnell reagieren, zeigt ein Icon (weiße Zahl auf rotem Grund) auf dem in der Taskleiste bzw. im Dock befindlichen Zoom-Symbol an, dass eine Textnachricht bzw. mehrere Textnachrichten eingegangen sind. Mit einem Klick auf das Zoom-Icon öffnet sich Zoom und der Chat-Bereich mit der oder den neuen Nachrichten wird dargestellt.

Eine neue Zoom-Chat-Nachricht ist eingegangen (hier macOS-Dock)

Eine neue Zoom-Chat-Nachricht ist eingegangen (hier Windows-Taskleiste)

Darüber hinaus wird auch innerhalb der Zoom-Software der Eingang neuer Chat-Nachrichten angezeigt.

Hierzu wird zum einen über dem Chat-Icon des Software-Fensters ein entsprechendes Symbol (weiße Zahl auf rotem Grund) und zum anderen im Chat-Bereich ein dieser Farbgebung folgender Hinweis angezeigt.

Auch in der Zoom-Software wird dem Anwender der Eingang neuer Nachrichten angezeigt

Hinweisschaltfläche im Chat-Bereich der Software

Weitere Funktionen des Chat-Bereichs

Wie bereits erläutert, wird der zu versendende Text an der Unterseite des Chat-Bereichs eingegeben. Unmittelbar oberhalb des Eingabefeldes finden sich die nachstehend erläuterten Funktionen.

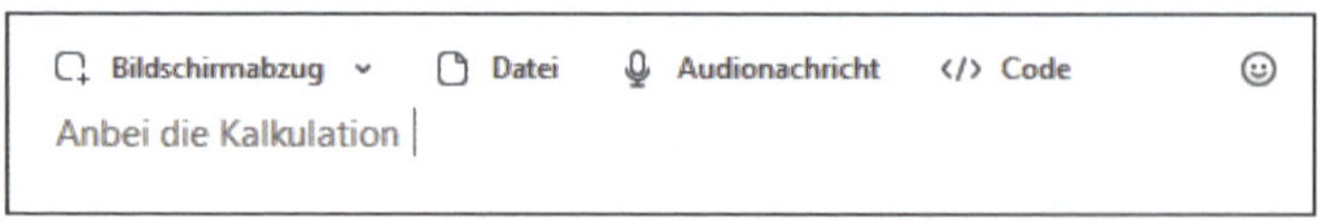

Chat-Funktionen

Funktion	Bedeutung
Bildschirmabzug (Windows) Screenshots (macOS)	Mit diesem praktischen Tool können Sie sehr bequem einen Screenshot erstellen, um auf diese Weise Ihren Bildschirm oder einen Ausschnitt davon abzulichten. Klicken Sie dazu auf das Symbol und ziehen Sie anschließend ein Rechteck auf, das in Größe und Position dem gewünschten Screenshot entspricht. Nun können Sie mit den an der Unterseite des erstellten Screenshots angeordneten Funktionen zum Beispiel Pfeile, Text oder Umrandungen einfügen. Den so erstellten Screenshot können Sie zudem lokal speichern. Mit einem Klick auf *Aufzeichnen* fügen Sie den Screenshot in eine Chat-Nachricht ein. Wie üblich können Sie auch im Chat noch Text dazuschreiben und die Nachricht mit [↵] verschicken.

Funktion	Bedeutung
Datei	Wie bei einer E-Mail oder WhatsApp-Nachricht können Sie mit der Chat-Funktion auch Anhänge versenden. Auf diese Weise können Sie beispielsweise PDF-Dokumente, Textdokumente (etwa Word-Dateien) oder Bilder teilen. Über das rechts neben dem Empfänger abgebildete Symbol *Dateien* haben Sie Zugriff auf die auf Ihrem Computer gespeicherten Daten. Wenn Sie hingegen auf in der Cloud gespeicherte Daten zugreifen möchten, stehen Ihnen dazu auch die bekannten Cloud-Speicher Dropbox, Microsoft OneDrive, Google Drive oder Box zur Verfügung.
Audionachricht	Hier können Sie anstelle einer Textnachricht eine Sprachnachricht aufzeichnen und versenden.
Code	Ermöglicht das Kopieren von Programmcode-Schnipseln, die Sie über eine Chat-Nachricht erreicht haben. Die Besonderheit der Funktion besteht laut Zoom darin, dass die Formatierung des Code-Schnipsels dabei unverändert bleibt. Um die Funktion aktivieren zu können, muss bei der erstmaligen Benutzung eine entsprechende Funktionserweiterung heruntergeladen und installiert werden.
Linkvorschau einschließen	Zeigt zusätzlich zu einem geposteten Link auch gleich dessen Vorschau an. Wenn Sie beispielsweise den Link eines bebilderten Wikipedia-Artikels oder eines anderen Onlineartikels posten, werden dessen Titel bzw. Überschrift, einige Zeilen des Textes und – wenn verfügbar – ein Bild angezeigt.
Smiley-Symbol	Nach einem Klick auf das Smiley-Symbol wird Ihnen eine Vielzahl an Emojis und anderen Symbolen angeboten, mit denen Sie Ihre Chat-Nachrichten ausstatten können.

24.4 Favoriten oder Nervensägen

Die meisten Kontakte sind schlicht »nur« Kontakte und daher auch nicht besonders kennzeichnungswürdig. Ausgewählte Kontakte können Sie allerdings als Favoriten oder als unerwünschte bzw. als blockierte Kontakte kennzeichnen. Favoriten bekommen dazu einen Stern. Zu blockierende Kontakte erhalten den Status *Blockiert* bzw. eine Art Verbotsschild-Symbol.

Beide Kennzeichen wirken sich dabei auch funktionell aus. Ein mit einem Stern gekennzeichneter Kontakt wird von Zoom in den oberen Bereich des Chat-Fensters verschoben und verbleibt dort auch. Im Gegensatz zu nicht gekennzeichneten Kontakten spielt es dabei keine Rolle, ob Sie mit dem Kontakt jüngst gechattet haben oder nicht. Er verbleibt stets an dieser gut erkennbaren Poleposition innerhalb des Chat-Fensters.

Stern entfernen

Gemäß dem Motto »Die Dinge ändern sich« können Sie einem Favoriten den vergebenen Stern auch wieder nehmen. Wählen Sie dazu im Menü *Mehr* einfach den orthografisch nicht ganz korrekt formulierten Befehl *Löschen das Stern dieses Kontakts*.

Wenn ein Kontakt Sie nervt, können Sie diesen mit dem gleichnamigen Befehl blockieren. Nachrichten eines so blockierten Kontaktes dringen zukünftig nicht mehr zu Ihnen durch. Im Gegenzug können auch Sie keine Nachrichten mehr an einen solchen Kontakt senden. Zur Kennzeichnung blockierter Kontakte verwendet Zoom ein kleines Verbotsschild.

Blockierung aufheben

Sie möchten die Blockierung eines Teilnehmers aufheben? Kein Problem. Wählen Sie dazu im Menü *Mehr* einfach den Befehl *Blockierung aufheben*.

25. Umfragen

Umfragen können im Rahmen der Meeting-Vorbereitung, aber auch während eines bereits laufenden Meetings erstellt werden. Somit kann flexibel auf den Verlauf eines Meetings reagiert und schnell mal eine Abstimmung (auch anonym) durchgeführt werden. Hier können bis zu 25 Umfragen mit bis zu zehn Fragen angelegt werden. In Summe sind somit 250 Fragestellungen möglich (Single Choice oder Multiple Choice).

25.1 Funktion aktivieren

Damit Zoom die Funktion im Zoom-Fenster bereitstellt, müssen Sie diese in Ihrer Rolle als Host bzw. Moderator erst einmal freischalten. Loggen Sie sich dazu auf www.zoom.us ein und wählen Sie hier im Bereich *Admin* die *Kontoverwaltung* bzw. die *Kontoeinstellungen*.

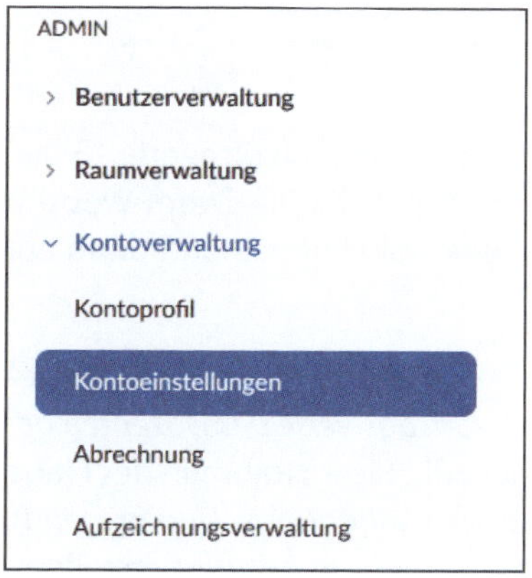

Zunächst zu den »Kontoeinstellungen« navigieren

Scrollen Sie nach unten und klicken Sie dann auf die Funktion *Umfragen*.

Die Umfrage-Funktion aktivieren

Das Dialogfenster mit einem Klick auf »Einschalten« schließen

Die aktivierte Funktion

Die Technik funktioniert in der Pro-Lizenz ausschließlich im privaten Meeting-Raum. Siehe dazu auch Kapitel 22. Bei einem solchen Meeting wird die Schaltfläche *Umfragen* jetzt in der Meeting-Kontrollleiste angezeigt.

Jetzt ist die Umfragen-Schaltfläche in der Meeting-Kontrollleiste zu sehen

25.2 Umfrage erstellen

Klicken Sie dazu auf die Schaltfläche *Umfragen* und in dem sich daraufhin öffnenden Fenster auf die Schaltfläche *Bearbeiten*. Daraufhin ruft Zoom automatisch die Zoom-Website bzw. den Bereich *Meetings/Privater Raum* auf. Klicken Sie hier auf *Umfrage* und dann auf der rechten Seite des Bereichs auf *Umfrage hinzufügen*.

Vergeben Sie für die Umfrage einen Namen (hier *Feedback*) und geben Sie in das Eingabefeld *Question 1* Ihre erste Frage ein (hier *Wie hat Ihnen die Vortragsweise des Dozenten gefallen?*). Darunter können Sie dann alle Antworten eintragen, die Sie im Rahmen der Frage als mögliche Antwort vorgeben möchten (hier die Schulnoten *Sehr gut* bis *Ungenügend*). Mit der Schaltfläche *Add Option* können Sie dabei jeweils eine weitere Antwort erstellen.

Oben rechts auf »Bearbeiten« klicken

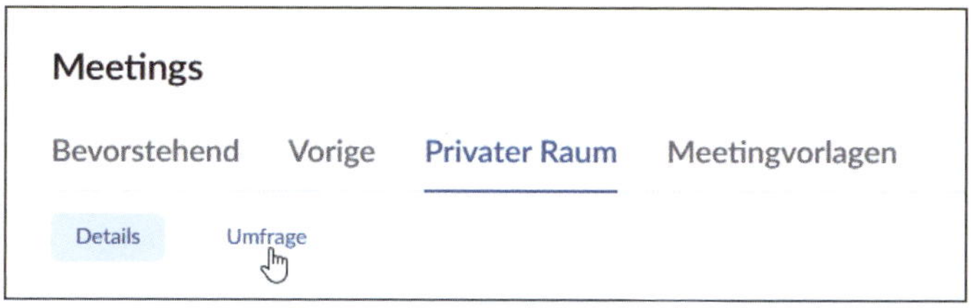

Auf »Umfrage« klicken

»Umfrage hinzufügen« auswählen

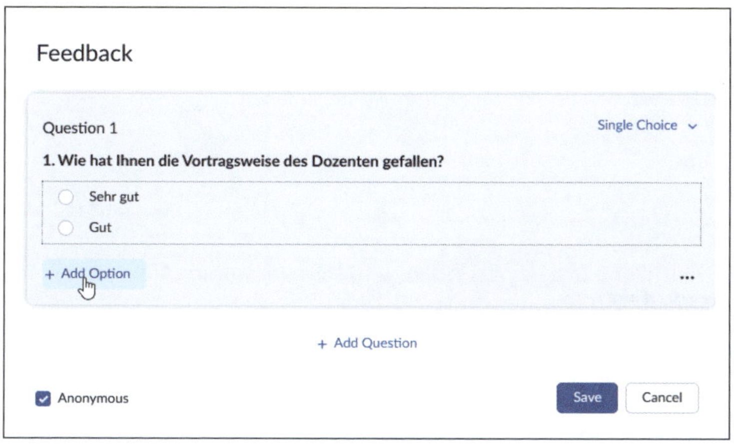

Die Umfrage benennen sowie Fragen und Antworten eintragen

Wenn die erste Frage samt Antworten angelegt ist und Sie die nächste Frage anlegen möchten, klicken Sie auf die Schaltfläche *Add Question*.

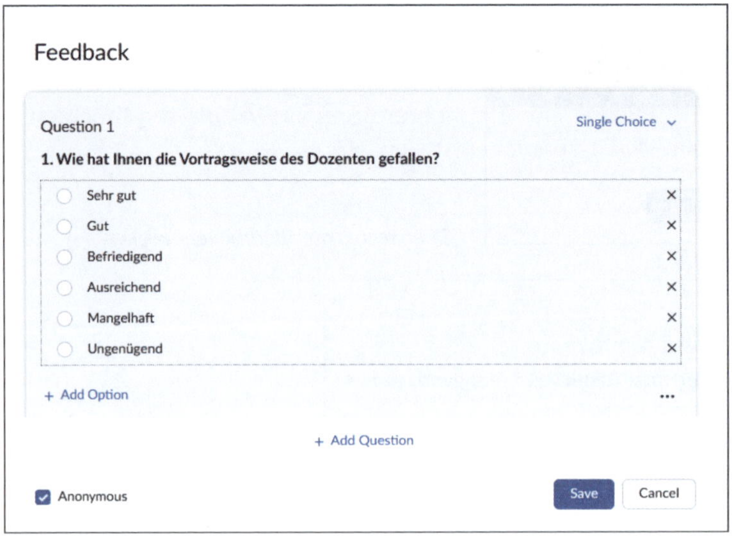

Die erste Frage mit allen Antwortmöglichkeiten ist erstellt

Mit »Add Question« eine weitere Frage hinzufügen

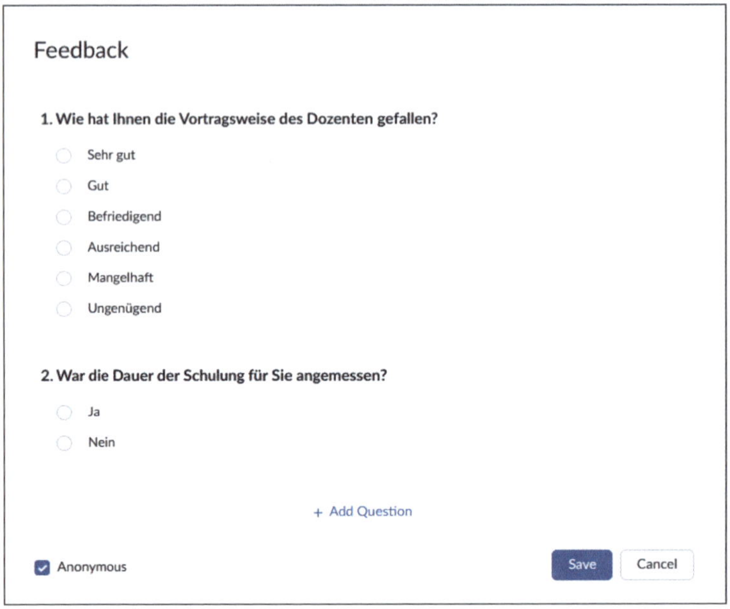

Eine weitere Frage und deren Antwortmöglichkeiten

Eine oder mehrere Antworten
Voreingestellt ist rechts oben *Single Choice* ausgewählt. Somit können die Teilnehmer nur eine der Antworten wählen. Wenn Sie mehrere Antworten zulassen möchten, müssen Sie an dieser Stelle *Multiple Choice* einstellen.

Umfrage anonymisieren

Aktivieren Sie dazu beim Erstellen bzw. bei der Bearbeitung der Umfrage das Kontrollfeld *Anonymous* (an der Unterseite). Somit erhalten Sie ein anonymisiertes Ergebnis.

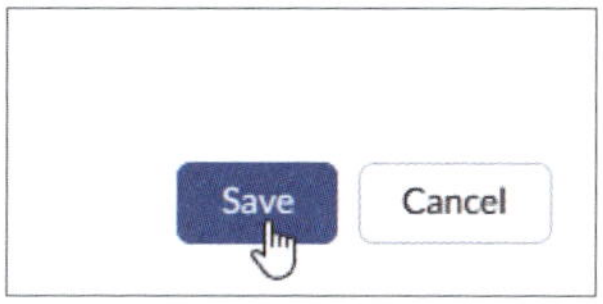

Abschließend mit »Save« die Umfrage speichern

Die Umfrage wird hier bzw. online gespeichert

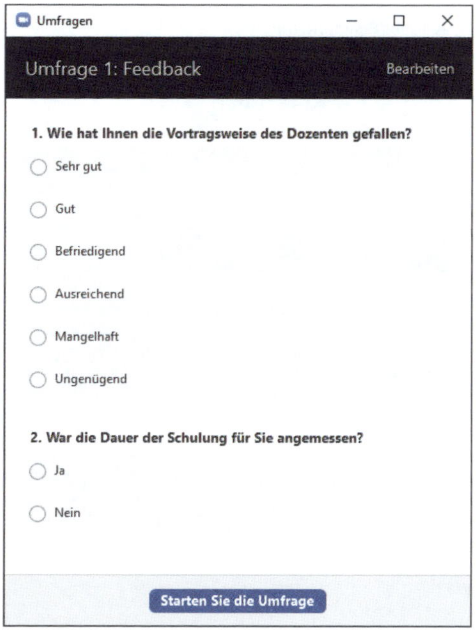

Zudem erscheint die Umfrage im nach wie vor geöffneten Umfragen-Fenster des aktuellen Meetings

25.3 Umfrage starten

Mit einem Klick auf *Starten Sie die Umfrage* können Sie die Umfrage den Teilnehmern unterbreiten. Sie wird den Teilnehmern wie hier abgebildet angezeigt.

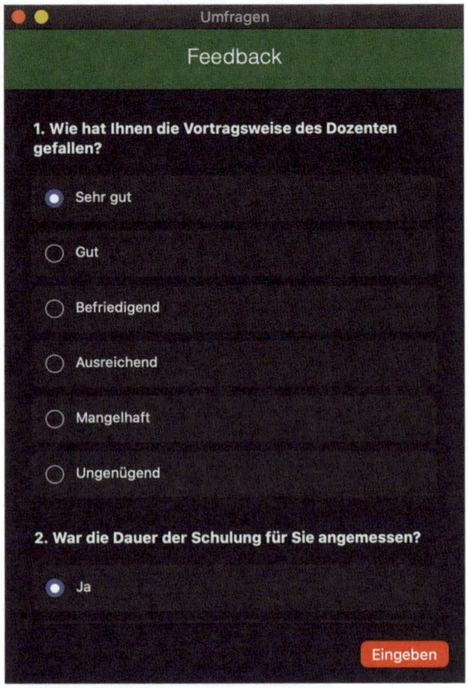

Dieses Fenster erscheint automatisch bei allen Teilnehmern (macOS)

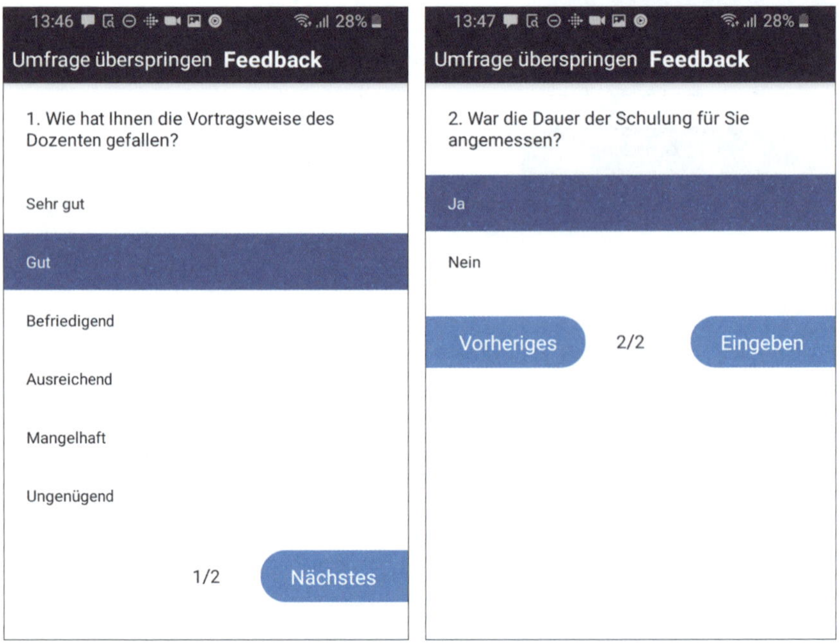

So sieht die Umfrage auf einem Android-Smartphone aus

Dabei wird Ihnen der Verlauf der Umfrage in Echtzeit angezeigt. Mit einem Klick auf *Beenden Sie die Umfrage* machen Sie den letzten Schritt.

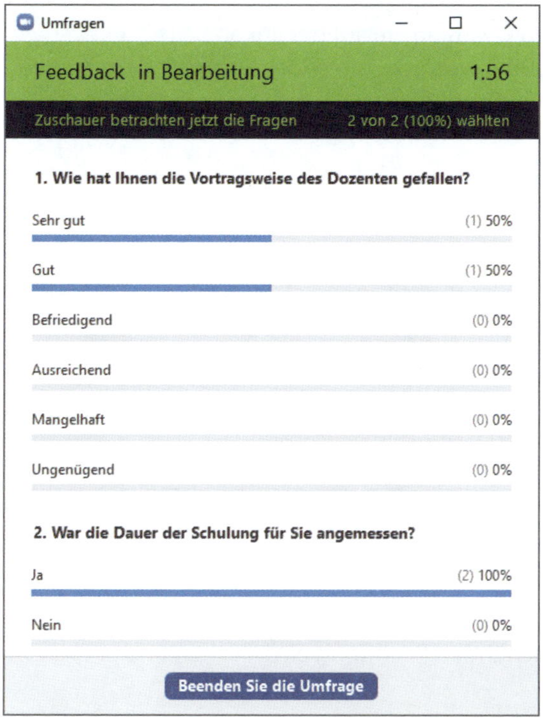

Ergebnis der Umfrage aus Sicht des Moderators

Hinweis

Gespeicherte Umfragen können Sie bei Bedarf einfach wiederverwenden oder anpassen.

26. Lizenzanpassungen und Abrechnungen

Melden Sie sich hierzu auf www.zoom.us an, wählen Sie auf der linken Seite *Kontoverwaltung* und anschließend *Abrechnung*. Daraufhin werden Ihnen die Details zu Ihrem aktuellen Abo (hier im Beispiel *Plan* genannt) aufgeführt. Klicken Sie auf *Eine Rechnung bezahlen/Rechnungen prüfen*.

Rechnungen prüfen und bezahlen

Als PDF speichern

Setzen Sie auf der linken Seite der entsprechenden Rechnung ein Häkchen und klicken Sie dann auf die Schaltfläche *Export*.

Links die entsprechende Rechnung anwählen

Im dann erscheinenden Dialogfenster können Sie die PDF-Version der Rechnung in Ihrem Browser (hier *Mozilla Firefox*) oder einem PDF-Reader (hier *Adobe Acrobat DC*) öffnen und betrachten. Mit der Funktion *Datei speichern* können Sie die PDF-Datei auch direkt auf Ihrem Computer sichern.

> **Hinweis**
> Sie können das PDF auch aus dem PDF-Reader oder aus Mozilla-Firefox heraus speichern.

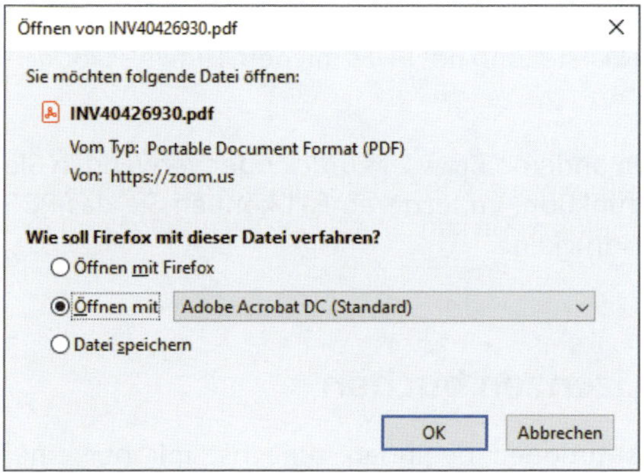

Öffnen oder Speichern

Ausdrucken

Klicken Sie auf der rechten Seite der entsprechenden Rechnung auf die Schaltfläche *Drucken*. Daraufhin erstellt Zoom (im Hintergrund) ein PDF der Rechnung und versucht, dieses im aktuell verwendeten Webbrowser darzustellen.

zoom

INVOICE

Zoom Video Communications Inc.
55 Almaden Blvd, 6th Floor
San Jose, CA 95113
billing@zoom.us

Invoice Date: 09/08/2020
Invoice #: INV40426930
Payment Terms: Due Upon Receipt
Due Date: 09/08/2020
Account Number [redacted]
Currency: EUR
Account Information: [redacted]

Remittance Details should be sent to:
Finance@zoom.us

Purchase Order Number:

Customer VAT/Tax Number:

Zoom W-9

CHARGE DETAILS

Charge Description	Service Period	Subtotal	Tax	TOTAL
Charge Name: Standard Pro Monthly Quantity: 1 Unit Price: EUR13.99	09/08/2020-10/07/2020	EUR13.99	EUR2.24	EUR16.23

INVOICE TOTALS

Subtotal:	EUR13.99
Total (Including Tax):	EUR16.23
Invoice Balance:	EUR0.00

TAX DETAILS

Charge Name	Tax Name	Jurisdiction	Charge Amount	Tax Amount
Standard Pro Monthly	Value Added Tax (VAT) 16.000%	Federal	EUR13.99	EUR2.24
			Total Tax	EUR2.24

Rechnung im PDF-Format

Während das beispielsweise in Mozilla Firefox problemlos gelingt, stellt sich der Safari-Browser (macOS) quer und verweigert die Darstellung des PDFs mit dem Hinweis *Blockiertes Plug-in*.

Greifen Sie in einem solchen Fall auf einen anderen Browser zurück oder verwenden Sie die im Abschnitt zuvor erläuterte Exportfunktion. Im letzteren Fall können Sie das PDF dann in einem PDF-Reader öffnen und ausdrucken.

26.1 Weitere Moderatoren-Lizenzen buchen

Bestimmt nicht wenige Firmen und Institutionen beginnen zunächst mit nur einer Pro-Version und der damit verbundenen Moderatoren-Lizenz. Wenn dann der Bedarf an Zoom-Meetings steigt, kommt sehr schnell die Fragestellung auf, wie man das bestehende Abo mit weiteren Moderatoren ausstatten kann, damit jeder dieser Moderatoren seine eigenen Meetings planen und abhalten kann.

Moderatoren werden in der Zoom-Welt auch als Host bezeichnet

Melden Sie sich hierzu auf www.zoom.us an, wählen Sie auf der linken Seite *Kontoverwaltung* und anschließend *Abrechnung*. Daraufhin werden die Details zu Ihrem aktuellen Abo aufgeführt. Klicken Sie ganz rechts auf *Hinzufügen/Bearbeiten*. Jetzt können Sie die gewünschte Anzahl der Hosts einstellen und über die Schaltfläche *Fortfahren* hinzubuchen.

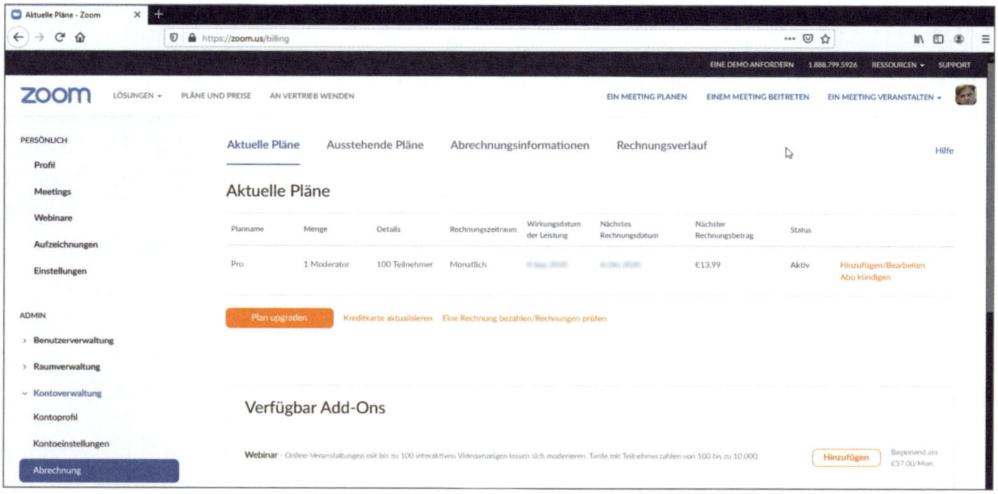

Im Bereich »Kontoverwaltung/Abrechnung« finden sich die aktuellen Daten zu Ihrem Abo

Rechts auf »Hinzufügen/Bearbeiten« klicken

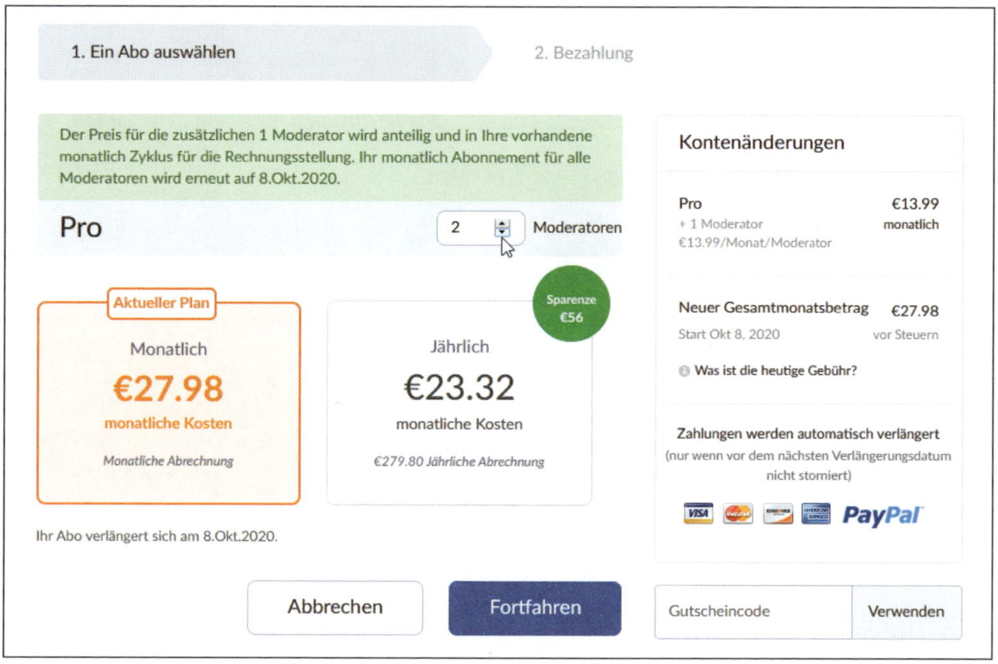

Die Anzahl der Moderatoren anpassen und das Fenster mit »Fortfahren« schließen

26.2 Moderatoren-Lizenzen reduzieren

Dinge verändern sich. Das gilt vielleicht auch für die von Ihnen benötigten Moderatoren-Lizenzen. Wenn Sie in dieser Hinsicht Ihren Zoom-Account abspecken wollen, gehen Sie so vor: Melden Sie sich hierzu auf www.zoom.us an, wählen Sie auf der linken Seite *Kontoverwaltung* und anschließend *Abrechnung*. Nun sehen Sie die Details zu Ihrem aktuellen Abo. Klicken Sie ganz rechts auf *Hinzufügen/Bearbeiten*. Jetzt können Sie Ihr Abo auf die gewünschte Anzahl an Hosts reduzieren und mit einem Klick auf *Fortfahren* die Einstellung übernehmen.

26.3 Zoom-Lizenz kündigen

Im Gegensatz zu vielen anderen Abo-Modellen ist die Kündigung einer Zoom-Lizenz ganz einfach. Rufen Sie wiederum www.zoom.us auf und melden Sie sich an. Klicken Sie wie schon zuvor auf der linken Seite auf *Kontoverwaltung* und anschließend auf *Abrechnung*. Jetzt zeigt Ihnen das Portal alle Details Ihres Zoom-Abos an. Klicken Sie ganz rechts auf *Abo kündigen* und schließen Sie die Kündigung mit einem Klick auf die gleichnamige Schaltfläche ab.

Rechts auf »Abo kündigen« klicken

Mit diesem Klick wird die Kündigung wirksam

Im nächsten Kapitel erläutere ich Ihnen am Beispiel einer Webinar-Lizenz, wie Sie Ihrer Lizenz sogenannte Add-ons hinzufügen können.

27. Webinare

Zoom bietet Ihnen auch die Möglichkeit, sogenannte Webinare abzuhalten. Webinare sind für große Teilnehmerzahlen gedacht, wobei im Gegensatz zum Meeting die Webinar-Teilnehmer in erster Linie als passive Zuschauer fungieren. Ansonsten sind sich Zoom-Webinare und Zoom-Meetings sehr ähnlich, daher werde ich an dieser Stelle nur die wichtigsten Unterschiede erläutern.

Auf der Grundlage der kostenlosen Basis-Lizenz sind Webinare allerdings nicht möglich.

27.1 Zoom-Webinar vs. Zoom-Meeting

Meetings werden immer dann benutzt, wenn bei Besprechungen ein hoher Grad an Interaktivität gewollt bzw. erforderlich ist. Teilnehmer können mittels Kamera und Mikro selbst aktiv werden. Ein weiterer Unterschied besteht darin, dass sich bei einem Meeting alle Teilnehmer sehen können, beispielsweise weil sie ihre Webcam eingeschaltet haben oder weil deren Namen in der Teilnehmerliste aufgeführt sind. Bei einem Webinar ist das nicht der Fall. Hier kann ein Teilnehmer die anderen Teilnehmer nicht erkennen oder sehen. Auch die Anzahl der Webinar-Teilnehmer ist für den einzelnen Teilnehmer nicht ersichtlich.

Ein Unterschied fällt ausschließlich in den Bereich des Hosts bzw. Moderators und betrifft die Planung. Im Gegensatz zu Zoom-Meetings, die sowohl mit der Zoom-Software, der Zoom-App, diversen Kalendern als auch der Zoom-Website geplant werden können, ist das bei Webinaren ausschließlich auf www.zoom.us möglich.

Im Gegensatz zu einem Zoom-Meeting ist bei einem Webinar nur verhältnismäßig wenigen Leute eine aktive Rolle zugedacht. Diese das Webinar mitgestaltenden Teilnehmer werden als Diskussionsteilnehmer bezeichnet und haben entsprechende Freiheiten. Beispielsweise können sie ihre Bildschirminhalte teilen und über ihre Webcam oder über das Mikrofon das Webinar aktiv mitgestalten. Der überwiegenden Anzahl der Webinar-Teilnehmer kommt hingegen eine mehr oder weniger rein passive Rolle zu.

27.2 Webinar-Lizenz hinzubuchen

Webinare erfordern eine zusätzliche Lizenz. Diese basiert mindestens auf der Pro-Lizenz und kostet aktuell monatlich 37 Euro. Zu diesem Preis werden maximal 100 Teilnehmer unterstützt. Hierbei ist zu beachten, dass die aktiven Diskussionsteilnehmer ebenfalls zu den Teilnehmern gerechnet werden.

Achten Sie bei der Planung eines Webinars daher darauf, dass die von Ihnen geplante Anzahl der (passiven) Zuschauer und die von Ihnen vorgesehenen (aktiven) Diskussionsteilnehmer der tatsächlich unterstützten Teilnehmeranzahl entsprechen.

Wenn Sie ein Webinar mit mehr als 100 Teilnehmern durchführen möchten, ist das gegen Aufpreis ebenfalls möglich, da tatsächlich bis zu 10.000 Teilnehmer unterstützt werden. Der Buchungsvorgang findet auf www.zoom.us statt. Loggen Sie sich auf der Website ein und navigieren Sie auf der linken Seite im Bereich *Admin* zur *Kontoverwaltung* und dann zum Punkt *Abrechnung*. Wählen Sie nun oben das Register *Aktuelle Pläne* aus. Daraufhin wird Ihre aktuelle Lizenz und unmittelbar darunter eine Liste möglicher Add-ons angezeigt. An oberster Stelle finden Sie auch das Webinar-Add-on. Um dieses zu Ihrer Lizenz hinzuzubuchen, klicken Sie rechts unten auf die Schaltfläche *In den Warenkorb legen* und folgen dann einfach den angezeigten Hinweisen.

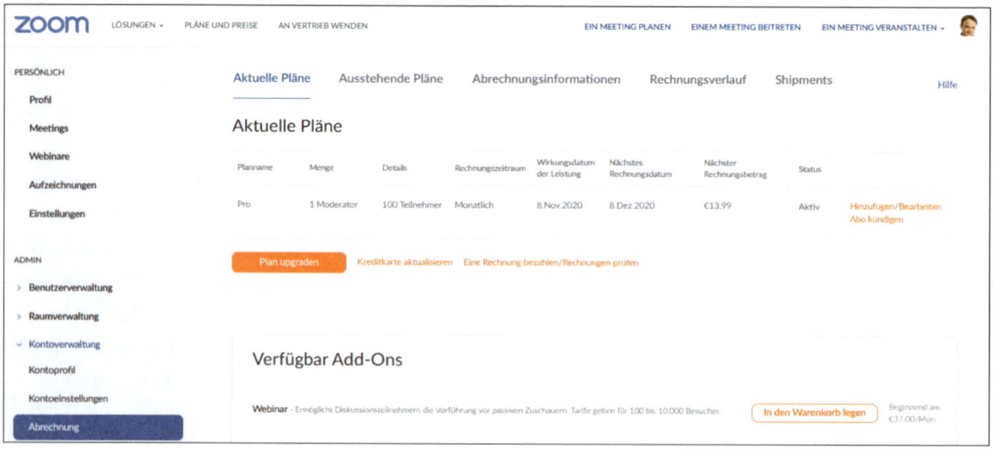

Die Webinar-Lizenz wird als Add-on angeboten

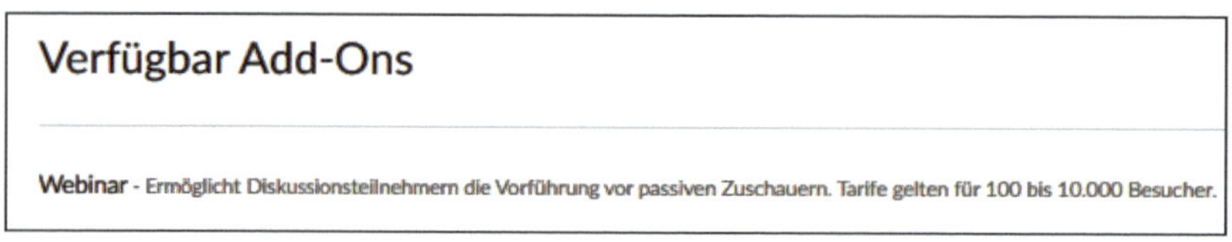

Vergrößerte Abbildung des Webinar-Add-ons

Webinar-Dauer

Behalten Sie bei der Planung der Webinar-Dauer die Konzentrationsfähigkeit Ihrer Zuschauer im Blick. Zoom empfiehlt hier eine Dauer von 45 Minuten bis zwei Stunden. Sollten Sie deutlich mehr Zeit benötigen, empfiehlt es sich, das Webinar zu splitten (Teil 1, Teil 2). Dazu können Sie einfach bei den Planungseinstellungen das Kontrollfeld *Wiederkehrendes Meeting* aktivieren. Im weiteren Verlauf der Funktion kann dann definiert werden, wann der oder die noch verbleibenden Teile stattfinden sollen (wöchentlich, täglich usw.).

Einladung der aktiven Diskussionsteilnehmer

Die Einladung der Diskussionsteilnehmer beinhaltet jeweils einen speziellen Link. Erst durch diesen Link werden die Diskussionsteilnehmer mit den für die aktive Rolle notwendigen Rechten ausgestattet. Aus diesem Grund sollten Diskussionsteilnehmer diesen Link auch nicht an andere weitergeben bzw. teilen.

Einladung der passiven Teilnehmer

Sie können die Einladung der »Zuschauer« an eine Registrierung knüpfen. Registrierungen beinhalten in der Regel gewisse Pflichtangaben. Im Rahmen einer Zoom-Registrierung sind das der Vorname und die E-Mail-Adresse. Wenn Sie darüber hinaus weitere oder andere Fragen stellen möchten, können Sie diese formulieren und entsprechende Antworten in Form von Single- oder Multiple-Choice-Antworten hinterlegen. Dabei können Sie auch Fragen als Pflichtangaben definieren.

Durch entsprechende Fragestellungen können Sie sich bereits im Vorfeld ein Bild über die Zusammensetzung der Teilnehmer und deren Erwartungshaltungen machen. Zu guter Letzt können Sie bzw. der Host des Webinars darüber entscheiden, wer am Webinar teilnehmen darf und wer nicht. Letzteres ist insbesondere dann von Bedeutung, wenn es sich um ein kostenpflichtiges Webinar handeln sollte. Registrierten, die bis zu einem bestimmten Stichtag das Webinar nicht bezahlt haben, kann auf diese Weise der Zutritt zum Webinar verwehrt werden.

27.3 Berichte

Im Rahmen des Webinars erstellt Zoom für Sie automatisch diverse hilfreiche Auswertungen. Diese sogenannten Berichte setzen dabei zu verschiedenen Zeitpunkten an und sind auf www.zoom.us im Bereich *Berichte* verfügbar. Mit dem Registrierungsbericht können Sie beispielsweise während der Registrierungsphase beobachten, wie viele Registrierte es mittlerweile gibt und wer sich alles für das Webinar registriert hat. Zudem können Sie sich hier einen Überblick darüber verschaffen, wie Ihre im Rahmen der Registrierung formulierten Fragen beantwortet wurden. Der Teilnehmerbericht steht hingegen erst nach dem Ende des Webinars zur Verfügung. Hier können Sie sehen, welche Teilnehmer sich wann in das Webinar eingeloggt haben und wie lange die Teilnehmer im Webinar geblieben sind.

27.4 Livestreams

Zoom-Webinare können Sie direkt auf Facebook Live, Workbook by Facebook oder auf YouTube streamen. Ein benutzerdefinierter Livestream – etwa über die Website Ihres Unternehmens – ist ebenfalls möglich. Damit alles reibungslos klappt, sollten Sie die Streams einige Zeit vor dem eigentlichen Webinar einrichten. Nur so ist gewährleistet, dass Sie das Streaming problemlos aus Ihrem laufenden Webinar heraus starten können. Wenn Sie beispielsweise erstmalig bei YouTube livestreamen möchten, kann die Einrichtung bzw. Bereitstellung der Funktion laut YouTube 24 Stunden in Anspruch nehmen.

28. Tastenkürzel

Mithilfe der Tastatur sind viele Befehle und Abläufe deutlich schneller und bequemer umzusetzen. Mit entsprechend vielen Tastenkürzeln haben die Zoom-Entwickler die Software ausgestattet. Suchen Sie sich am besten die Tastenkürzel der von Ihnen besonders häufig verwendeten Funktionen heraus und nutzen Sie diese auch tatsächlich. Sicher werden Sie den dadurch erzielbaren Zugewinn an Bedienkomfort deutlich wahrnehmen.

Funktion	Windows	Mac
Navigieren zwischen den Zoom-Pop-up-Fenstern	F6	–
Video starten/beenden	Alt+V	⇧+cmd ⌘+V
Ton stummschalten/Stummschaltung aufheben	Alt+A	↑+cmd ⌘+A
Ton für alle außer dem Host stumm-/laut schalten (nur für den Host möglich)	Alt+M	↑+cmd ⌘+M
Ändern Sie den Fokus auf die Zoom-Meeting-Steuerung (oben im Bildschirm bei Freigabe Ihres Bildschirms, unten ohne Freigabe)	Strg+Alt+⇧	–
Vorseite der Videoteilnehmer in der Galerieansicht anzeigen	Bild↑	↑+P
Folgeseite der Videoteilnehmer in der Galerieansicht anzeigen	Bild↓	↑+N
Meeting-Kontrollleiste immer anzeigen	Alt	alt ⌥
Zur Sprecheransicht umschalten	Alt+F1	⇧+cmd ⌘+W
Zur Galerieansicht umschalten	Alt+F2	⇧+cmd ⌘+W
Das aktuelle Fenster schließen	Alt+F4	–
Bildschirmfreigabe starten/beenden	Alt+S	⇧+cmd ⌘+S
Bildschirmfreigabe unterbrechen/fortführen	Alt+T	⇧+cmd ⌘+T
Lokale Aufzeichnung starten/beenden	Alt+R	⇧+cmd ⌘+R
Cloud-Aufzeichnung starten/beenden	Alt+C	⇧+cmd ⌘+C
Aufzeichnung anhalten/fortsetzen	Alt+P	⇧+cmd ⌘+P
Kamera umschalten	Alt+N	⇧+cmd ⌘+N

Funktion	Windows	Mac
Vollbildmodus starten/beenden	Alt + F	⇧ + alt ⌥ + F
Teilnehmerbereich ein-/ausblenden	Alt + U	cmd ⌘ + U
Einladungsfenster öffnen	Alt + I	cmd ⌘ + I
Hand heben/senken	Alt + Y	alt ⌥ + Y
Meeting beenden	Alt + Q	–
Fernbedienung einleiten	Alt + ⇧ + R	↑ + ⇧ + R
Fernsteuerungsberechtigung widerrufen/ aufgeben	Alt + ⇧ + G	↑ + ⇧ + G
Namen des aktiven Sprechers lesen	Strg + 2	cmd ⌘ + 2
Unfixierte Meeting-Kontrollleiste ein-/ ausblenden	Strg + Alt + ⇧ + H	↑ + alt ⌥ + cmd ⌘ + H
Chat-Bereich im Meeting ein-/ausblenden	Alt + H	⇧ + cmd ⌘ + H
Chatanzeige vergrößern	Strg + +	cmd ⌘ + +
Chatanzeige verkleinern	Strg + -	cmd ⌘ + -
Zum Chat mit jemandem springen	Strg + T	cmd ⌘ + K
Screenshot	⇧ + Alt + T	cmd ⌘ + T
Aktuelles Fenster schließen	–	cmd ⌘ + W
Zwischen Hoch -und Queransicht wechseln	–	cmd ⌘ + L
Auf minimiertes Fenster umschalten	–	⇧ + cmd ⌘ + M

Wenn Sie ein iPad zusammen mit einer Tastatur nutzen, können Sie die nachstehenden Tastenkürzel verwenden:

Funktion	Tastenkürzel
Audio aktivieren bzw. stummschalten	⇧ + cmd ⌘ + A
Webcam aktivieren/deaktivieren	⇧ + cmd ⌘ + V
Chat-Bereich ein- und ausblenden	⇧ + cmd ⌘ + H
Teilnehmerfenster ein- und ausblenden	cmd ⌘ + U
Dialogfenster (z. B. Videoeinstellungen) schließen	cmd ⌘ + W

Abbildungsverzeichnis

Seite 9	© Fizkes – Adobe Stock
Seite 11	© maura24 – Pixabay.de
	© Janina Dierks – Adobe Stock
Seite 12	© Ty – Adobe Stock
Seite 13	© geralt – Pixabay.de
Seite 15	© LoboStudioHamburg – Pixabay.de
Seite 20/22	© Janina Dierks – Adobe Stock
Seite 25	© stux – Pixabay.de
Seite 26	© pictworks – Adobe Stock
	© Pexels – Pixabay.de
Seite 28	© PublicDomainPictures – Pixabay.de
Seite 30	© Free-Photos – Pixabay.de
Seite 32/33	© Krakenimages.com – Adobe Stock
	© luismolinero – Adobe Stock
	© maura24 – Pixabay.de
Seite 35	© Janina Dierks – Adobe Stock
	© maura24 – Pixabay.de
Seite 36	© Tumisu – Pixabay.de
Seite 37	© Janina Dierks – Adobe Stock
Seite 42	© PublicDomainPictures – Pixabay.de
Seite 48	© Mediamodifier – Pixabay.de
Seite 59	© Janina Dierks – Adobe Stock
Seite 84	© geralt – Pixabay.de
Seite 86	© dansamu – Pixabay.de
Seite 95	© Korry_B –Pixabay.de
Seite 96	© geralt – Pixabay.de
Seite 99	© Bojan – Adobe Stock
Seite 100	© Alexas_Fotos – Pixabay.de
Seite 101	© RobinHiggins – Pixabay.de
Seite 102/103	© Janina Dierks – Adobe Stock
Seite 104	© Janina Dierks – Adobe Stock
	© maura24 – Pixabay.de
Seite 109	© ds_30 – Pixabay.de
	© Alexei_other – Pixabay.de
Seite 111	© MarcWinter – Pixabay.de
Seite 113	© StartupStockPhotos – Pixabay.de
	© Drobot Dean – Adobe Stock
	© Ty – Adobe Stock
Seite 114	© Drobot Dean – Adobe Stock
	© Ty – Adobe Stock
	© OpenClipart-Vectors – Pixabay.de
Seite 117	© Janina Dierks – Adobe Stock
	© maura24 – Pixabay.de
Seite 118	© TheDigitalArtist – Pixabay.de
Seite 119	© PourquoiPas – Pixabay.de
Seite 121	© 12022868 – Pixabay.de
Seite 124	© TrevorHerpel – Pixabay.de
	© geralt – Pixabay.de
Seite 128	© Janina Dierks – Adobe Stock
Seite 135	© maura24 – Pixabay.de
Seite 136	© Racle Fotodesign – Adobe Stock
Seite 137	© Racle Fotodesign – Adobe Stock
	© Stevebidmead – Pixabay.de
Seite 138	© pictworks – Adobe Stock
	© OpenClipart-Vectors – Pixabay.de
Seite 140	© PublicDomainPictures – Pixabay.de
Seite 141	© VoVanQuy – Pixabay.de
Seite 142	© Hans – Pixabay.de
Seite 149	© OpenClipart-Vectors – Pixabay.de
	© Janina Dierks – Adobe Stock
	© maura24 – Pixabay.de
Seite 150	© OpenClipart-Vectors – Pixabay.de
	© maura24 – Pixabay.de
Seite 152	© pictworks – Adobe Stock
Seite 162	© 422737 – Pixabay.de
Seite 168	© Memed_Nurrohmad – Pixabay.de
Seite 169/170	© Janina Dierks – Adobe Stock
	© maura24 – Pixabay.de
Seite 173	© geralt – Pixabay.de
Seite 177	© Free-Photos – Pixabay.de
Seite 178	© PublicDomainPictures – Pixabay.de
Seite 184	© geralt – Pixabay.de
Seite 196	© Janina Dierks – Adobe Stock
	© maura24 – Pixabay.de
	© DT – Pixabay.de
Seite 197	© maura24 – Pixabay.de
Seite 198	© maura24 – Pixabay.de
	© Janina Dierks – Adobe Stock
Seite 199/200	© Janina Dierks – Adobe Stock
Seite 204	© fill – Pixabay.de
Seite 211	© Janina Dierks – Adobe Stock
	© maura24 – Pixabay.de
Seite 212	© geralt – Pixabay.de
Seite 219	© markusspiske – Pixabay.de
Seite 220	© nikolayhg – Pixabay.de
	© airunique – Pixabay.de
	© StartupStockPhotos – Pixabay.de
Seite 226	© Janina Dierks – Adobe Stock
Seite 228	© maura24 – Pixabay.de
	© Janina Dierks – Adobe Stock
Seite 233	© andibreit – Pixabay.de
Seite 242	© PhotoMIX-Company – Pixabay.de
Seite 245	© geralt – Pixabay.de

A

Abo
- anpassen 55
- ergänzen 242
- kündigen 55, 244
- Kündigungsfrist 50
- prüfen 54
- reduzieren 244

Abrechnung 240, 242
Ad-hoc-Meeting 23
Admin 212
Aktivitäten der Teilnehmer aussetzen 107
Aktualisierungen 68
Alle Sessions beginnen 180
Alle Sessions stoppen 184
Alternative Moderatoren festlegen 72, 207
Anhänge 174
Anonymous 237
Anwendungsfenster freigeben 148
App Marketplace 81
At Risk Meeting Notifier 96
Audio
- freigeben 151
- wird nicht wiedergegeben 151

Audiofunktionen 25
Audiokomponenten testen 27
Audio Record 133
Auflösung 141
Auflösung (vertikal) 122
Aufnahme 128
Aufnahme speichern 126
Aufzeichnung
- anhalten 127
- ankündigen 129
- automatisch 130
- beenden 127
- Originaldaten behalten) 134
- speichern 130

Ausstehend (Benutzer-Einladung) 216
Automatische Aufzeichnung 130

B

Basic-Tarif 23
Beleuchtung, Aufhellung 120
Benutzer 212
- anlegen 213
- bearbeiten 218
- deaktivieren 218
- einladen 216
- Einladung löschen 217
- freischalten 218
- Wartend auf Registrierung 214

Benutzer-Einladung erneut senden 216
Benutzergruppen 219
Benutzerverwaltung 212
Bestätigungs-E-Mail 18
Bildauflösung 122
Bildschirmabzug 230
Bildschirmfreigabe
- Fernbedienung 164
- mehrere gleichzeitig 160
- Optionen anzeigen 161

Bildschirminhalte teilen 148
Bildschirmsperre 116
Blockiertes Plug-in, Safari 242
BMP 137
Box 174, 231
Breakout-Raum 177
- Moderator 183

Breakout-Session 179
- beenden 184

C

Captcha-Code 46
Chat 168
- Fragen formulieren 173
- gespeichert 175
- Kanal auswählen 223
- speichern 66

Chat-Bereich
- an-/abdocken 170
- ein-/ausblenden 168
- frei verschieben 170

Chat-Nachricht, Zeilenumbruch 171
Chat-Sprachnachricht 231
Chat-Verlauf speichern 175
Cloud-Aufnahme 126
Co-Host 34
Corporate Design 88

D

Dateien 174, 231
Datenschutz 9
Daumen hoch 116
Den Computerton freigeben 151

Direktnachricht 172
Doodle 69
double_click_to_convert 134
Dropbox 174, 231
Durchgehend (E2E) verschlüsselte Meetings 118

E

E2E-Standard 118
Einladungen anpassen 84
Einladungsmail 86
Einstellungen 45
  Zoom-Software 119
E-Mail-Adresse 15
End-to-end-encryption 118
Erinnerung aktivieren (Meeting) 115
Export, Rechnung als PDF 240

F

Facebook-Account (Anmeldung) 58
Favoriten 231
Feedback 101
Fenstersteuerung 31
Fernbedienung 162
  aller Anwendungen aktivieren 163
  beantragen 165
  ermöglichen 163
  freigeben 164
Fernbedienungsrechte aufgeben 166
Fernsteuerung
  beenden 165
  Tastaturlayout 167
Fragen per Chat formulieren 173
Freigabe
  einfrieren 160
  neue 160
  wiederaufnehmen 160
Freischalten 218

G

Galerieansicht 32
Gmail 29
Google Account (Anmeldung) 58
Google Drive 174, 231
Greenscreen 144
Grundeinstellungen 19
Gruppe 23
Gruppenarbeit 177

H

Haftungsausschluss für die Aufnahme 129
Hand heben 101
Hand senken 102
Hauttonreaktion 116, 202
HD-Auflösungen 122
Hintergrundbild
  eigenes 137
  unterstützte Dateiformate 137
  Video 139
  virtuell 135
Hintergrund unscharf gestalten 136
Hintergrundvideo
  Datenmenge 142
  drehen 140
  selbst erstellen 142
Hinweise deaktivieren 203
Host 36

I

IBM Notes 78
Ich möchte angemeldet bleiben 58
Im Ordner anzeigen (gespeicherter Chat-Verlauf) 175
Infobereich, Windows 115
In Meeting (Erweitert) 45
Intel Unite 78
iPhone/iPad freigeben 153

J

JPEG 137

K

Kamerawechsel während Meeting 111
Kanal 219
  auswählen für Chat 223
  Eigenschaften 223
  erstellen 221
  Mitglieder aufnehmen 223
  Mitglied festlegen 222

Kanal-Video-Meeting starten 226
Kenncode 30, 40
Einladung 71
Klatschen 116
Kommentieren 156
Kontakte 224, 231
Kontoverwaltung 240, 242
Kündigungsfrist 50

L

Lautsprecher 109
Lizenzen reduzieren 244
Lokale Aufnahme 126

M

Meeting
aufzeichnen 124
Erinnerung aktivieren 115
planen 69
sperren 105
Teilnehmer entfernen 106
über Zoom-Website 23
veranstalten 23
Verhalten 100
verlassen 47
Vorlagen 74
wiederkehrend 71
Meeting-ID 30, 40
Meeting-Kontrollleiste 115
Mein Konto 44
Mein Video spiegeln 144
Microsoft Outlook 78
Mikrofon 93
auswählen 108
Sendepause 101
Mit eingeschaltetem Video 23
Mitglieder aufnehmen, Kanal 223
Moderator 36
Vertreter festlegen 35
Moderatoren-Lizenzen
hinzufügen 242
reduzieren 244
Moodle 82
Motion-Tracking-Technik 146
MP4 141
Multiple Choice 237

N

Neue Freigabe 160
Nicht stören 203

O

OneDrive 174, 231
Optionen anzeigen
Bildschirmfreigabe 166
Outlook 78
Zoom-Meeting planen 80
Zoom-Meeting starten 80

P

Per Computer dem Audio beitreten 25
Personal-Meeting-ID 71
Persönliche Meeting-ID 204
playback.m3u 133
Plug-ins 78
PNG 137
Präsentation im Hintergrund 152
Privat-Nachricht 172
Problem melden 67
Profilbild 20
anpassen 21
aufhellen 120
ausblenden 105
hochladen 21
optimieren 119
retuschieren 121
zusätzliche Beleuchtung 120

Q

QuickTime Movie 141

R

Rechnung
als PDF 240
drucken 241
prüfen 240
Recording 128
Registrieren 204
App 193
Bestätigungs-E-Mail 18

Registrierungsbericht 247
Remote Control 164

S

Scanmodus 122
Screenshot 230
Sicherer Fahrmodus 201
Sicherheit 105
Sicherheitsfragen 9
Single Choice 237
Siri-Sprachbefehle 200
Skype for Business 78
Sprecheransicht 32
Steuerung abbrechen 165

T

Tastaturlayout 167
Teilnehmer
  einzeln sprechen 177
  entfernen 106
Teilnehmername ändern 117
Teilnehmern die Erlaubnis geben 106
Telefon-Audio 110
Temporäre Aufzeichnungsdaten behalten 134

U

Über diesen Kanal 223
Umfrage 233
  anonymisieren 237
  erstellen 234
  starten 238
Unfixierte Meeting-Kontrollleiste ausblenden 160
Untertitel 201
Updates 61, 67
USB-Headset 28

V

Verbindungszeit anzeigen 30
Verdächtige Teilnehmer melden 99
Verfügbarkeitsstatus 224
  Abwesend 224
  nicht stören 224
  Zeitraum festlegen 224
Verschlüsselung 118
Versenden an 172
Vertretenden Moderator festlegen 35
Vertreter festlegen 207
Vibration 203
Video an den zweiten Bildschirm anheften 114
Videoauflösung 122
Videobild
  optimieren 119
  spiegeln 121
Videoclip freigeben 151
Videoqualität 124
Video vom ersten Bildschirm lösen 114
Virtueller Hintergrund 135
  Mindestvoraussetzungen 143
  PowerPoint 152
  speichern 202
Virtueller Smart-Hintergrund 143
Virtuell Hand heben 101
Vollbildmodus 114
Vollbildmodus verlassen 32
Voreinstellungen 19, 119, 163

W

Warnton 203
Wartend auf Registrierung 214
Warteraum 30, 37, 94
Warteraumansicht 96
Warteraumfreigabe 105
Webbrowser 44
Webcam
  Augenkontakt 92
  ein-/ausschalten 110
  Lichtsituation 92
  platzieren 91
  Standort 92
Webinare 245
  Berichte 247
  Einladung 247
  Livestream 248

Y

Yahoo 29

Z

Zahnradsymbol 119, 163
Zoom
  beenden 224
  schließen 224
  verlassen 224
Zoom-App
  Android 186
  iOS-Version 190
  telefonieren 196
  Treffen & Chat 195
Zoom-Client für Meetings 56, 118
  Installation 24
Zoom Cloud Meetings 186
Zoomfaktor 166
Zoom-Help-Center 67
Zoom-Lizenz kündigen 244
Zoom-Meeting beitreten
  Ad-hoc-Einladung 37
Zoom-Profil 19
Zoom-Rooms 51
Zoom-Software installieren 23
Zoom-Support 67
Zoom-Versionen 48
Zoom-Website 14
Zusätzliche Beleuchtung 120
Zweistufige Authentifizierung 107